L'ART DE LA
Chiromancie

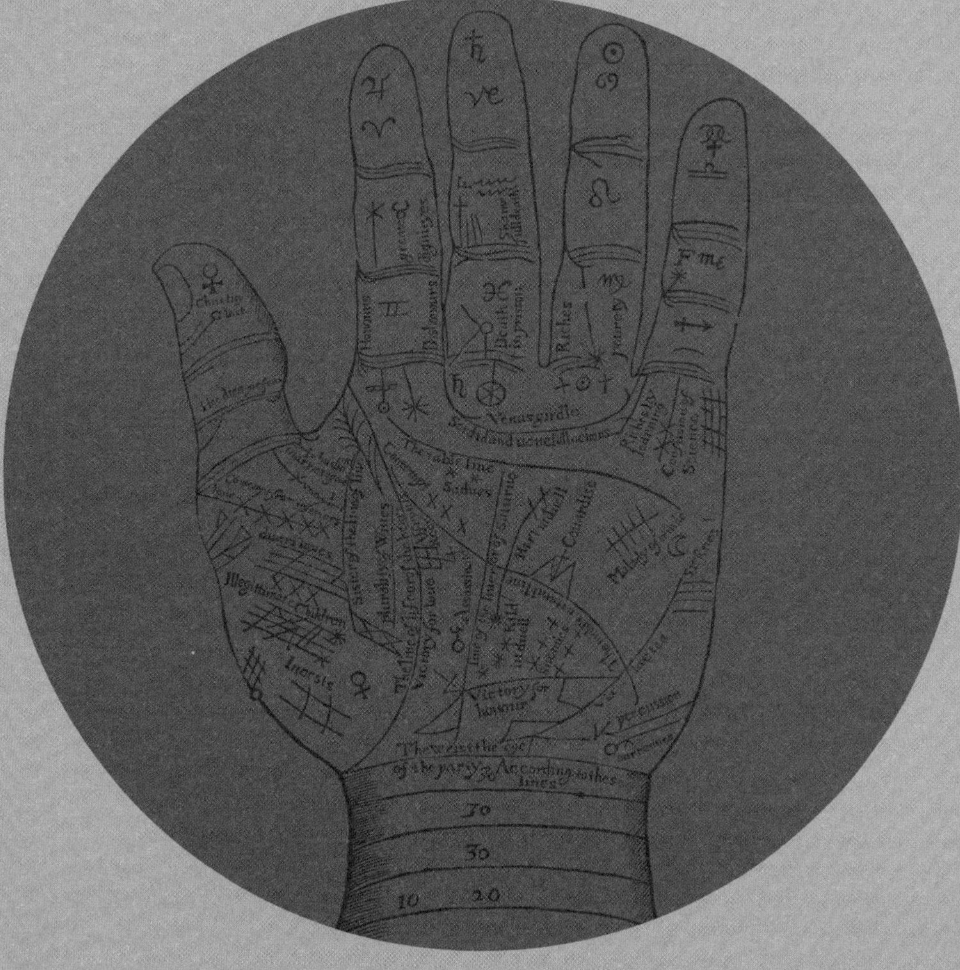
Venus girdle
The table line
Riches
Illegitimate Children
Victory for honour
70
30
10
20

L'ART DE LA

Chiromancie

Apprenez à lire les lignes de la main

Sous la direction de
ANNA SOUTHGATE

L'imprévu

72, rue de Rochechouart - 75009 Paris

Réalisation : InTexte Édition, Toulouse
Traduction : Chantal Mitjaville

6 Blundell Street - Londres N7 9BH
Royaume-Uni

Édition : Kerry Enzor
Direction de projet : Anna Southgate
Graphisme : Jason Anscomb

ISBN : 979-10-295-0545-4

Dépôt légal : janvier 2017

Imprimé en Chine

SOMMAIRE

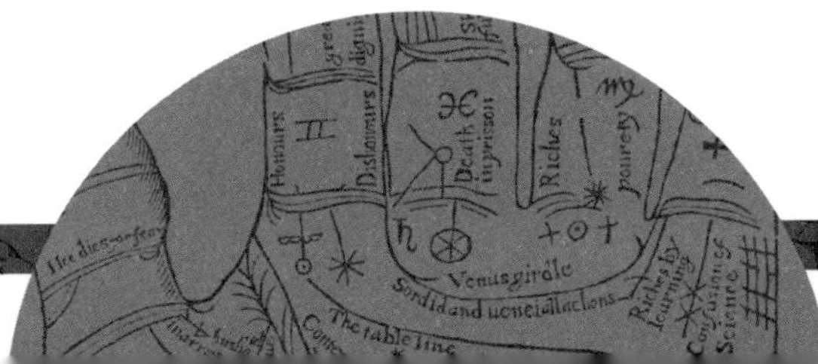

INTRODUCTION

L'histoire de chacun est unique et nos mains recèlent une information codée qui nous différencie les uns des autres. Pour le chiromancien, chaque paume est un livre ouvert proposant une nouvelle intrigue fascinante.

La chiromancie, ou art de la divination par les mains, est le plus personnel des systèmes de découverte de soi. Elle nous aide à cerner notre personnalité, notre potentiel, nos talents, nos atouts, nos facultés et nos limites. Parce que les lignes de la main évoluent avec le temps, pour nous révéler de nouvelles informations, ce guide mérite d'être consulté à différents âges.

Prise de décisions

- La chiromancie nous aide à trouver notre voie professionnelle.
- Elle répond à nos questions en perçant des secrets et en ravivant des souvenirs.
- La chiromancie accompagne notre développement personnel.
- Elle encourage l'auto-analyse et génère de nouvelles idées.
- Elle nous aide à identifier les impasses et à surmonter les pensées stériles.
- Elle révèle des opportunités.
- La chiromancie affûte et clarifie l'esprit.

En comparant les éléments de la paume de votre main avec les photographies présentées dans cet ouvrage, vous réussirez à établir votre profil palmaire et à suivre son évolution. Ce guide est comme un outil. Vous l'utiliserez avant une prise de décision et vous y référerez régulièrement pour vous aider à clarifier les divers changements qui affectent votre vie.

Nos mains recèlent une somme d'informations conséquente, et la chiromancie est ce sésame qui nous aide à percer et interpréter les secrets de notre moi le plus profond, en dévoilant passé, présent et potentiel à développer. La chiromancie nous parle de nous et de ce qui compte le plus pour nous : amour, travail, argent… Elle nous invite à devenir notre propre thérapeute. À chaque séance d'interprétation, vous gagnerez en introspection et compréhension. Vous apprendrez à dompter vos faiblesses et à tirer parti de vos atouts.

▶ Gravure sur bois montrant les lignes et les monts d'une main, extraite de ***Antropologium de hominis dignitate…*** publié en 1501, par le naturaliste et philosophe allemand Magnus Hundt.

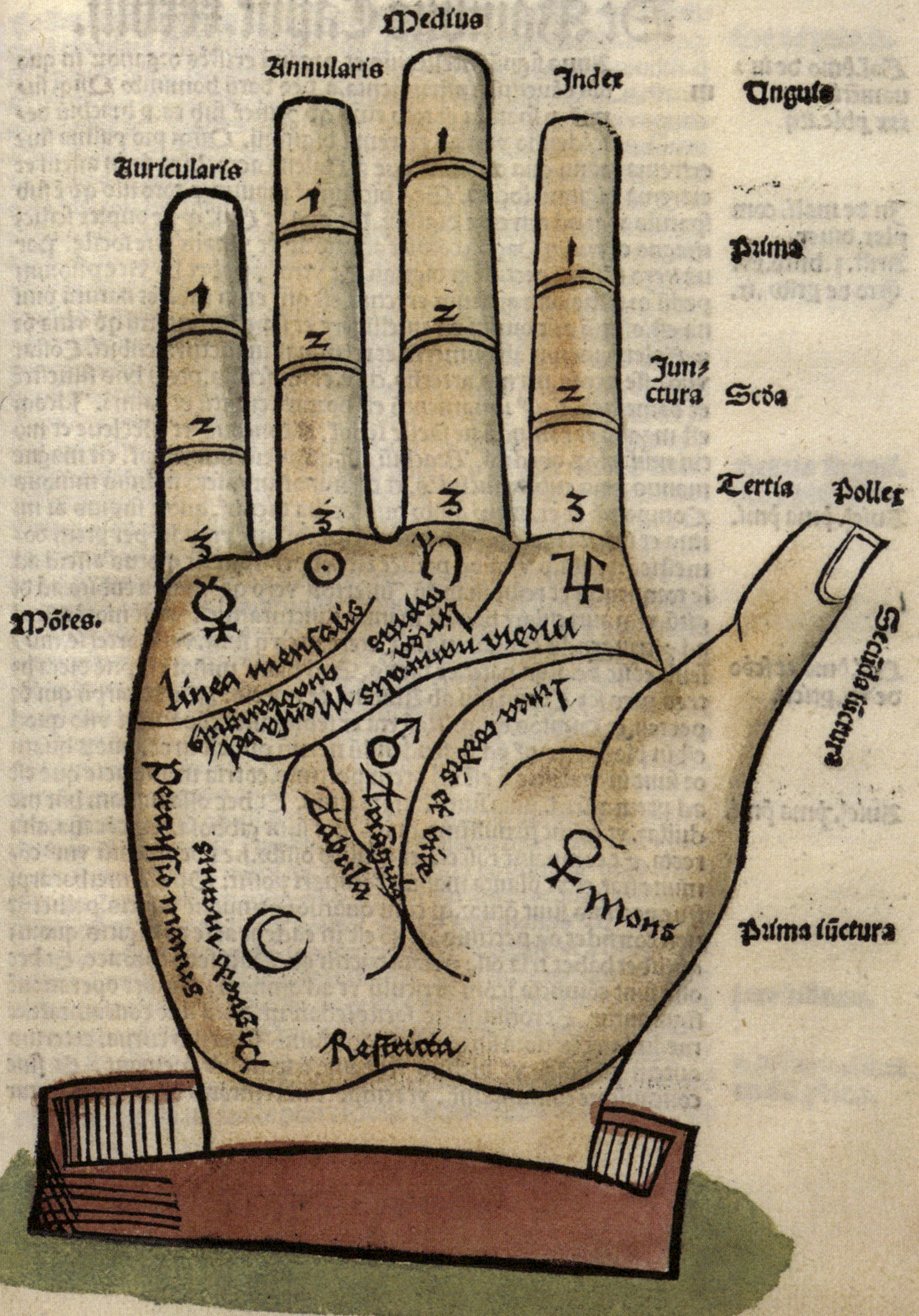

Medius
Annularis
Index
Auricularis
Ungula
Prima
Jun-
ctura
Scda
Tertia
Pollex
Mōtes.
Secūda iūctura
Linea mensalis
Media naturalis
Linea vitalis et vite
Mons
Tabula
Restricta
Percussio manus
Prima iūctura

TYPES DE CHIROMANCIE

Les mains abritent un nombre étonnamment élevé de terminaisons nerveuses, d'où leur intérêt dès qu'il s'agit de cartographier notre histoire physique, psychique et médicale, d'évaluer notre intellect, nos opportunités de réussite et les changements ponctuant notre vie. Au fil de ces pages, vous découvrirez les principes de base de cet art divinatoire.

On distingue trois grands types de chiromancie : oriental, asiatique et occidental. En Orient et en Asie, la chiromancie s'appuie avant tout sur les marques et motifs de la peau, comme les empreintes digitales, les formes évoquant des silhouettes animales et les lignes cernant les poignets, appelées rascettes ou bracelets de vie. Ces deux types de chiromancie sont centrés sur la famille et la prise de décision au quotidien, alors que la chiromancie occidentale s'intéresse essentiellement à vous.

Lire les lignes de quelle main ?

Vous devrez effectuer une lecture des lignes des deux mains, celle en rapport avec votre personnalité intérieure et l'autre, avec votre personnalité extérieure. La comparaison de ces deux lectures vous indiquera si votre vie actuelle est en accord ou pas avec votre potentiel intérieur.

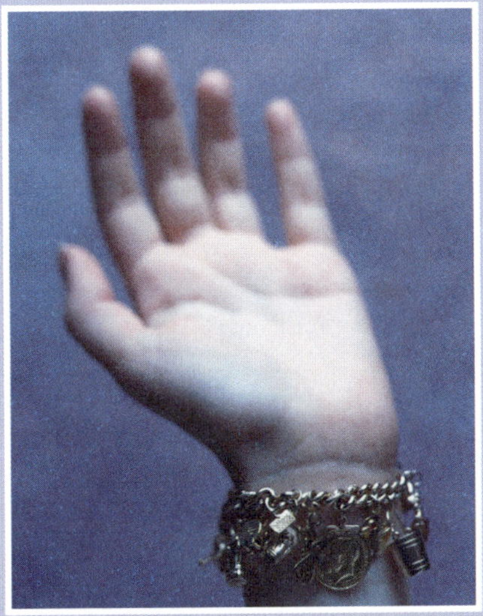

MAIN PASSIVE
La main avec laquelle vous n'écrivez pas. Elle révèle votre moi inconscient, votre personnalité intérieure, votre potentiel de vie et l'histoire médicale de votre famille.

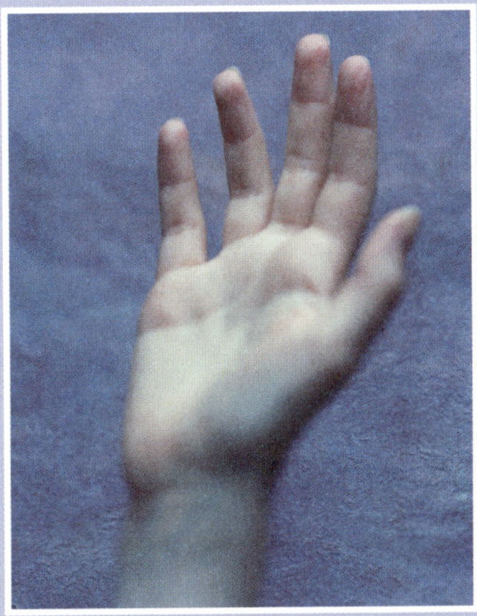

MAIN DOMINANTE
La main avec laquelle vous écrivez. Elle révèle votre moi conscient, votre personnalité extérieure, vos réalisations passées et futures, et votre histoire médicale.

◀ ***Diseur de bonne aventure lisant les lignes de la main d'un soldat***, Pietro della Vecchia, vers 1602.

CHANGER DE VOIE
Le futur n'est pas gravé dans le marbre. L'homme est une créature puissante ayant la capacité de changer de voie. Des lignes s'interrompent, d'autres se renforcent ou s'estompent. Certaines évolueront en quelques semaines, d'autres changeront radicalement en quelques années.

UN CADRE ADAPTÉ

Pour tirer pleinement parti d'une séance de chiromancie, placez-vous dans les meilleures conditions qui soient. Choisissez un moment où vous ne serez pas interrompu. Créez une ambiance apaisante, sous une lumière naturelle ou un éclairage tamisé. Le faisceau d'une lampe sur la paume de la main mettra en relief ses détails. Pensez à une musique agréable et à des bougies parfumées pour parfaire le cadre. Une loupe vous aidera à mieux distinguer les détails de la paume de la main que vous étudiez et de celles présentées dans ce guide. Placez la main observée sur un coussin dans une position naturelle.

État d'esprit

Avant de commencer votre lecture, détendez-vous, respirez profondément et faites le vide dans votre esprit. Il ne s'agit pas de psychologie. Tout est question d'interprétation et de traduction, comme vous le feriez en passant d'une langue à une autre. En gardant l'esprit ouvert, vous obtiendrez de bien meilleurs résultats. Vos mains sont le livre de votre vie.

Commencer la lecture

Munissez-vous d'une feuille d'acétate et d'un feutre à encre aqueuse.

1 Posez la paume de votre main dominante sur la feuille d'acétate et délimitez son contour. Retournez la main et la feuille, puis tracez les lignes majeures. (Vous pourrez repositionner et dessiner d'autres lignes plus tard.)

2 Utilisez le guide d'identification rapide (pages 18-29) pour comparer le tracé des lignes de votre main à celui des exemples présentés. Pour interpréter les tracés, reportez-vous aux pages indiquées sous chaque illustration dès que vous repérez une similitude. Ainsi, vous obtiendrez une interprétation personnalisée.

3 Photocopiez la feuille d'acétate, notez la date, effacez les tracés sur la feuille d'acétate et répétez l'opération depuis le début avec votre main passive. Si le tracé des lignes diffère, interprétez les lignes de la main passive comme des indications de votre personnalité intérieure ou votre moi latent.

4 En cas de difficulté à dessiner et interpréter plusieurs lignes, reprenez en traçant le contour de la main et étudiez une seule ligne à la fois.

5 Pour une interprétation plus poussée, suivez la même procédure, mais appliquez-vous à faire figurer les interruptions de tracé, les îles et autres signes particuliers, aussi précisément que possible. Ce guide présente de façon détaillée chacun de ces signes spécifiques et atypiques. Vérifiez attentivement le tracé de chaque ligne, pour une lecture plus complète et précise.

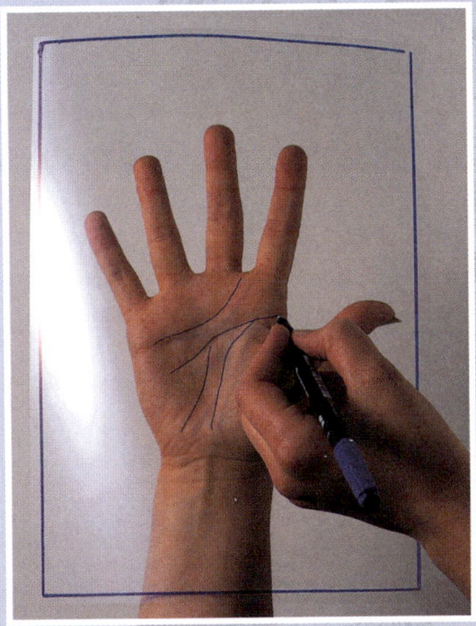

▲ Plaquez une feuille d'acétate sur votre paume de main et tracez les lignes majeures. En cas de difficulté, n'hésitez pas à solliciter l'aide d'un tiers.

N'oubliez pas de répéter le processus avec votre main passive pour une lecture plus approfondie.

CARTOGRAPHIE DE LA MAIN

LIGNES MAJEURES

Les lignes de votre main indiquent les influences et évolutions majeures de votre vie. Identifiez chaque ligne en repérant sa position et son tracé. Certaines lignes peuvent ne pas apparaître, selon les individus.

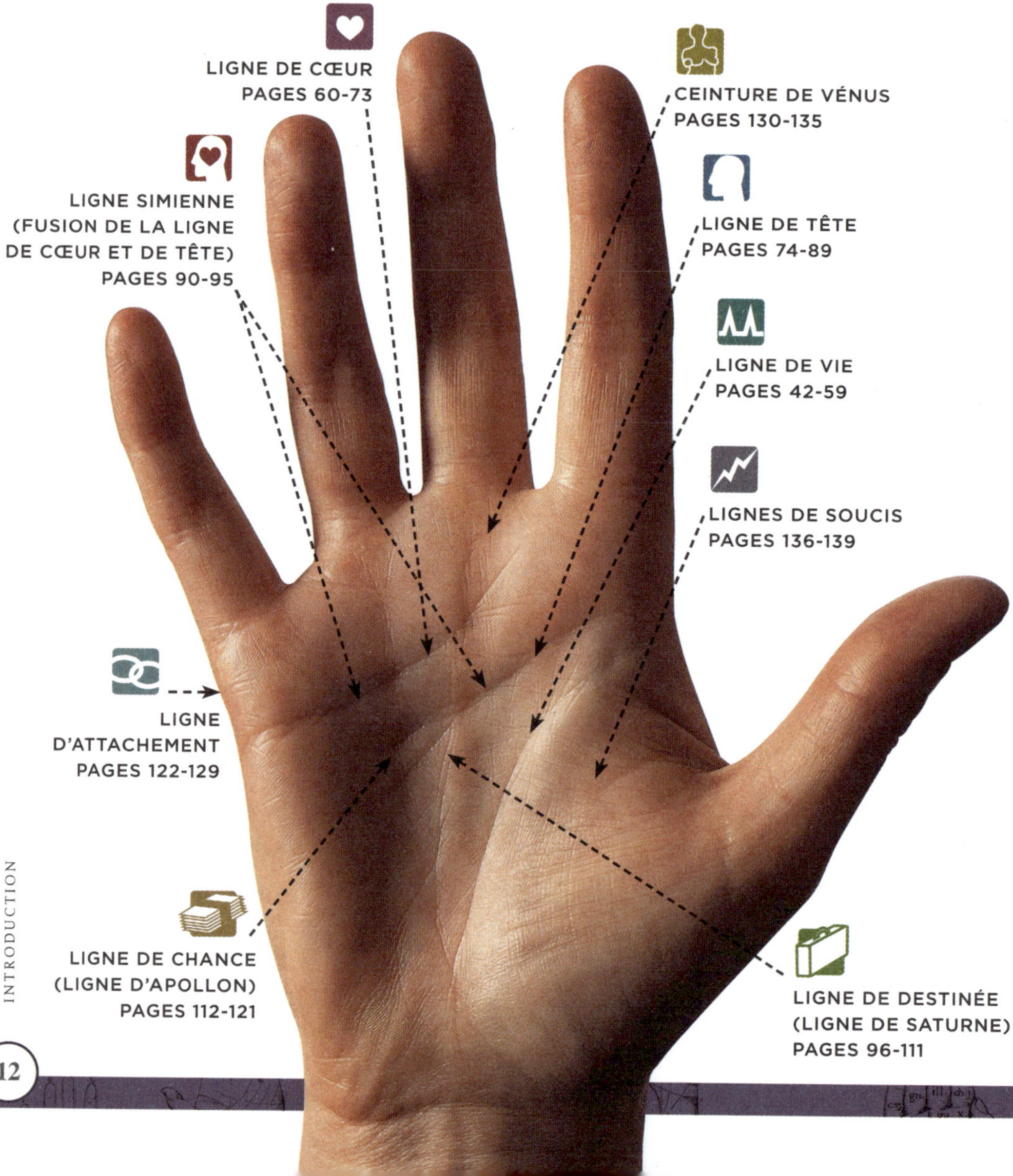

Qualité des lignes

Les caractéristiques de chaque ligne, comme les dessins formés à proximité, sont autant de signes qui vous aideront à bâtir une interprétation. Une méthode de travail pratique consiste à visualiser chaque ligne sous l'aspect d'un cours d'eau. Une ligne au tracé bien défini renvoie à une vie s'écoulant comme un fleuve tranquille. De quoi ne pas oublier que la moindre variation de tracé induit de subtiles variations de sens. Êtes-vous prêt à affronter un cours d'eau tumultueux ? Une obstruction vous oblige-t-elle à emprunter une autre voie ?

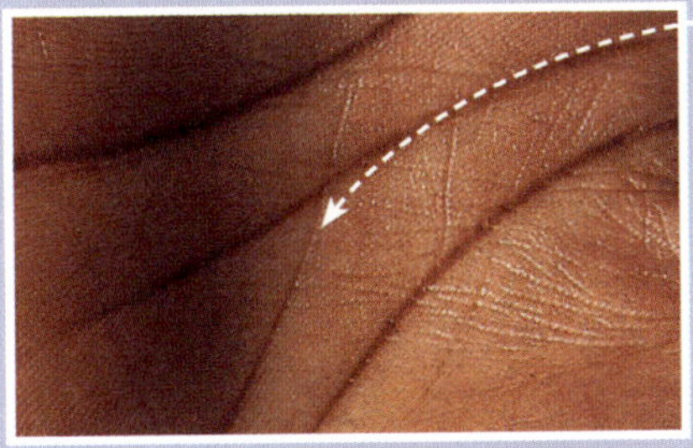

LIGNE IRRÉGULIÈRE

Il s'agit d'une ligne au tracé irrégulier, plus profond par endroits (signe de force et d'intensité) et moins marqué à d'autres (dénote dépense d'énergie et faiblesse).

LIGNE DIVISÉE

Une ligne divisée, avec une branche courant à proximité du tracé principal avant de s'interrompre, témoigne d'une énergie gaspillée en projets vains. Une longue et large branche conduisant à un mont dénote une attirance envers les qualités associées à ce mont.

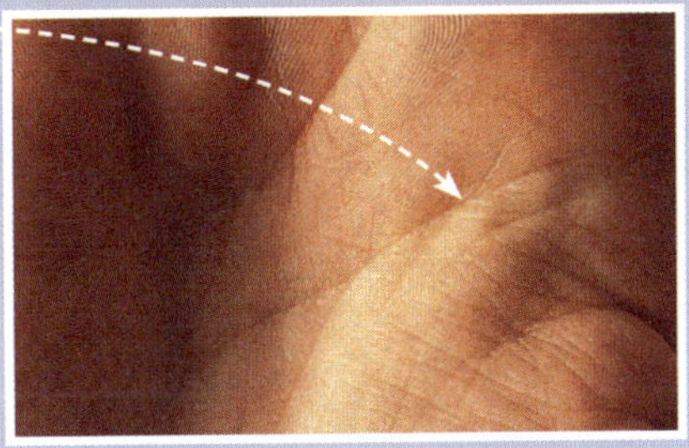

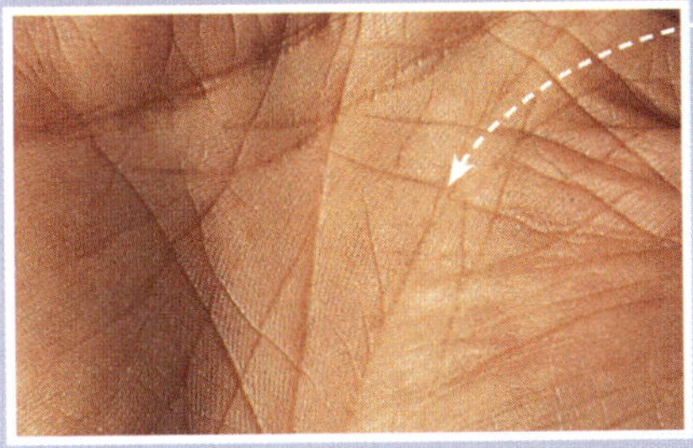

ÎLOT

Un îlot se forme à la séparation d'une ligne majeure en deux branches, qui finissent par se rejoindre. L'îlot témoigne d'une perte d'énergie, qui s'écoule dans deux directions, avant un regain d'énergie à la réunion des deux branches.

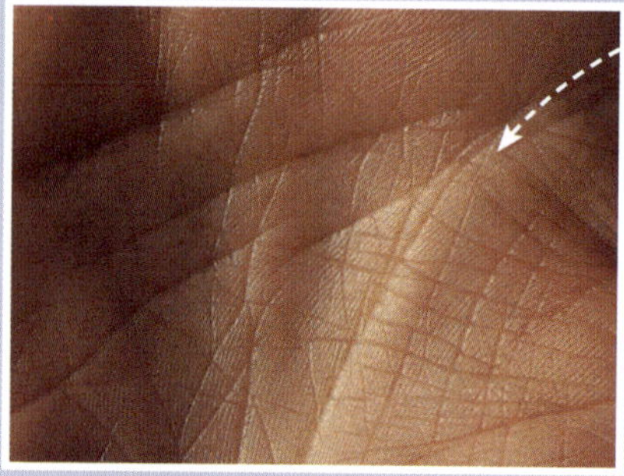

RUPTURE

En quelque sorte, l'arrêt brutal d'un écoulement naturel. Une rupture brève ou des extrémités de lignes se chevauchant minimiseront l'impact de cet effet.

CARRÉ

Un carré est une barrière protectrice, apparaissant notamment au niveau d'une rupture ou de l'estompement d'une ligne, comme un renfort apporté sur les berges d'un cours d'eau. Il signale une présence à l'influence protectrice en période de difficultés.

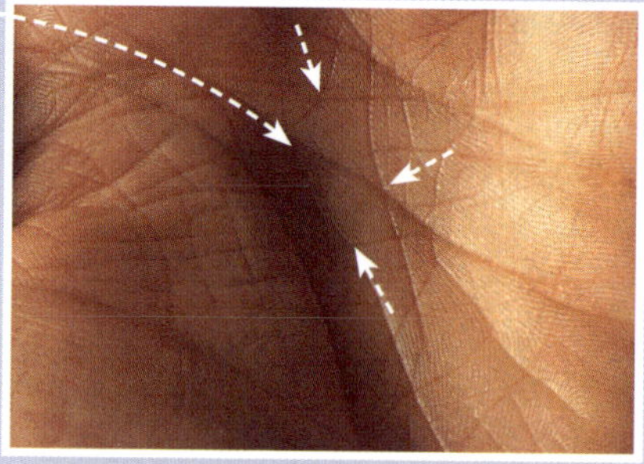

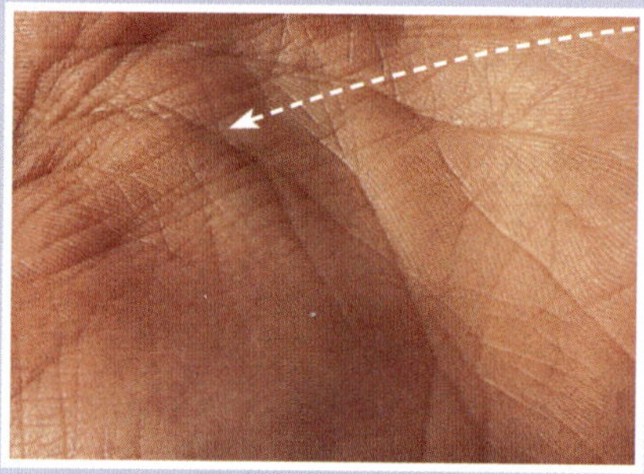

CHAÎNE

Une ligne chaînée témoigne d'un chemin laborieux, fait de tensions ou une sorte d'obstruction. Pensez à un cours d'eau dont la force serait divisée. Une chaîne au niveau de la ligne de cœur dénote une certaine sentimentalité, au niveau de la ligne de tête, elle indique une tendance aux céphalées.

LIGNE SŒUR

Il s'agit d'une ligne présente à proximité et parallèlement à une autre ligne pour venir la protéger et la renforcer.

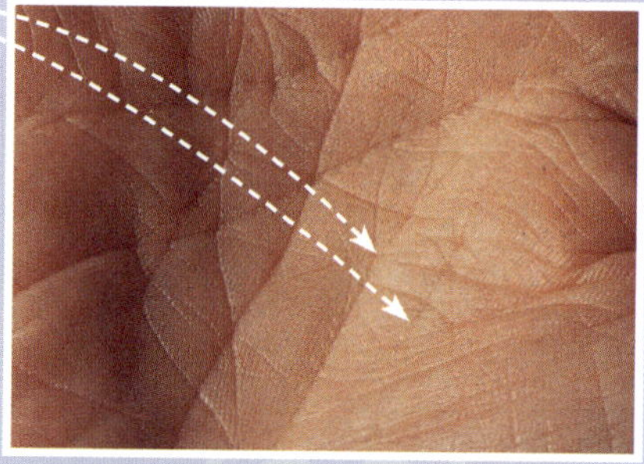

SIGNES PALMAIRES

Différents signes ou symboles peuvent être présents en différents endroits de la paume de la main. L'interprétation des symboles ci-dessous s'est maintes fois révélée exacte.

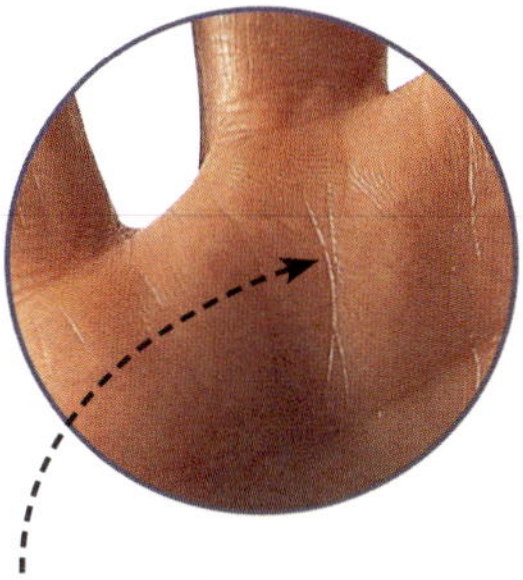

TRIANGLE

Un triangle isolé au niveau de la paume de la main indique une capacité mentale supérieure. Un triangle au niveau du mont à la base de l'index met en évidence une noble ambition.

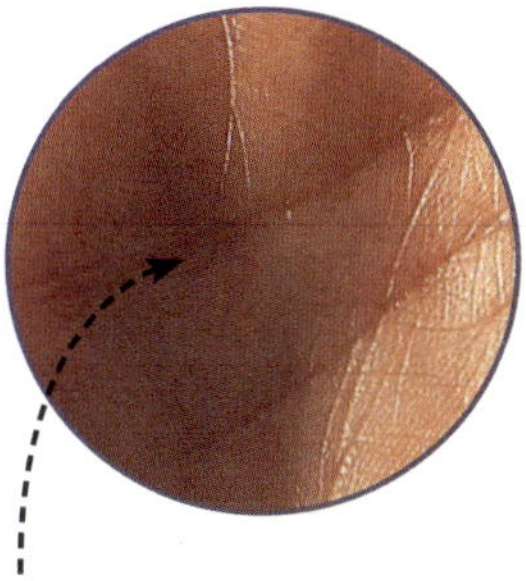

ÉTOILE

L'étoile illumine. Formée par le croisement de trois lignes, où qu'elle apparaisse dans la paume de la main, elle signifie clarté, évolution positive et, en règle générale, multiplie les perspectives de succès.

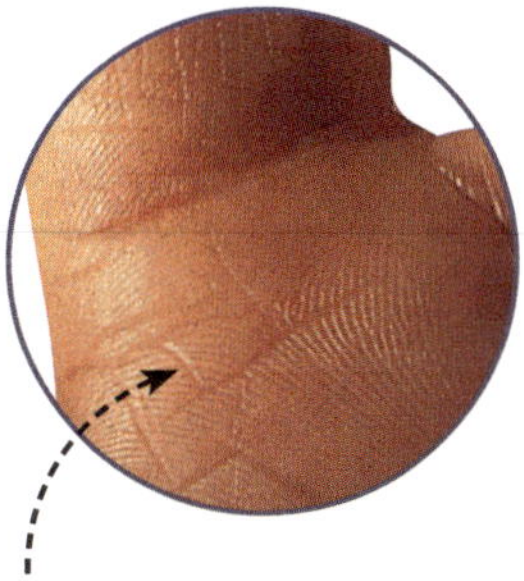

CARRÉ

Le carré net qui apparaît au niveau du mont situé à la base de l'index est appelé « carré de l'enseignant ». Il dénote un grand sens de la pédagogie et une aptitude au tutorat.

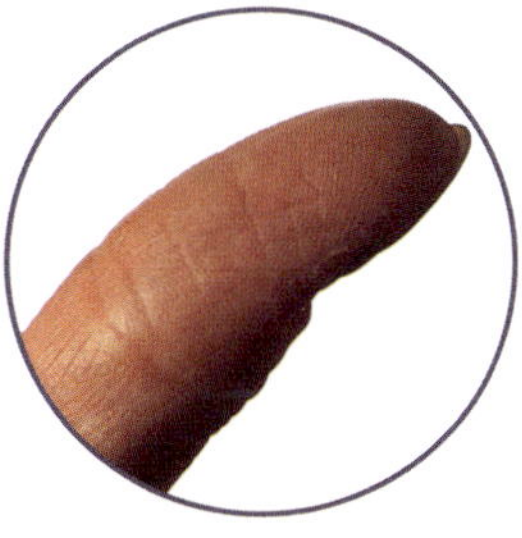

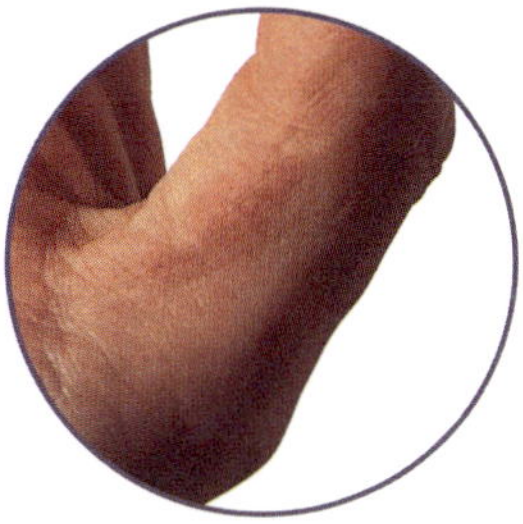

PHALANGES DU POUCE

La phalange supérieure du pouce, celle qui porte l'ongle, représente la force de la volonté. La phalange inférieure, sous la jointure, symbolise la logique. En règle générale, elles sont à peu près de même longueur. Une phalange supérieure plus courte dénote un manque de volonté. Une phalange inférieure plus longue révèle un sens développé de la logique. Les lignes qui coupent transversalement la phalange inférieure sont les anneaux de l'intuition. Ils témoignent souvent d'un aspect apparemment contradictoire, associant une grande logique et un sens aigu de l'intuition.

Empreintes digitales

Les empreintes digitales sont constituées de dessins digitaux propres à chaque individu et notamment utilisés par la police scientifique. Ces dessins nous livrent d'autres indications quant à la nature et aux qualités de l'individu.

BOUCLE ULNAIRE

La boucle ulnaire qui pointe en direction du pouce est le dessin digital le plus répandu. Elle est signe d'adaptabilité aux circonstances.

BOUCLE RADIALE

La boucle radiale qui pointe en direction opposée au pouce est signe d'adaptabilité, et dénote aussi une personnalité plutôt extravertie.

BOUCLE COMPOSITE

La boucle composite ressemble à un S, avec deux boucles pointant dans des directions opposées. Elle témoigne souvent d'une tendance à l'indécision, chez un individu tiraillé entre les deux aspects d'un même problème.

VERTICILLE (VOLUTE)

Un verticille s'apparente aux ondes créées par un ricochet sur l'eau. Il dénote une tendance à l'isolement, chez un individu dont l'attention est monopolisée par la tâche à effectuer. Ce motif caractérise souvent un leader ou une personnalité non conformiste, ayant une très haute opinion d'elle-même. Un signe de réussite, notamment lorsqu'il apparaît au niveau de l'index et/ou de l'annulaire.

ARC

Un arc étroit dénote un besoin d'offrir protection et sécurité. L'individu est guidé par un sens aigu des responsabilités, mais il perçoit souvent cette qualité comme un fardeau. Bien que rare, ce dessin apparaît en général sur plus d'un doigt, ce qui multiplie ses effets.

ŒIL DE PAON

Il s'agit d'un verticille enroulé formant une boucle centrale. Les caractéristiques sont identiques à celles du verticille, mais la boucle apporte chance, protection et sens aigu de la perception.

La diseuse de bonne aventure, gravure, 1786. Malgré ce que prétendirent de nombreux chiromanciens durant des années, rien ne prouve que la chiromancie puisse être utilisée pour prédire le nombre d'enfants que vous aurez.

LIGNES D'ENFANTS

Ces lignes croisent les Ligne d'attachement à angle droit. Les spécialistes de la chiromancie ont récemment établi qu'il n'existait pas de corrélation entre les lignes d'enfants et le nombre d'enfants que vous avez ou aurez. Il est possible que ces lignes soient le reflet d'une potentialité plutôt que d'une réalité, à une époque où la contraception, l'importance de la carrière et l'accroissement d'un stress négatif influent sur la décision ou la capacité des individus à concevoir un enfant. Les lignes d'enfants témoigneraient plutôt de notre degré d'empathie envers les enfants.

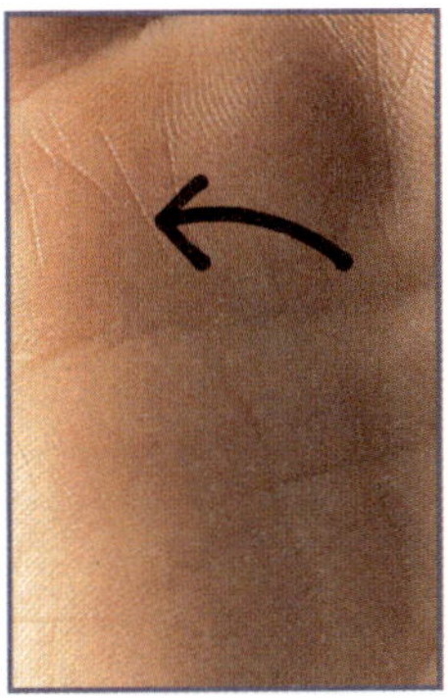

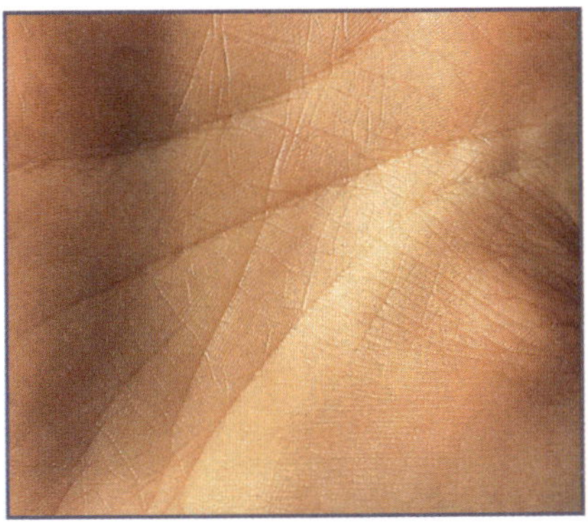

DERMATOGLYPHES PALMAIRES

Ce sont les dessins qui apparaissent sur la paume des mains. En général, on estime que l'organisme est bien équilibré lorsque les crêtes et plis papillaires sont nettement définis et que la peau de la paume est élastique sous la pression d'un doigt. L'examen des dermatoglyphes palmaires peut révéler toutes sortes de déséquilibres et problèmes de santé.

GUIDE D'IDENTIFICATION RAPIDE

Ce chapitre rassemble toutes les photographies réparties au fil de l'ouvrage pour vous aider à repérer rapidement des similitudes avec votre paume de main. Tracez votre profil palmaire (voir page 11), observez chaque paume de main et lisez le commentaire associé pour trouver une correspondance, puis reportez-vous à la page indiquée. Voici quelques-unes des questions les plus fréquemment posées. Les réponses vous aideront à tirer le meilleur de vos séances.

Q : MA LIGNE DE VIE DÉBUTE HAUT ET SE TERMINE PAR UNE FOURCHE. QUELLE PARTIE DOIS-JE PRENDRE EN COMPTE ?

R : Les deux. Toute ligne peut posséder plus d'une caractéristique. Faites la synthèse des interprétations pour une lecture approfondie. Les exemples proposés dans ce guide présentent chaque caractéristique sous sa forme la plus pure, mais les variantes sont nombreuses.

Q : POURQUOI Y A-T-IL TANT DE LIGNES DANS LA PAUME DE MA MAIN ?

R : Probablement parce que vous avez une paume de main complète. Voyez d'abord le chapitre des lignes de soucis. Pour les chiromanciens contemporains, toute la difficulté consiste à isoler les lignes majeures au sein d'un réseau de lignes de soucis. Le meilleur moyen d'y parvenir est d'étudier attentivement une ligne après l'autre.

Q : COMMENT SE TRADUIT UN CHANGEMENT MAJEUR DANS MA VIE ?

R : Les lignes de la main évoluent au fil du temps. Si un bouleversement intervenu dans votre vie ne figure pas sur la cartographie de la paume de votre main, attendez-vous à ce que cette dernière change dans les mois à venir. Photocopiez votre paume de main en l'état actuel, ajoutez quelques notes et suivez l'évolution des tracés.

Q : LE TRACÉ DE MES LIGNES N'EST PAS VRAIMENT IDENTIQUE À CELUI DE LA PAUME DE MAIN LA PLUS APPROCHANTE. POURQUOI ?

R : Le tracé des lignes varie d'un individu à un autre. Les paumes répertoriées dans ce guide illustrent les caractéristiques les plus importantes. Les informations additionnelles associées à chaque paume de main peuvent ou non s'appliquer à votre cas, aussi est-il important de repérer au fil des pages d'autres caractéristiques correspondant aux vôtres.

Q : LA PAUME DE MA MAIN NE PRÉSENTE QUE QUELQUES LIGNES, CELA SIGNIFIE-T-IL QUE MA VIE EST SANS INTÉRÊT ?

R : Il n'existe pas de paume de main sans intérêt. Chacune est unique et recèle une histoire fascinante que le chiromancien a le privilège de découvrir. N'avoir que quelques lignes rend souvent leur interprétation plus simple.

MONTS

PAGES 30-41

MONT DE JUPITER

◆ Bien développé

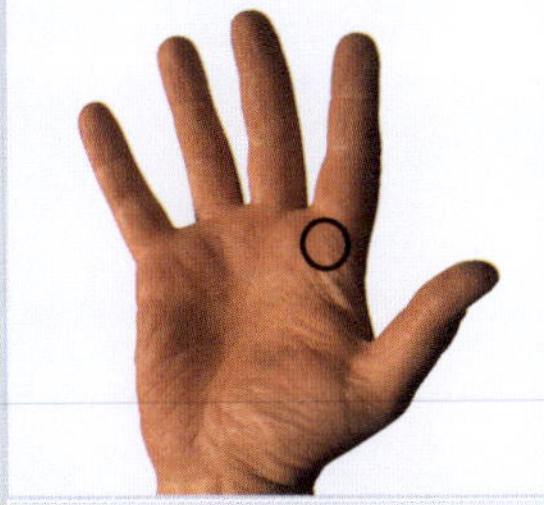

PAGE 32

MONT DE SATURNE

◆ Bien développé

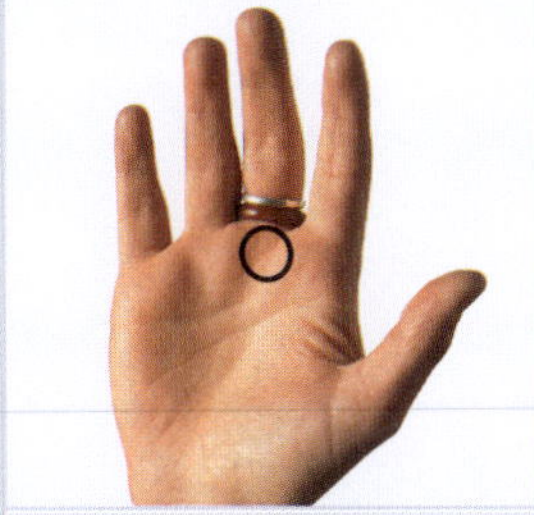

PAGE 33

MONT D'APOLLON

◆ Bien développé

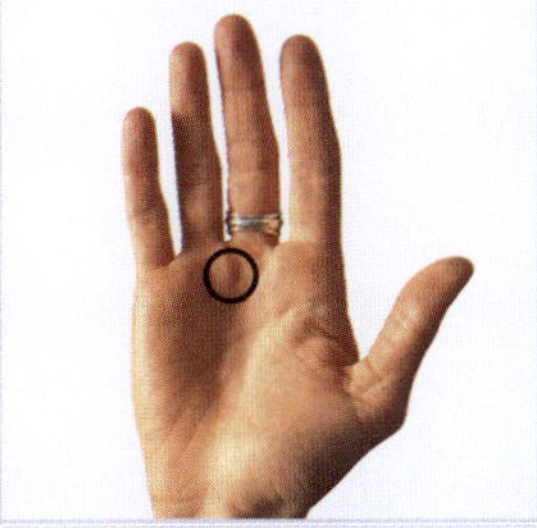

PAGE 34

MONT DE MERCURE

◆ Bien développé

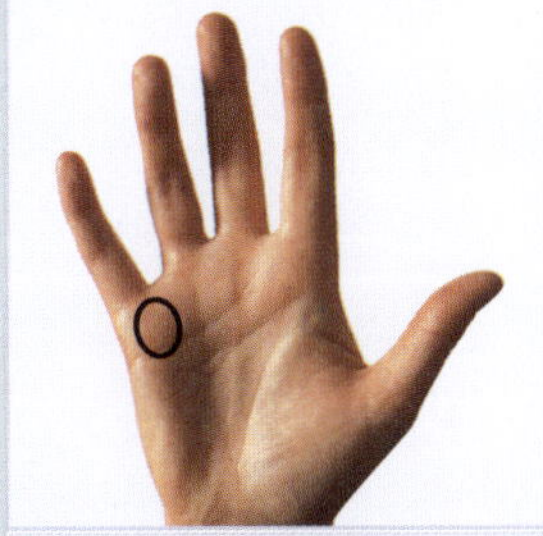

PAGE 35

MONT DE VÉNUS

◆ Bien développé

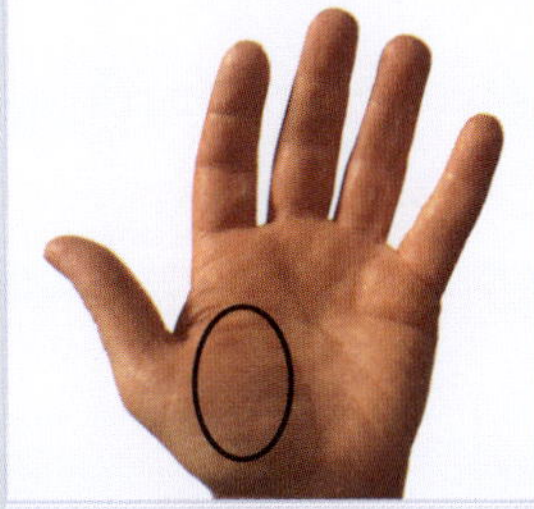

PAGE 36

MONT DE LA LUNE

◆ Bien développé

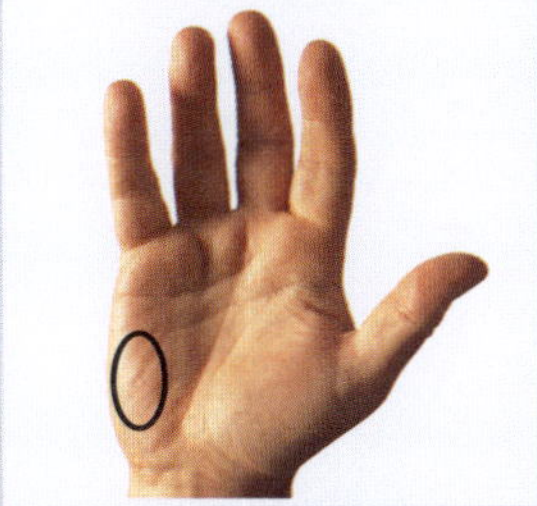

PAGE 37

MONT DE NEPTUNE

◆ Bien développé

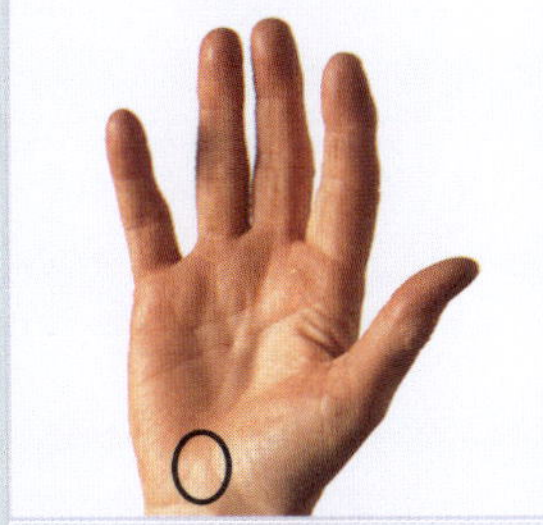

PAGE 38

MONT DE MARS NÉGATIF

◆ Bien développé

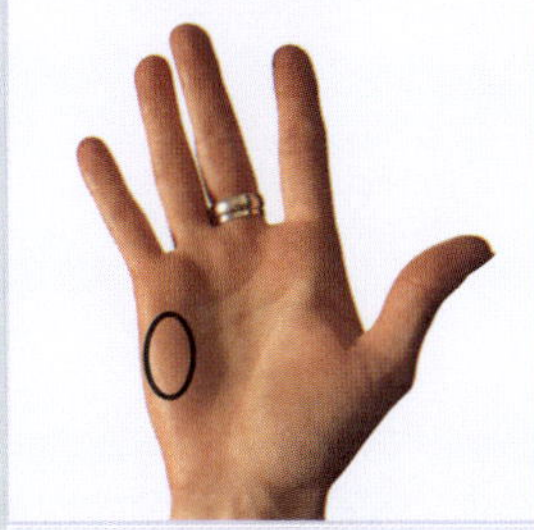

PAGE 39

MONT DE MARS POSITIF

◆ Bien développé

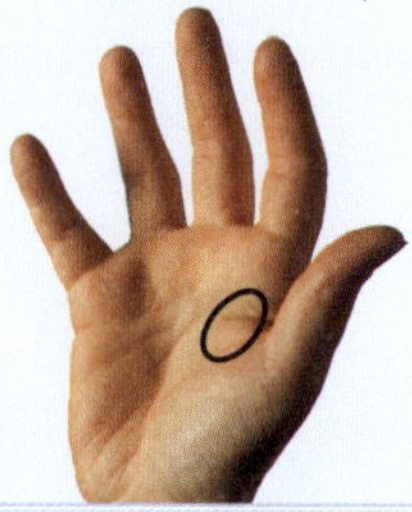

PAGE 40

MONTS DE VÉNUS/ NEPTUNE NÉGATIF

◆ Bien développés

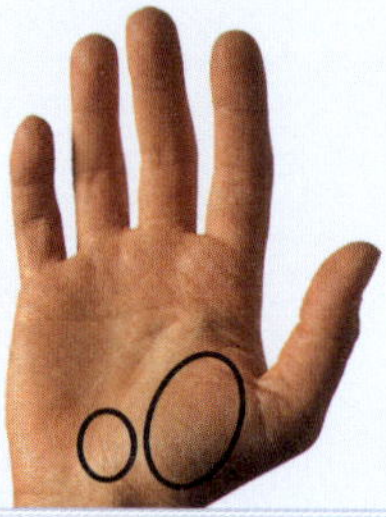

PAGE 41

LIGNE DE VIE

PAGES 42-59

VIE

◆ Tracé proche du pouce
◆ Mont de Vénus étroit

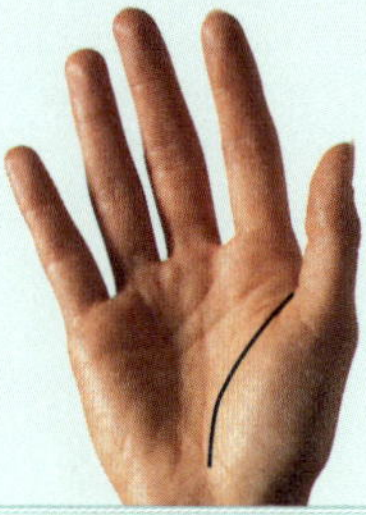

PAGE 44

VIE

◆ Tracé proche du pouce
◆ Mont de Vénus étroit

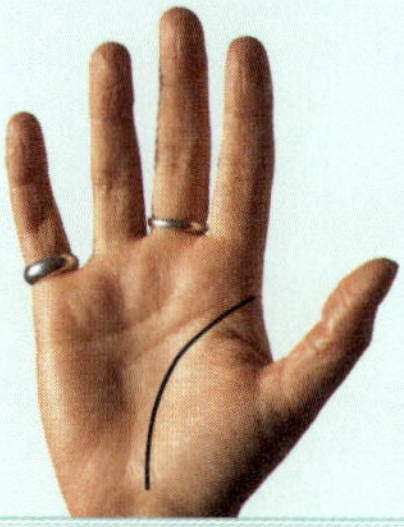

PAGE 45

VIE

◆ Tracé éloigné du pouce
◆ Mont de Vénus développé

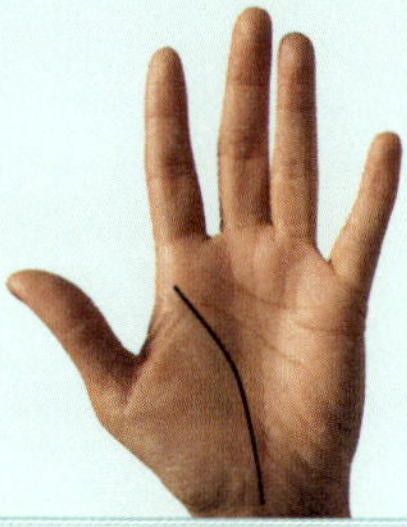

PAGE 46

VIE

◆ Tracé éloigné du pouce
◆ Mont de Vénus développé

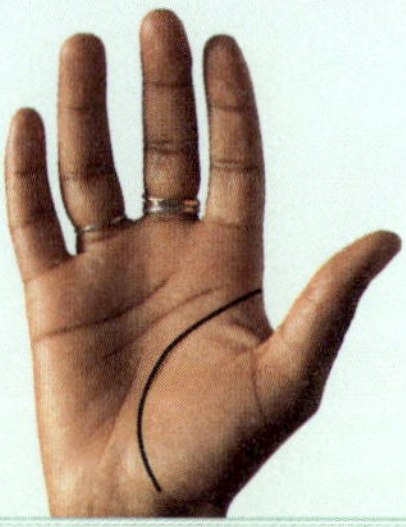

PAGE 47

VIE

◆ Tracé court
◆ Apparemment interrompue

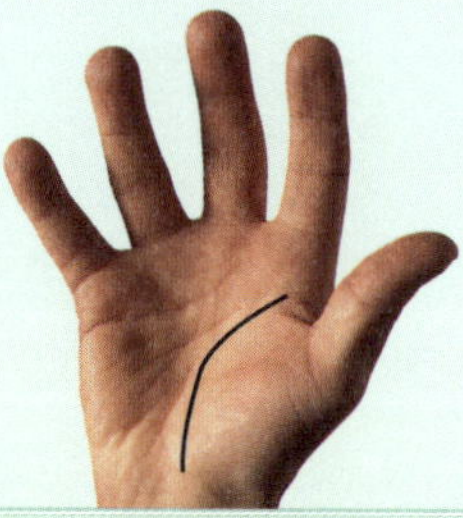

PAGE 48

VIE

◆ Tracé court
◆ Apparemment interrompue

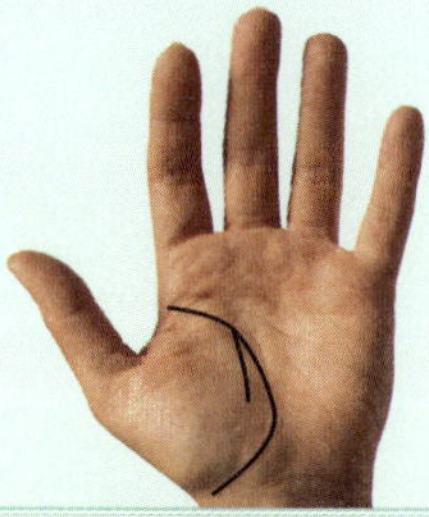

PAGE 49

VIE

◆ Tracé court

◆ Intègre une rupture

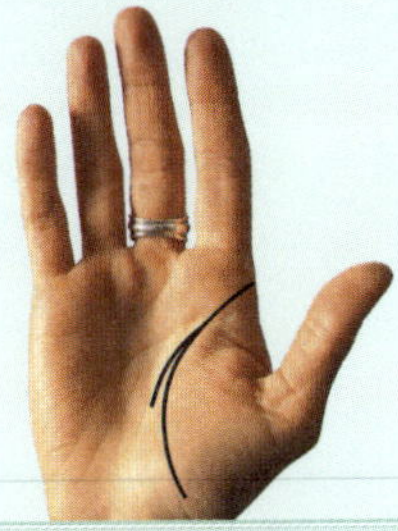

PAGE 50

VIE

◆ Double

◆ Totalement ou partiellement

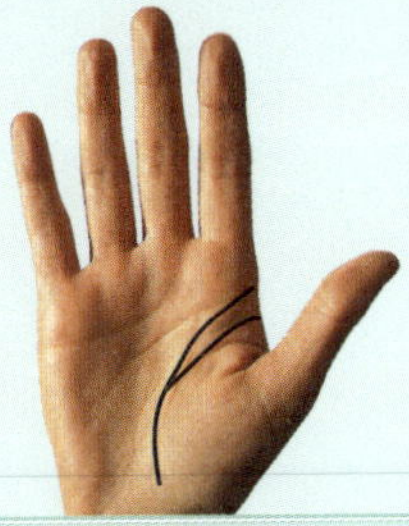

PAGE 51

VIE

◆ Tracé complet

◆ Extrémité fourchue

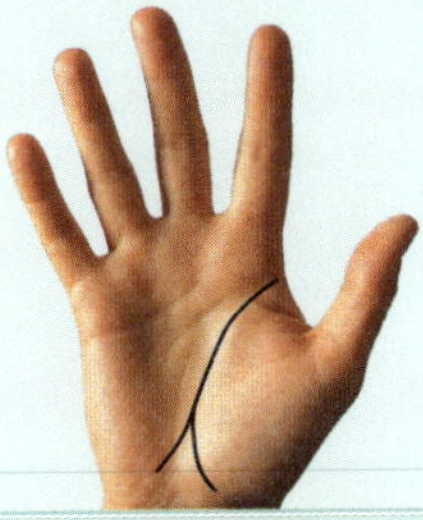

PAGE 52

VIE

◆ Tracé complet

◆ Extrémité fourchue

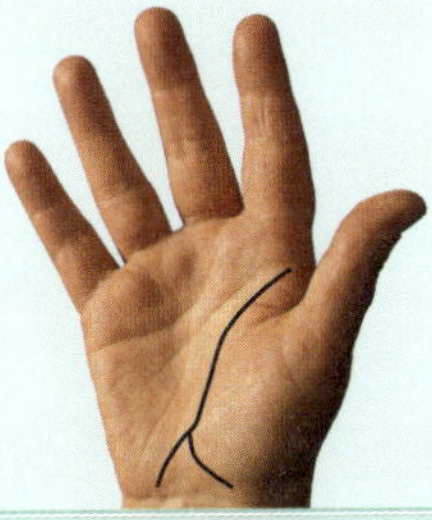

PAGE 53

VIE

◆ Extrémité rabattue sous l'éminence thénar

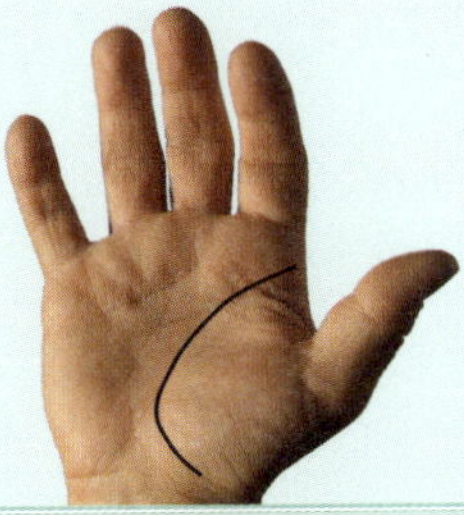

PAGE 54

VIE

◆ Extrémité s'écartant du pouce

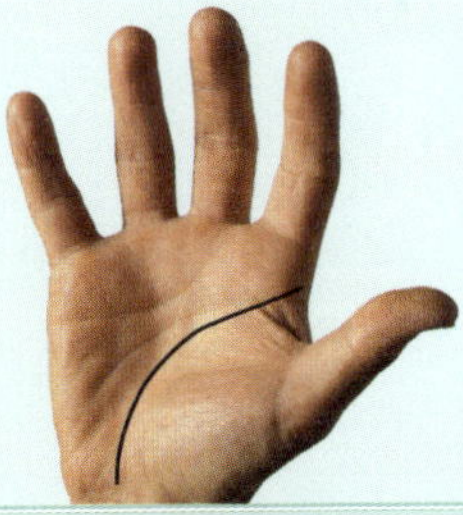

PAGE 55

VIE

◆ Départ haut

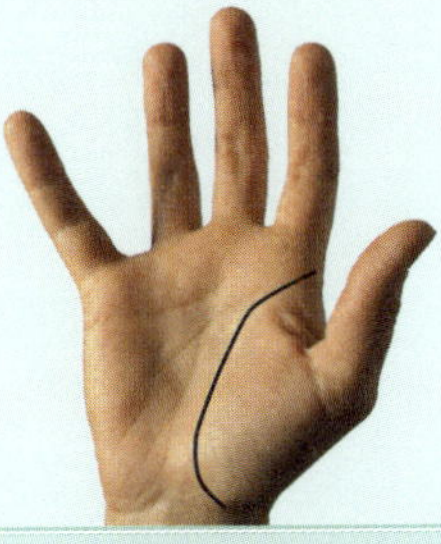

PAGE 56

VIE

◆ Départ bas

◆ Plus proche du pouce

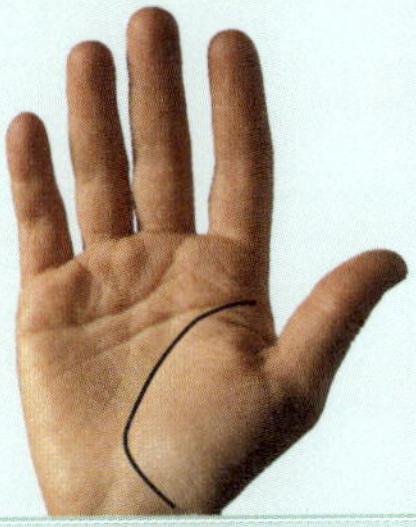

PAGE 57

VIE

◆ Passive ◆ Différente de la main dominante

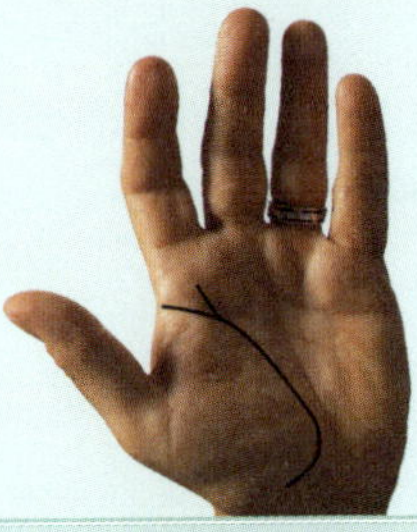

PAGE 58

VIE
◆ Dominante ◆ Double
◆ Totalement ou partiellement

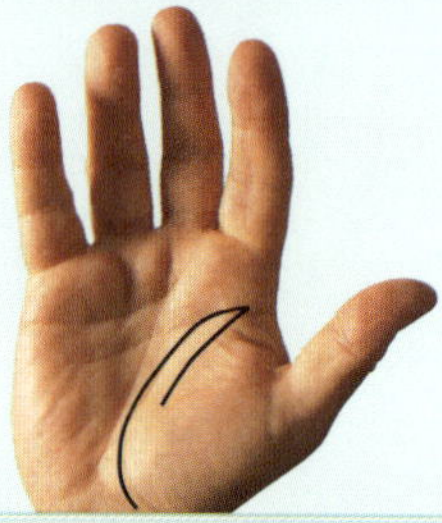

PAGE 59

LIGNE DE CŒUR

PAGES 60-73

CŒUR
◆ Courte ◆ Droite
◆ Extrémité sous le majeur

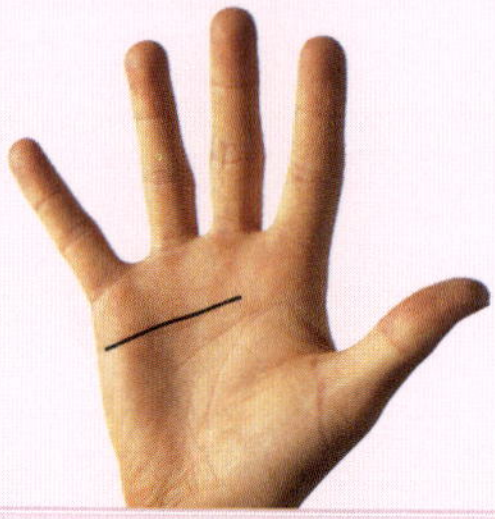

PAGE 62

CŒUR
◆ Courte ◆ Droite
◆ Extrémité sous le majeur

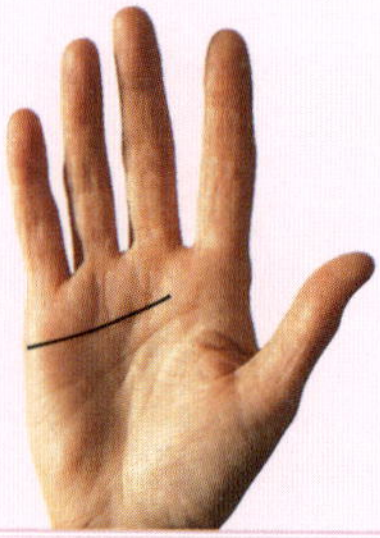

PAGE 63

CŒUR
◆ Longue ◆ Droite
◆ Extrémité sous l'index

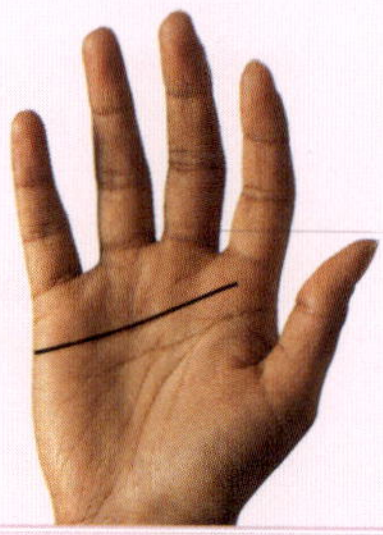

PAGE 64

CŒUR
◆ Extrémité sous l'index
et le mont de Jupiter

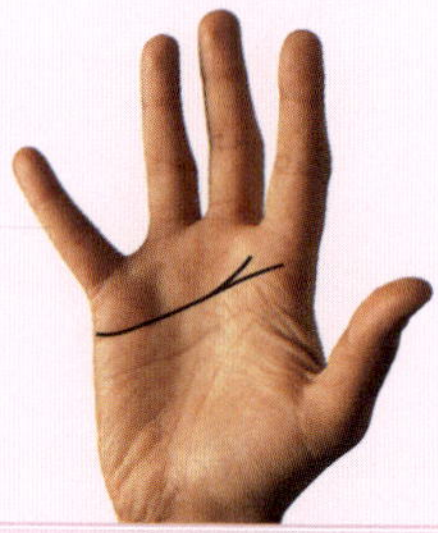

PAGE 65

CŒUR
◆ Extrémité entre l'index
et le majeur

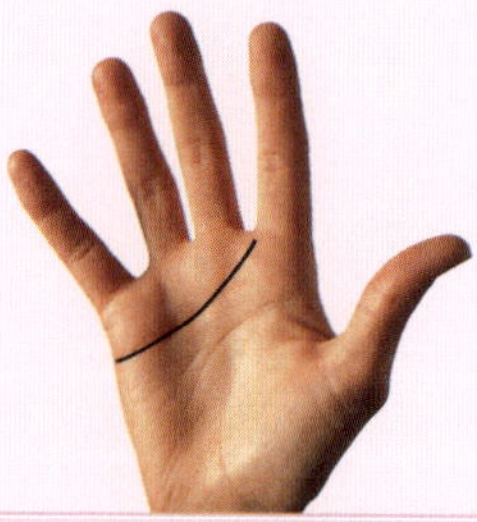

PAGE 66

CŒUR
◆ Extrémité entre l'index
et le majeur

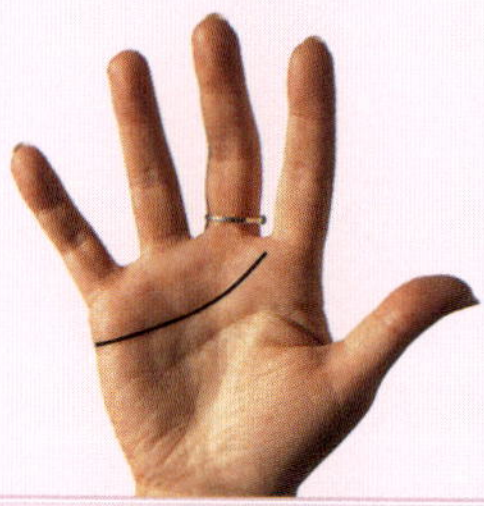

PAGE 67

CŒUR
◆ Extrémité fourchue
◆ Extrémité en trident

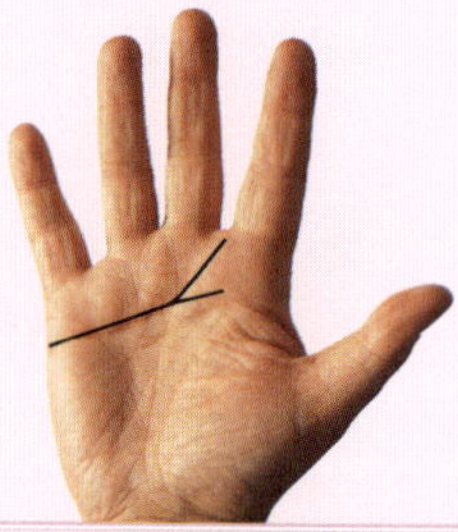

PAGE 68

CŒUR

◆ Marquée
◆ Nette

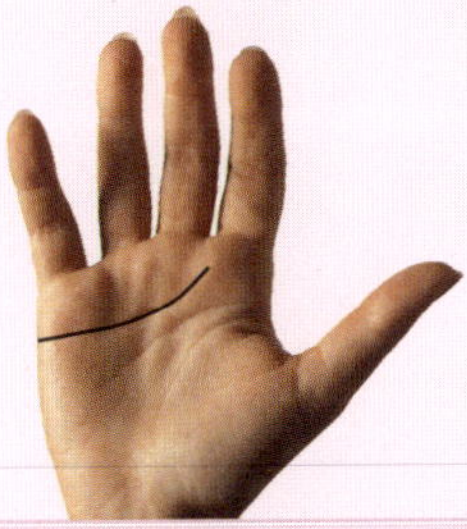

PAGE 69

CŒUR

◆ Nombreuses ramifications

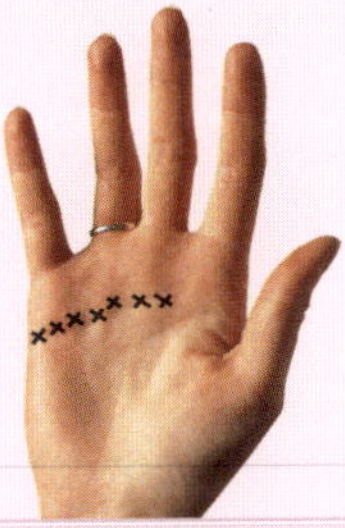

PAGE 70

CŒUR

◆ Double ◆ Parallèle à un endroit du tracé

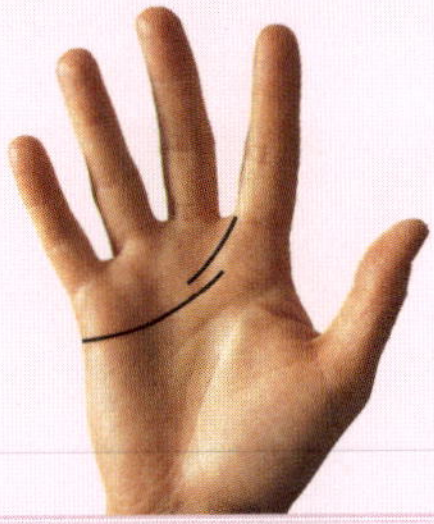

PAGE 71

CŒUR

◆ Passive ◆ Différente de la main dominante

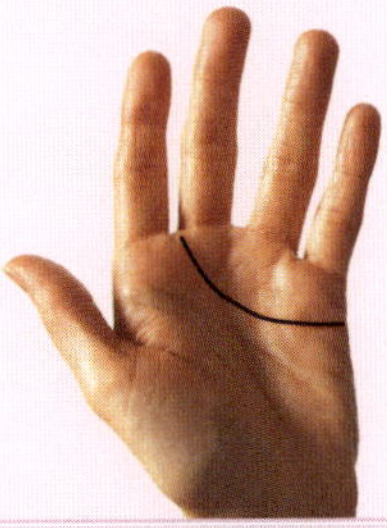

PAGE 72

CŒUR

◆ Dominante
◆ Extrémité sur l'index

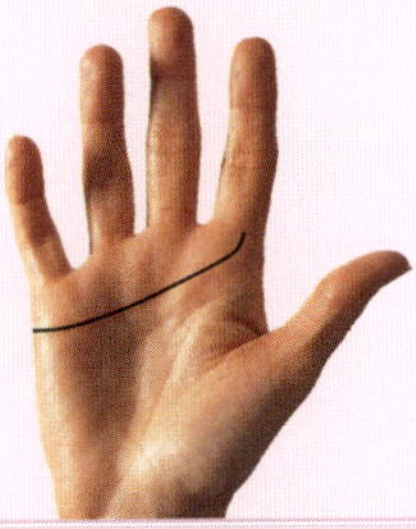

PAGE 73

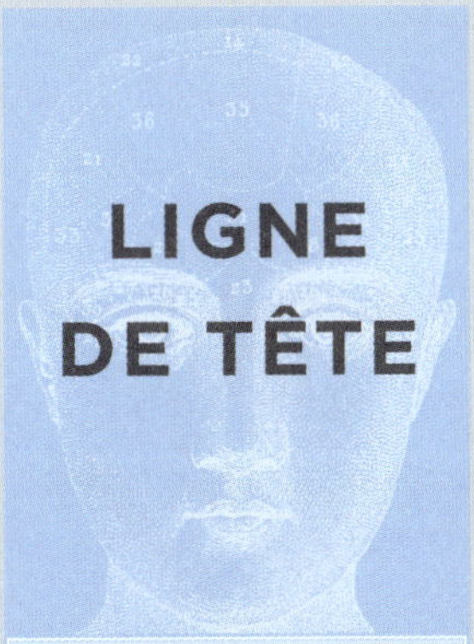

LIGNE DE TÊTE

PAGES 74-89

TÊTE

◆ Courte ◆ Droite
◆ Extrémité sous le majeur

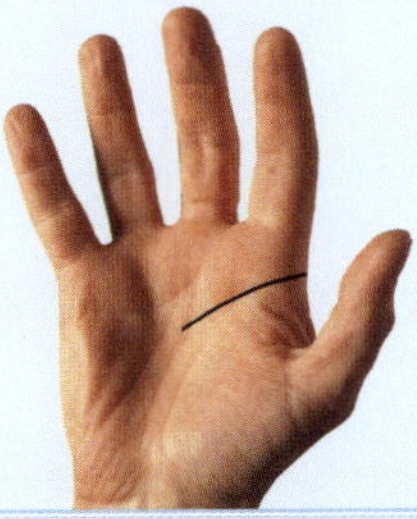

PAGE 76

TÊTE

◆ Extrémité sous l'annulaire ou le majeur ◆ Longue ◆ Droite

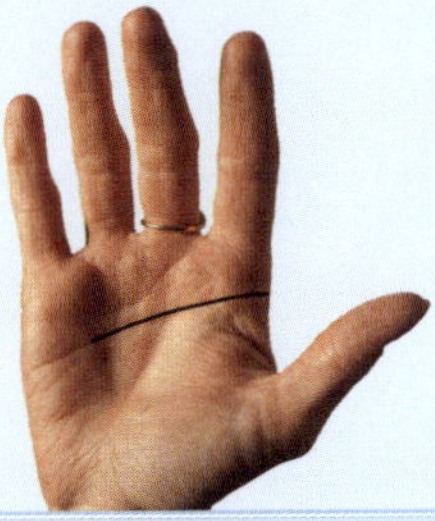

PAGE 77

TÊTE

◆ Longue
◆ Courbée vers le bas

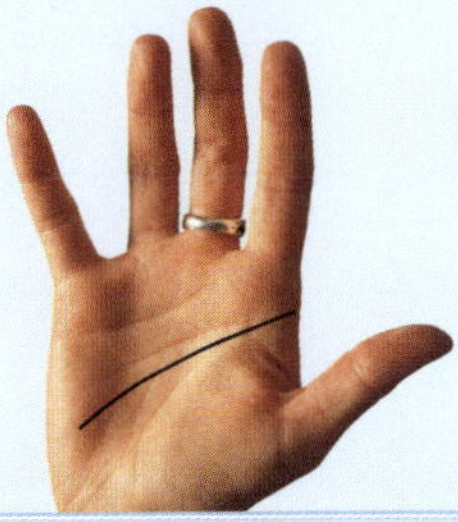

PAGE 78

TÊTE

◆ Longue
◆ Plongeante

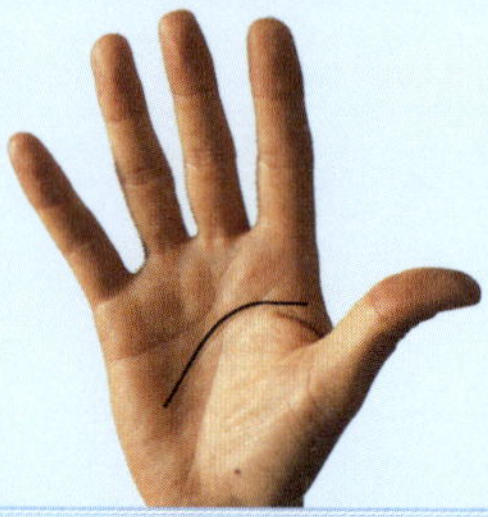

PAGE 79

TÊTE

◆ Départ sur la ligne de vie

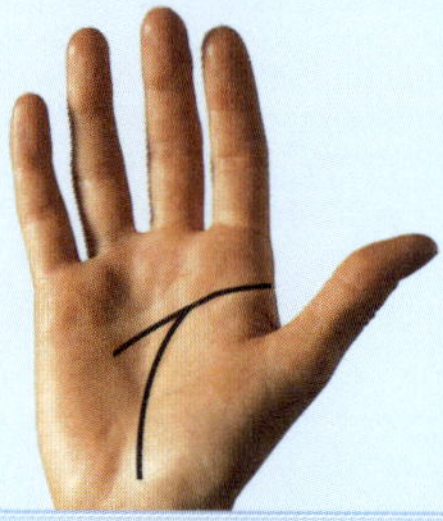

PAGE 80

TÊTE

◆ Départ nettement séparé de la ligne de vie

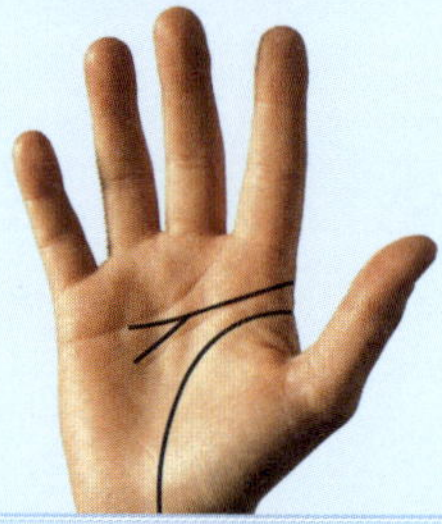

PAGE 81

TÊTE

◆ Départ haut ◆ Plus proche de l'index que du pouce

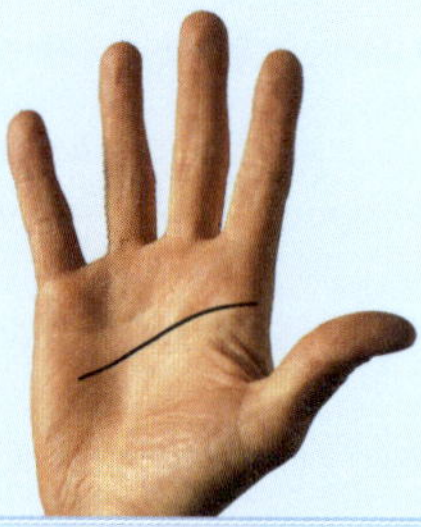

PAGE 82

TÊTE

◆ Départ bas ◆ Plus proche du pouce que de l'index

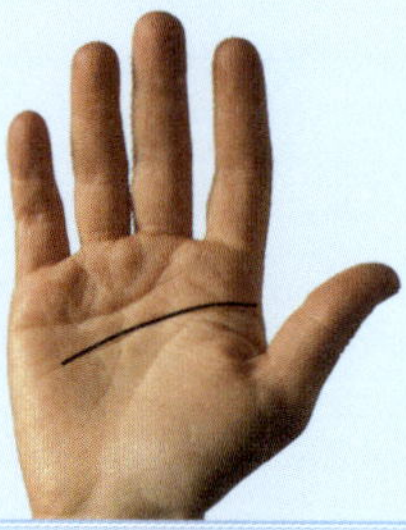

PAGE 83

TÊTE

◆ Extrémité fourchue vers le haut

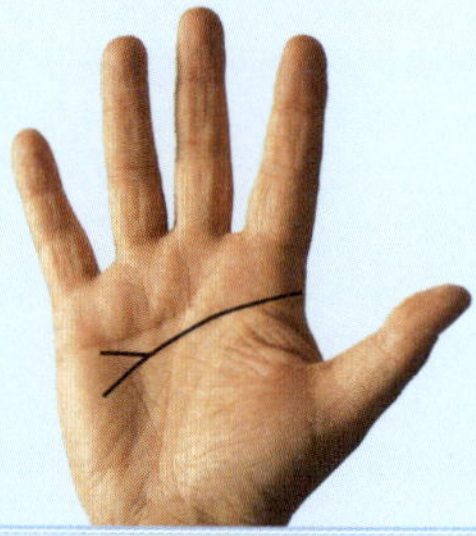

PAGE 84

TÊTE

◆ Extrémité fourchue vers le bas

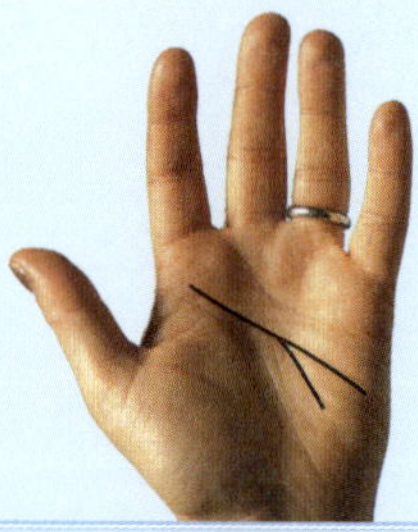

PAGE 85

TÊTE

◆ Extrémité en trident

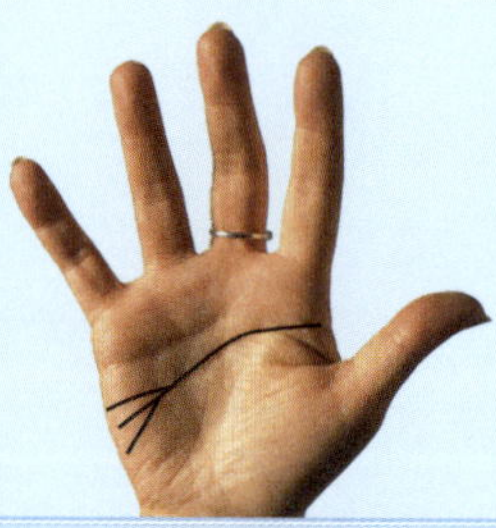

PAGE 86

TÊTE

◆ Double
◆ Partiellement ou totalement

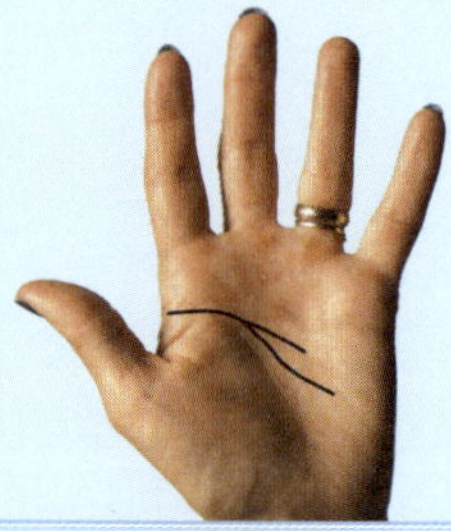

PAGE 87

TÊTE

◆ Longue
◆ Plongeante

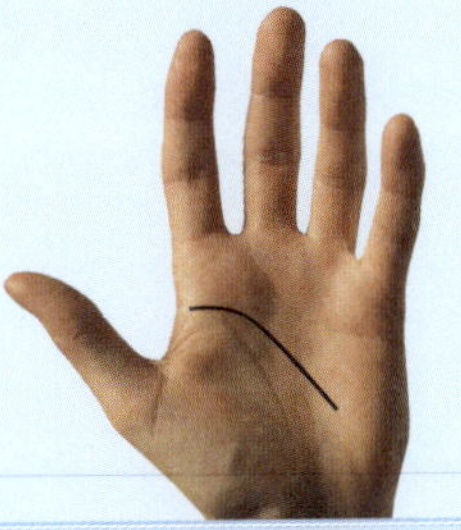

PAGE 88

TÊTE

◆ Dominante ◆ Différente de la main passive

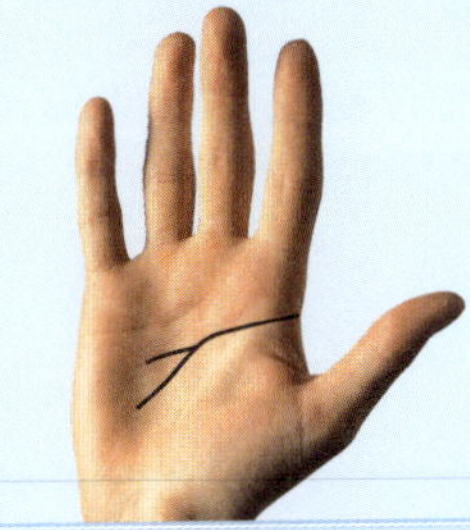

PAGE 89

LIGNE SIMIENNE

PAGES 90-95

SIMIENNE

◆ Traverse la paume ◆ Pas de ligne de cœur ou de tête

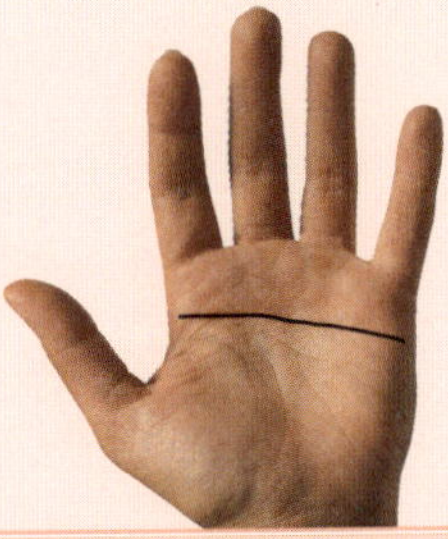

PAGE 92

SIMIENNE

◆ Avec la ligne de cœur
◆ Avec la ligne de tête

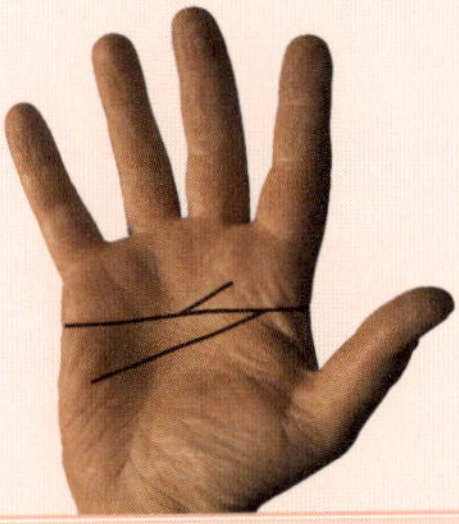

PAGE 93

SIMIENNE

◆ Traverse la paume ◆ Pas de ligne de cœur ou de tête
◆ Main passive

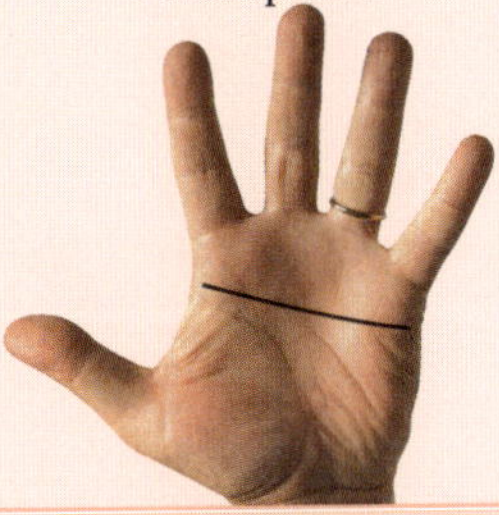

PAGE 94

SIMIENNE

◆ Traverse la paume ◆ Pas de ligne de cœur ou de tête
◆ Main dominante

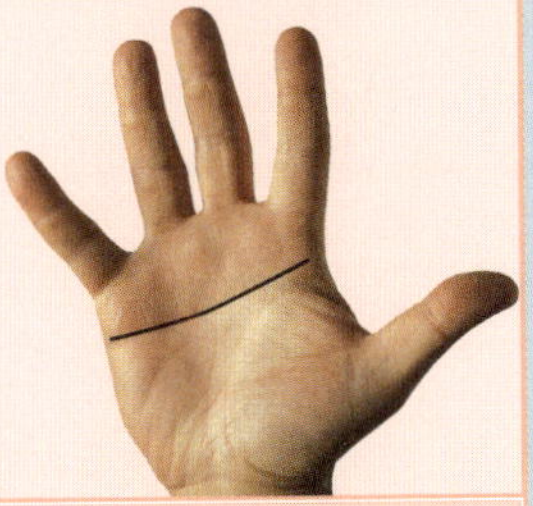

PAGE 95

LIGNE DE DESTINÉE

PAGES 96-111

DESTINÉE

◆ Droite
◆ Bien définie

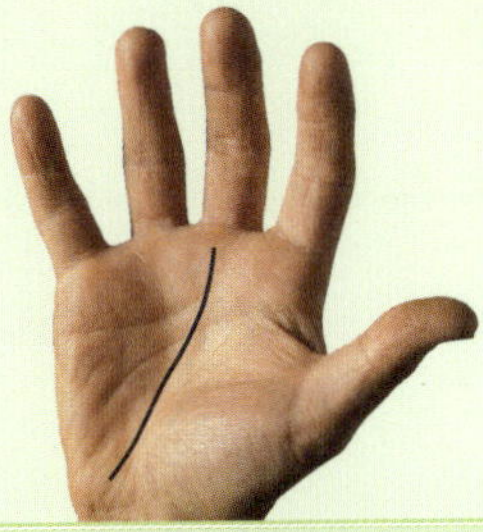

PAGE 98

DESTINÉE

◆ Semble s'interrompre et reprendre

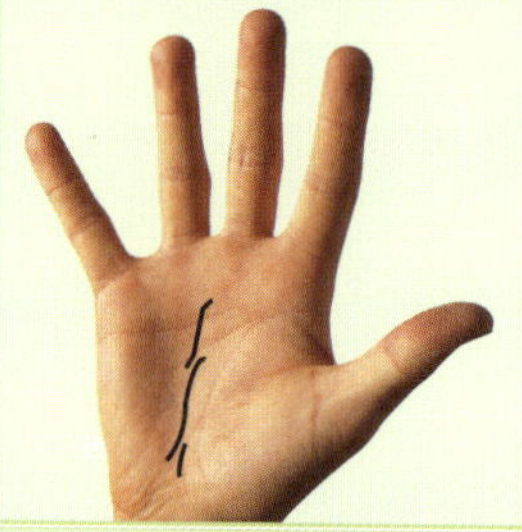

PAGE 99

DESTINÉE

◆ Départ haut dans la paume de main

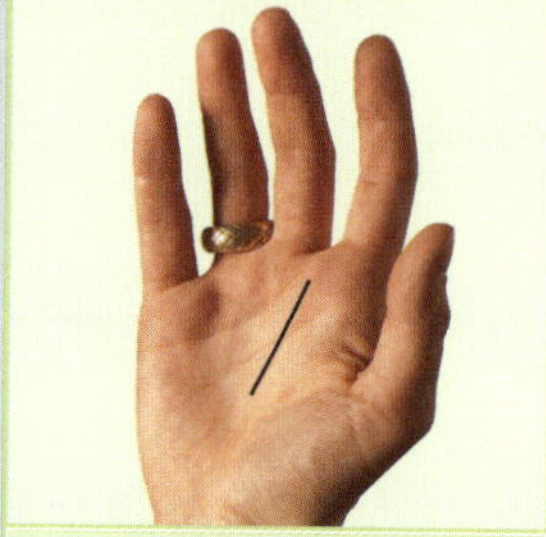

PAGE 100

DESTINÉE

◆ Départ sur le mont de la Lune

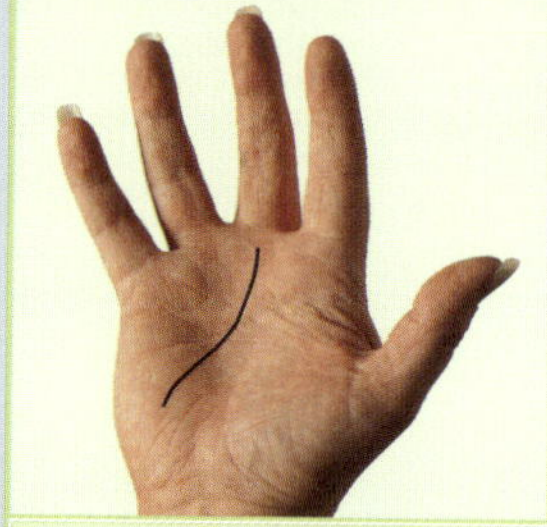

PAGE 101

DESTINÉE

◆ Arrêt loin de la base des doigts

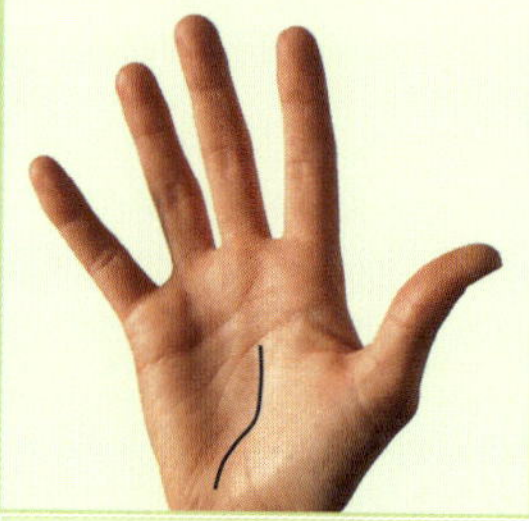

PAGE 102

DESTINÉE

◆ Départ haut dans la paume
◆ Arrêt à la base des doigts

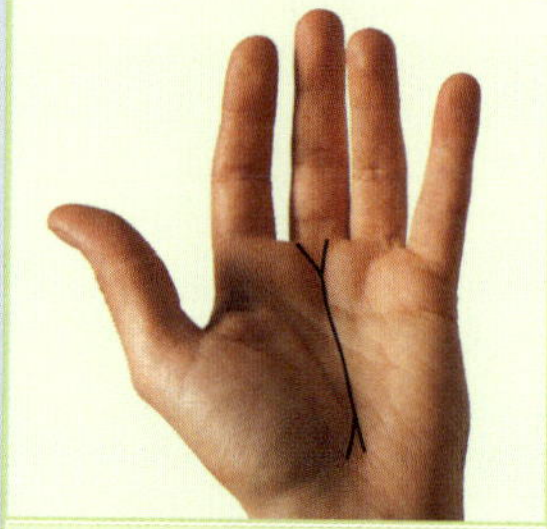

PAGE 103

DESTINÉE

◆ Extrémité dirigée vers l'index

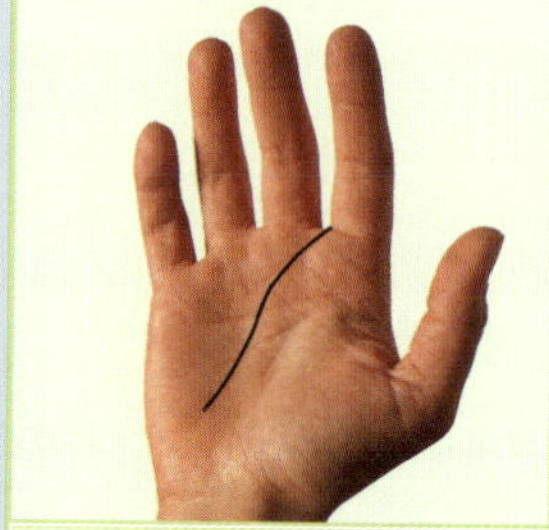

PAGE 104

DESTINÉE

◆ Rejointe par une ligne
◆ Branche ascendante

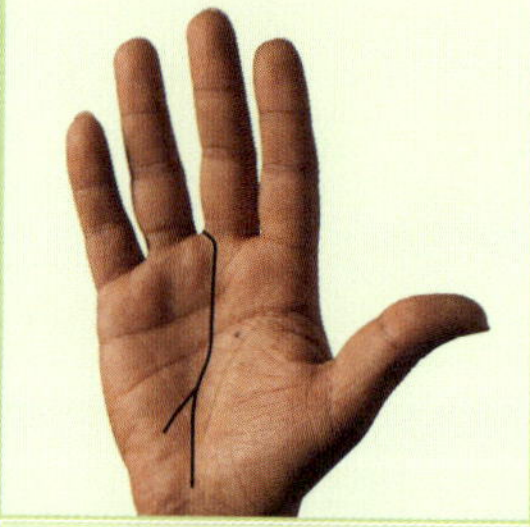

PAGE 105

DESTINÉE

◆ Départ sur le mont de Vénus

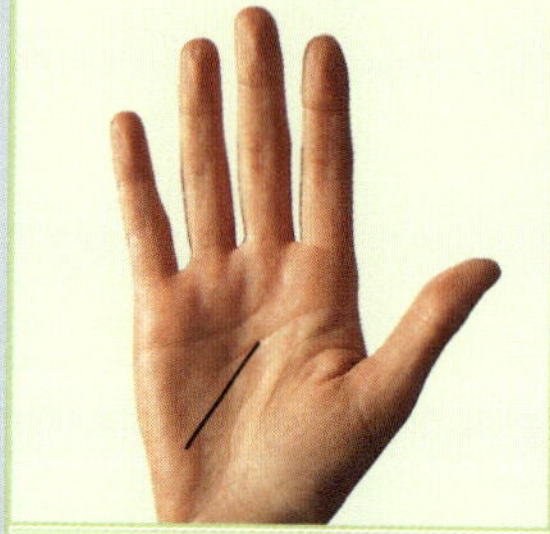

PAGE 106

DESTINÉE

◆ Multiples extrémités

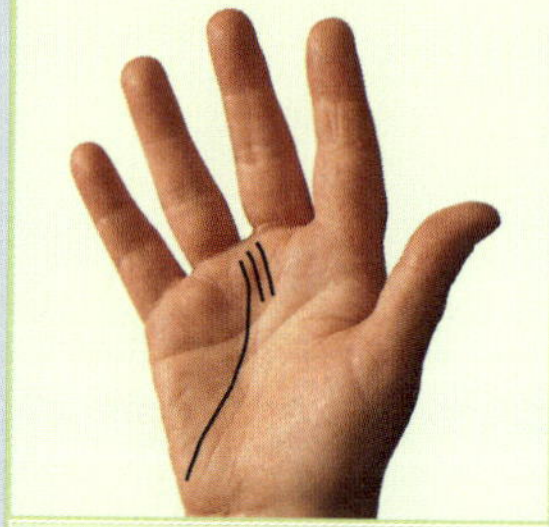

PAGE 107

DESTINÉE

◆ Doublée le long de son tracé

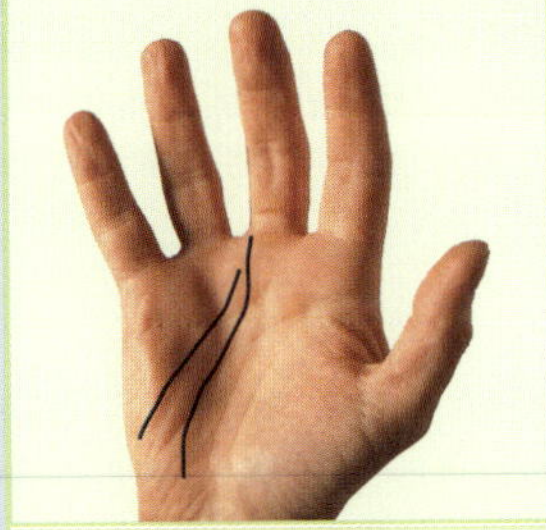

PAGE 108

DESTINÉE

◆ Doublée le long de son tracé

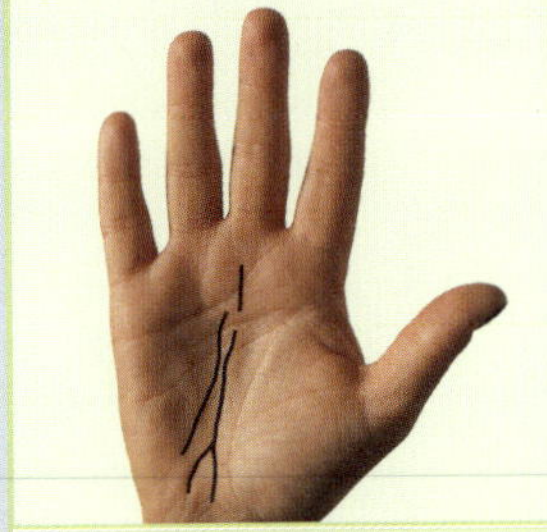

PAGE 109

DESTINÉE

◆ Départ sur la ligne de vie
◆ Main passive

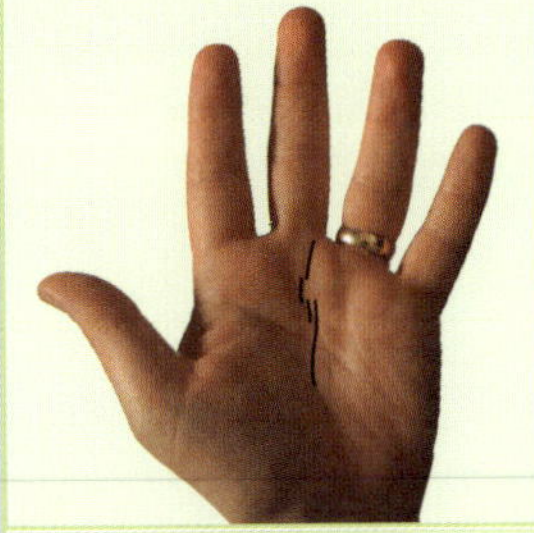

PAGE 110

DESTINÉE

◆ Main dominante
◆ Différente de la main passive

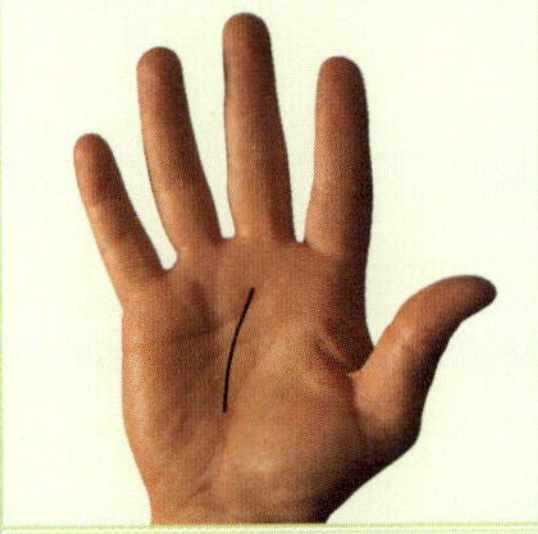

PAGE 111

LIGNE DE CHANCE

PAGES 112-121

CHANCE

◆ Courte ◆ Départ dans la moitié supérieure de la paume

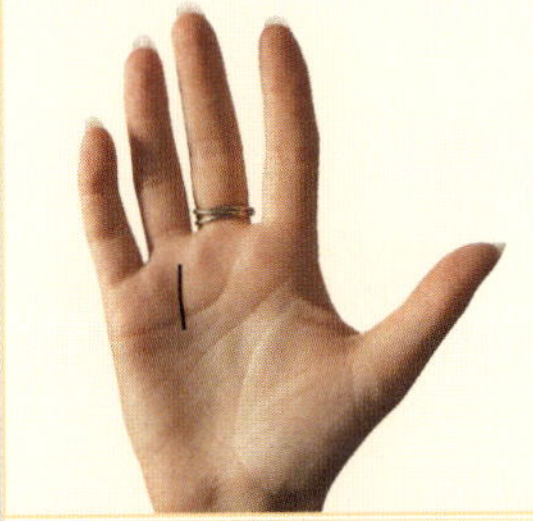

PAGE 114

CHANCE

◆ Peu marquée

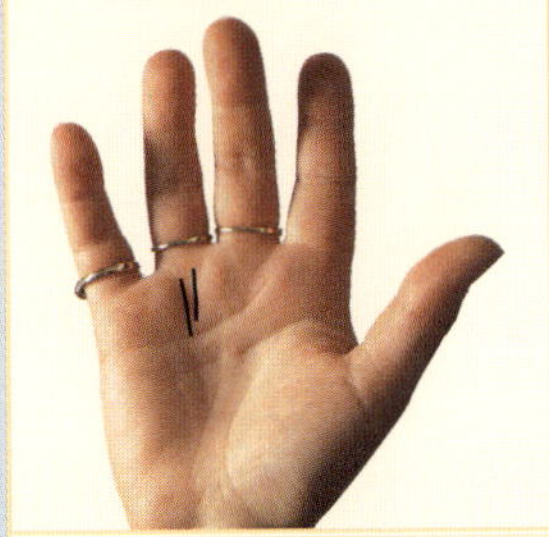

PAGE 115

CHANCE

◆ Débute par une étoile

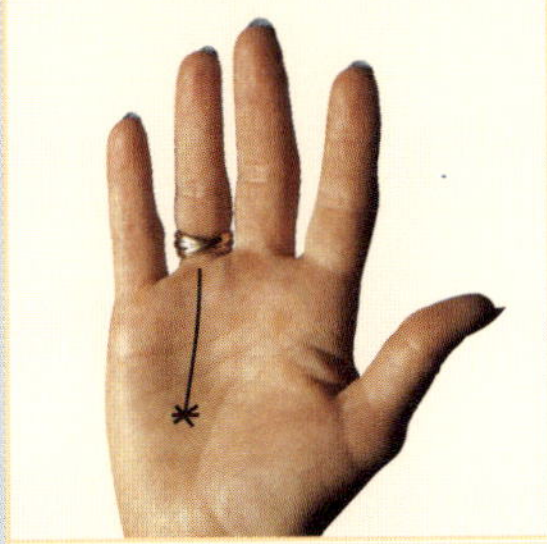

PAGE 116

CHANCE

◆ Trois lignes ◆ Vers le haut à partir de la ligne de cœur

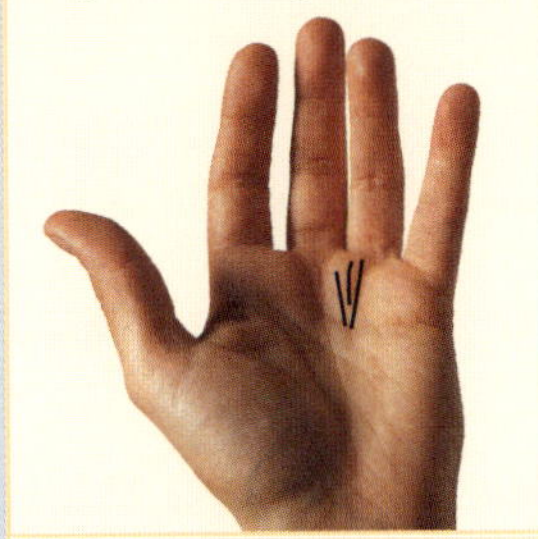

PAGE 117

CHANCE
◆ Multiple ◆ Reflet de la ligne de destinée

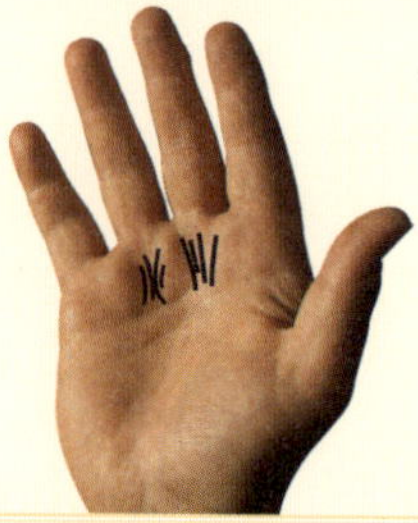

PAGE 118

CHANCE
◆ Multiple ◆ Reflet de la ligne de destinée

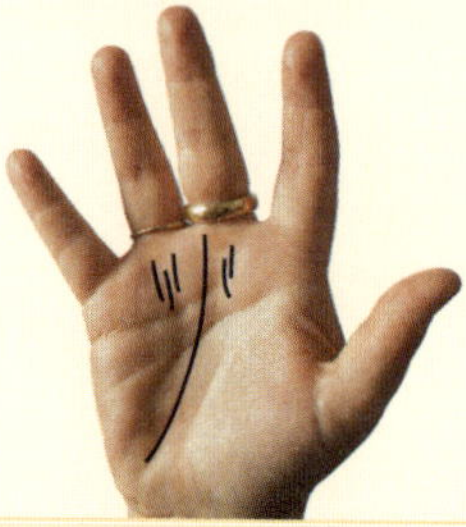

PAGE 119

CHANCE
◆ Main dominante
◆ Différente de la main passive

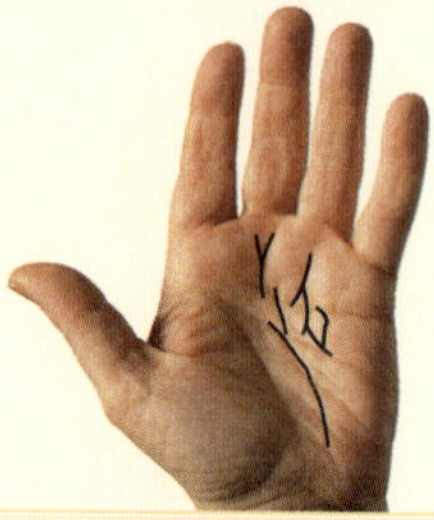

PAGE 120

LIGNE DE CHANCE
◆ Longue

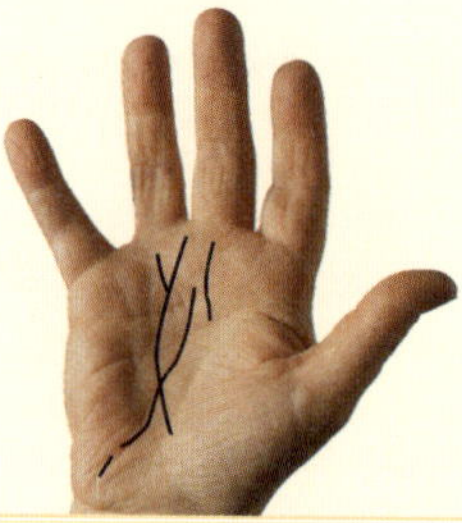

PAGE 121

LIGNE D'ATTA-CHEMENT

PAGES 122-129

ATTACHEMENT
◆ Extrémité fourchue

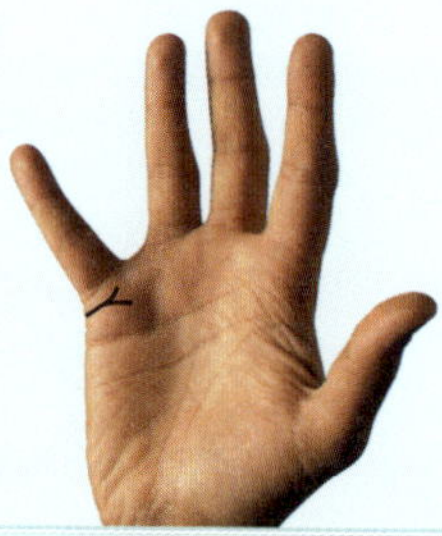

PAGE 124

ATTACHEMENT
◆ Intègre une rupture
◆ Réunification

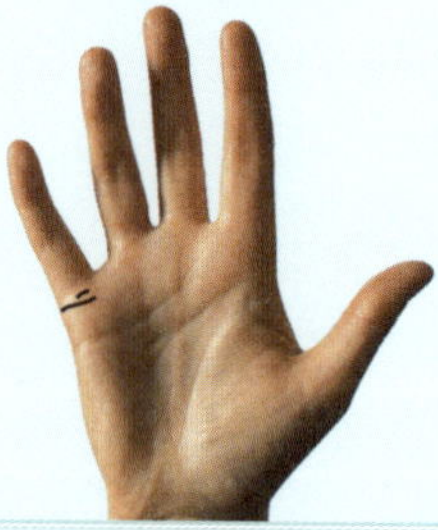

PAGE 125

ATTACHEMENT
◆ Plongeante
◆ Descend vers la paume

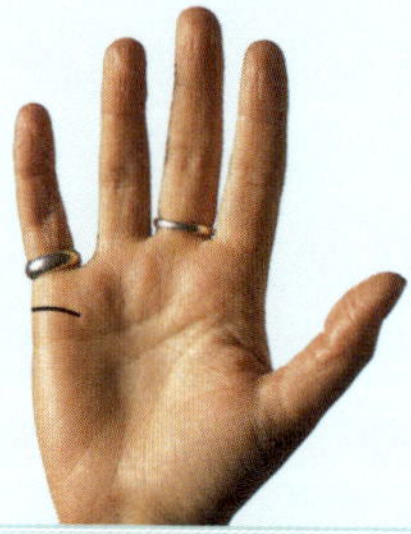

PAGE 126

ATTACHEMENT
◆ Plongeante
◆ Descend vers la paume

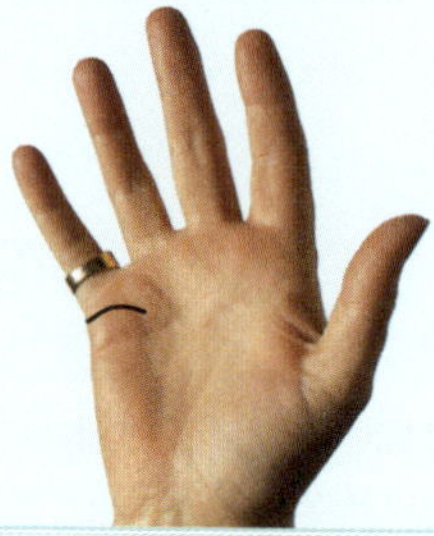

PAGE 127

ATTACHEMENT
◆ Remonte nettement

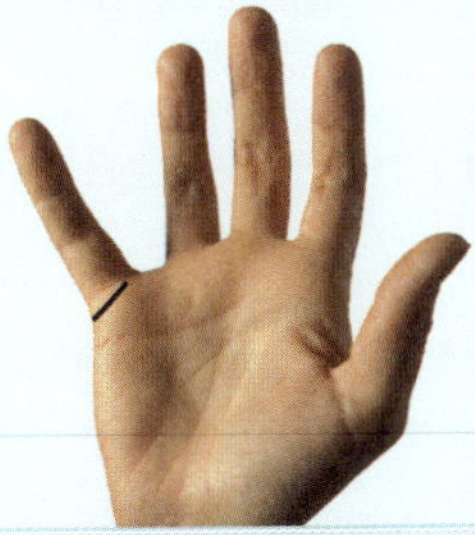

PAGE 128

ATTACHEMENT
◆ Droite
◆ Nette

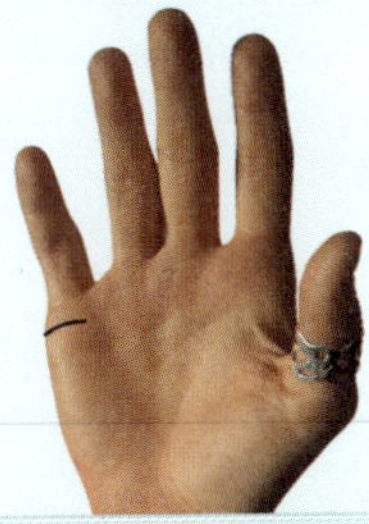

PAGE 129

CEINTURE DE VÉNUS

PAGES 130-135

CEINTURE DE VÉNUS
◆ Demi-cercle ◆ Autour de la base des doigts médians

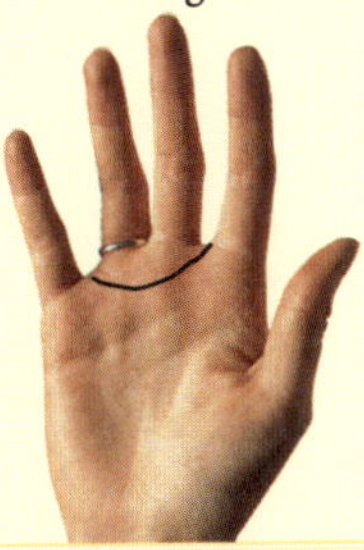

PAGE 132

CEINTURE DE VÉNUS
◆ Reliée à la ligne d'attachement

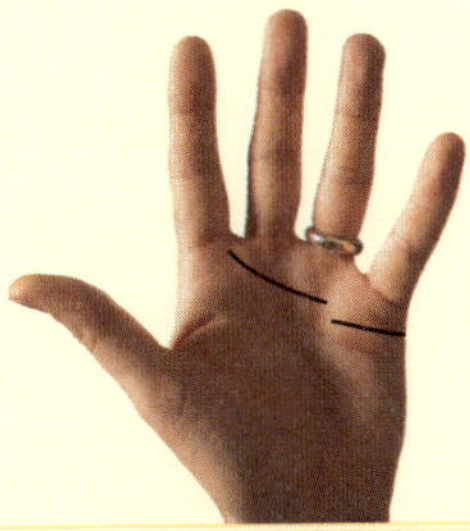

PAGE 133

CEINTURE DE VÉNUS
◆ Partielle ◆ Courte, autour de la base des doigts médians

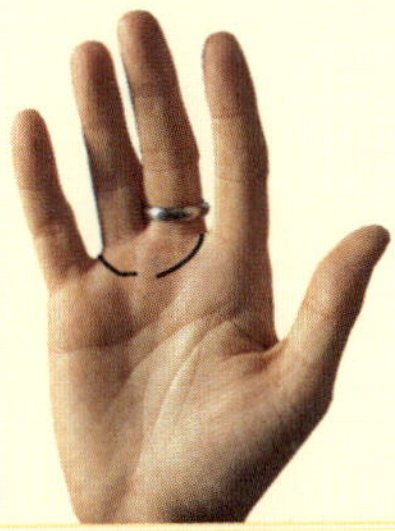

PAGE 134

CEINTURE DE VÉNUS
◆ Partielle ◆ Courte, autour de la base des doigts médians

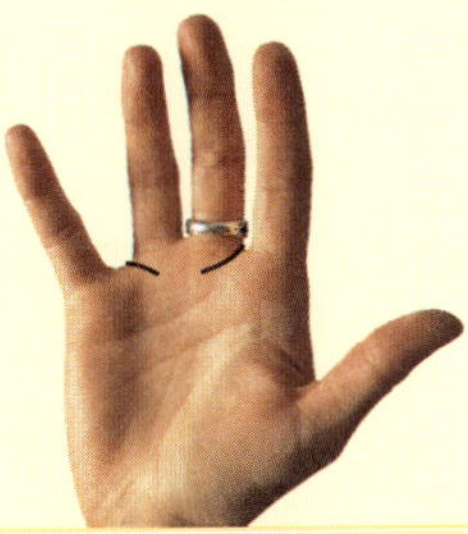

PAGE 135

LIGNES DE SOUCIS

PAGES 136-139

LIGNES DE SOUCIS
◆ Nombreuses lignes nettes
◆ Masquent en partie les autres lignes ◆ Recouvrent la paume

PAGE 138

LIGNES DE SOUCIS
◆ Nombreuses lignes fines
◆ Masquent en partie les autres lignes ◆ Recouvrent la paume

PAGE 139

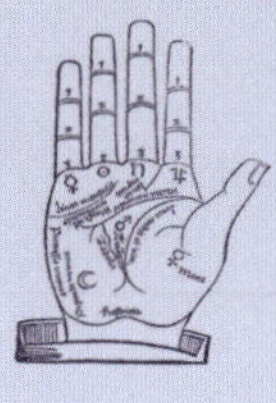

MONTS

Quelles forces
vous gouvernent ?

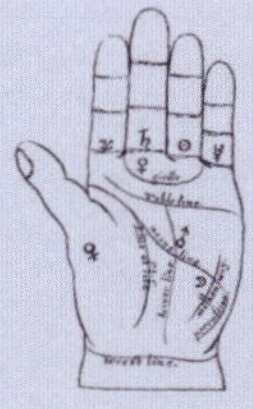

LOCALISATION

MONTS MAJEURS

- **Jupiter :** à la base de l'index.
- **Saturne :** à la base du majeur.
- **Apollon :** à la base de l'annulaire.
- **Mercure :** à la base de l'auriculaire.
- **Vénus :** à la base du pouce.
- **Lune :** côté de la paume opposé au mont de Vénus.

MONTS MINEURS

- **Neptune :** entre les monts de Vénus et de la Lune, adjacent au poignet.
- **Mars négatif :** côté de la paume opposé au pouce, entre les monts de la Lune et de Mercure.
- **Mars positif :** côté de la paume entre l'index et le pouce.

INTERPRÉTATION

Les monts représentent les forces qui gouvernent votre vie. Les plus développés sur votre paume de main, autrement dit les monts dominants, sont ceux qui influencent votre vie. Caresser la paume d'une main pour localiser et évaluer la proéminence des différents monts a un côté apaisant. Dans un premier temps, la meilleure façon de localiser vos monts dominants passe par une exploration légère afin de deviner du bout des doigts les protubérances de la paume sans la regarder. Une fois ces zones localisées, refermez légèrement la paume de votre main en coupe et observez-la bien. Vous distinguerez les protubérances des monts. Ne vous inquiétez pas d'un décalage de l'emplacement des monts à la base des doigts. Cela est tout à fait normal.

Cinq questions fréquentes

- Pourquoi ai-je besoin de me donner à fond en toutes choses ?
- Suis-je un leader naturel ?
- Pourquoi la communication importe-t-elle à ce point pour moi ?
- J'ai tendance à la rêverie. Qu'est-ce que cela signifie ?
- Pourquoi ai-je besoin des autres pour me sentir « vivant » ?

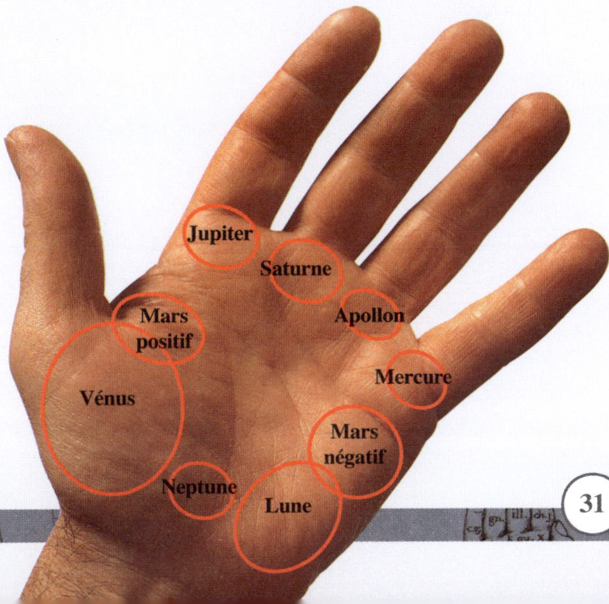

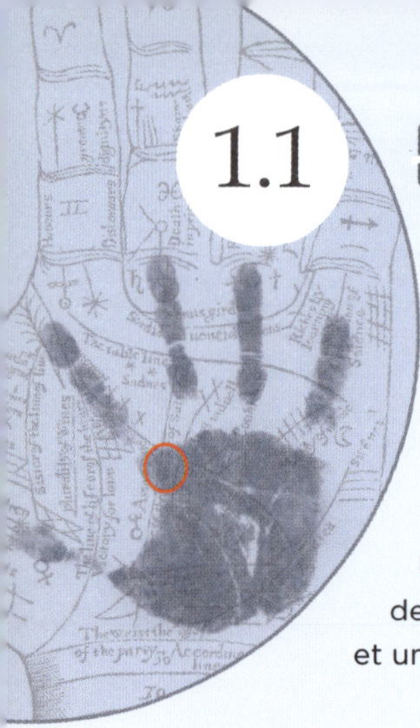

1.1 MONT DE JUPITER

◆ BIEN DÉVELOPPÉ

Vous êtes quelqu'un de sage, doté d'un sens développé des affaires et de qualités de leader. Un mont de Jupiter bien marqué est souvent associé à la présence d'îlots au niveau des empreintes digitales. Le développement du mont légèrement en direction du majeur dénote un grand sens moral, un sens aigu de la justice et de l'ambition. Un mont surdéveloppé témoigne d'une exagération des traits de personnalité, comme une générosité outrancière, de l'orgueil et une haute estime de soi ou de l'arrogance.

LECTURE APPROFONDIE

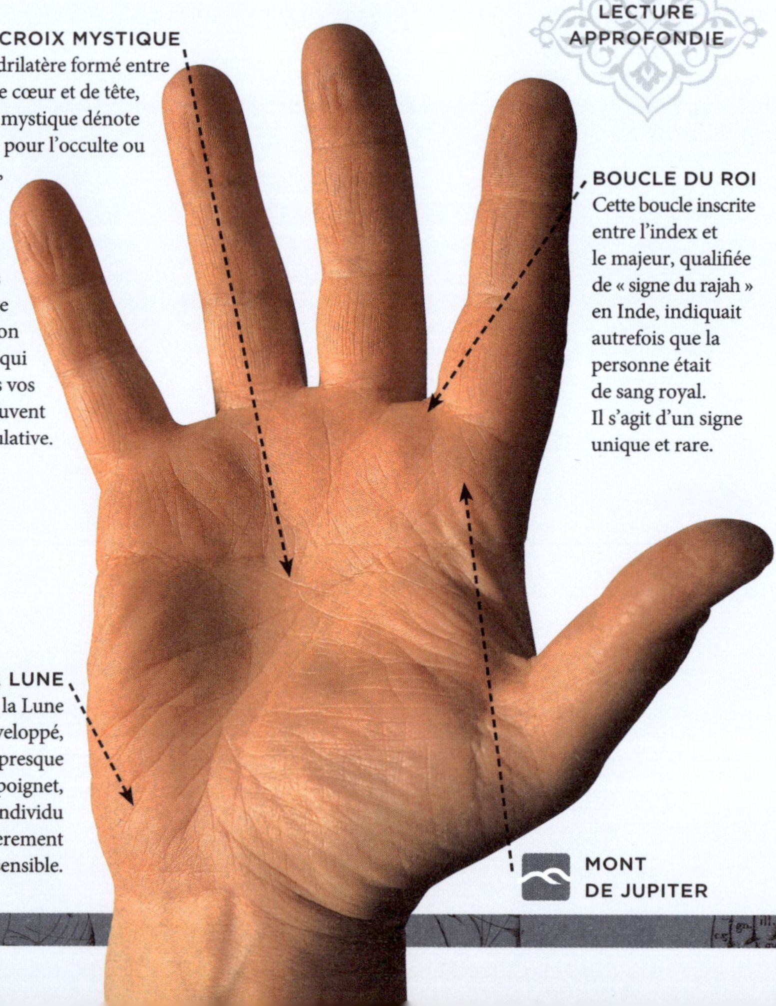

CROIX MYSTIQUE
Dans le quadrilatère formé entre les lignes de cœur et de tête, la croix mystique dénote un intérêt pour l'occulte ou le paranormal, ou encore la redécouverte d'un don psychique. Vous disposez d'une grande intuition ou d'un 6e sens qui se manifeste dans vos affaires et êtes souvent de nature spéculative.

BOUCLE DU ROI
Cette boucle inscrite entre l'index et le majeur, qualifiée de « signe du rajah » en Inde, indiquait autrefois que la personne était de sang royal. Il s'agit d'un signe unique et rare.

MONT DE LA LUNE
Un mont de la Lune assez bas et développé, au point de presque surplomber le poignet, témoigne d'un individu particulièrement talentueux et sensible.

MONT DE JUPITER

MONT DE SATURNE

1.2

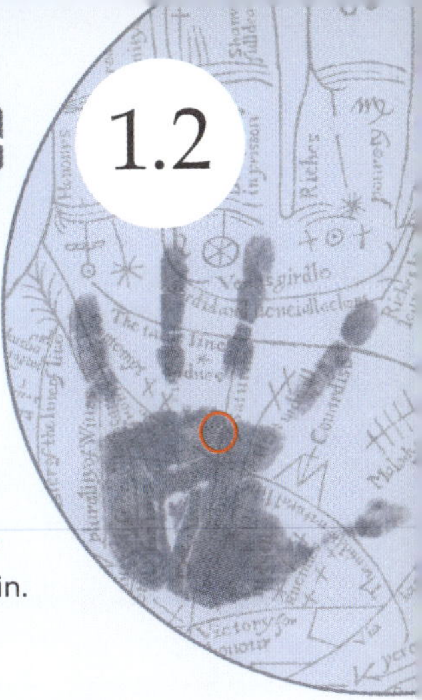

◆ BIEN DÉVELOPPÉ

Stabilité, sérieux et attachement à la tradition sont des valeurs dominantes dans votre vie. Un mont proéminent peut dénoter une prédisposition à la gravité et un aspect sévère. La douce rondeur du mont ci-dessous montre un intérêt pour les études ou la recherche, ou révèle parfois une vision pessimiste et injustifiée du mariage. En dépit des influences sévères d'un mont de Saturne développé, l'image d'une nature chaleureuse se devine dans la paume de votre main.

LECTURE APPROFONDIE

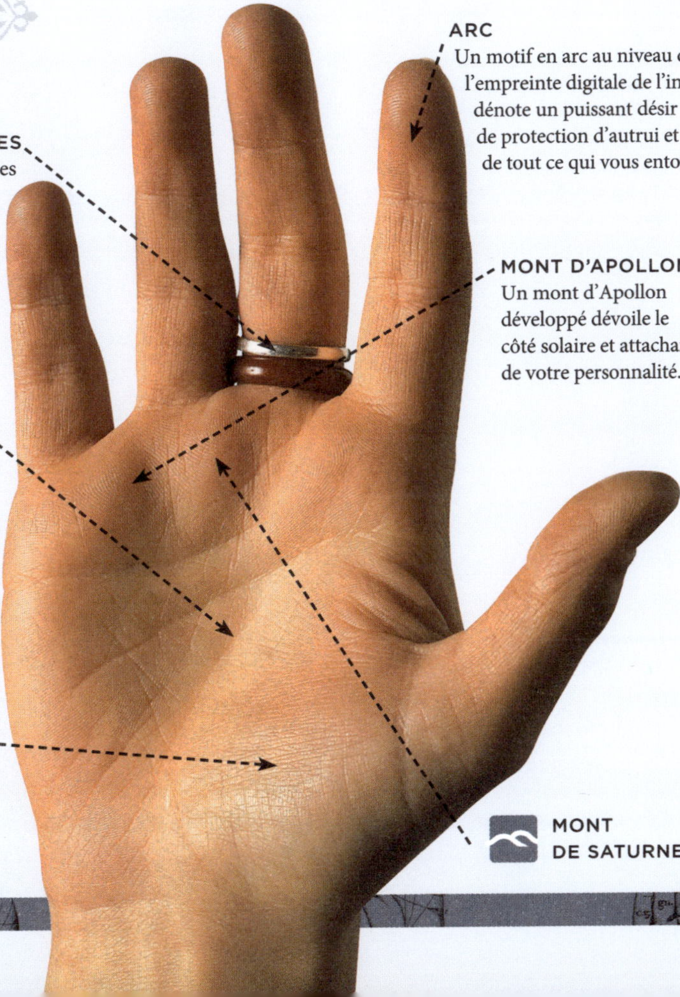

BAGUES
Le port de bagues au niveau du majeur témoigne d'un besoin pressant de sécurité, peut-être dans le cadre du mariage.

LIGNE DE VIE
Une ligne de vie au tracé large et net indique que vous êtes une personne sociable, entourée d'un large cercle d'amis.

MONT DE VÉNUS
Un mont de Vénus arrondi dénote chaleur et vitalité.

ARC
Un motif en arc au niveau de l'empreinte digitale de l'index dénote un puissant désir de protection d'autrui et de tout ce qui vous entoure.

MONT D'APOLLON
Un mont d'Apollon développé dévoile le côté solaire et attachant de votre personnalité.

MONT DE SATURNE

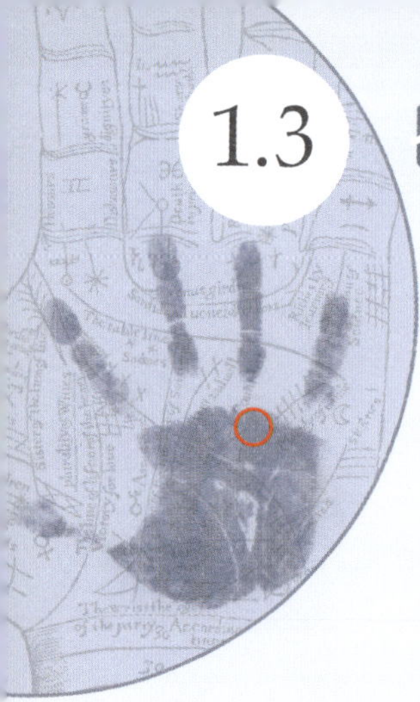

1.3 MONT D'APOLLON

◆ BIEN DÉVELOPPÉ

Associé à l'argent, au plaisir, à l'amusement, aux loisirs et à la réussite, un mont d'Apollon développé indique un talent certain pour les métiers en rapport avec la télévision. Vous êtes d'un optimisme indéfectible et il y a de fortes chances que la fortune et la réussite vous sourient dans toutes vos entreprises.

MONT D'APOLLON

LECTURE APPROFONDIE

LIGNE DE DESTINÉE
Malgré de nombreux rebondissements qui émaillent votre vie professionnelle, on distingue bien une ligne de chance et une ligne de carrière qui émerge de la ligne de destinée. Un petit effort dans le travail vous fera faire un grand pas vers la réussite.

LIGNE DE VIE
Peu avant vos 10 ans apparaît une rupture dans votre ligne de vie, en lien avec un tracé marqué assez éloigné du pouce, suivant le contour de l'éminence thénar, ou mont de Vénus. On peut y voir l'éventualité d'un nouveau départ dans la vie, accompagné d'un plus grand confort et d'un éventail plus large de possibilités.

VIA LASCIVIA
Cette longue ligne horizontale, au tracé courant depuis le côté de la paume de la main opposé au pouce est aussi qualifiée de ligne d'érotisme. À l'origine perçue comme le signe d'une vie de débauche, cette ligne est désormais souvent associée aux allergies et indique une sensibilité aux stimulants.

MONT DE MERCURE 1.4

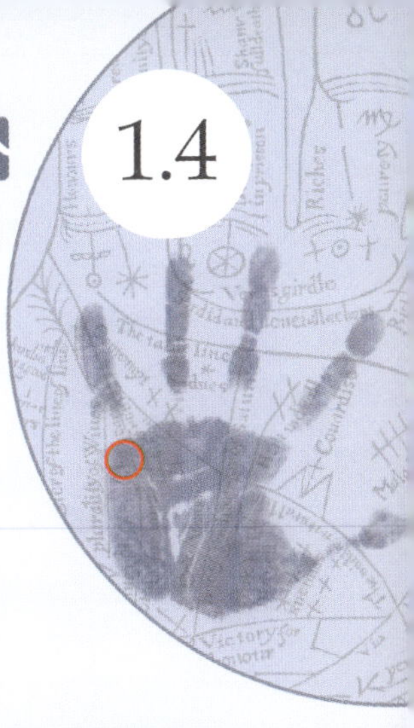

◆ BIEN DÉVELOPPÉ

Vous êtes un communicateur né, doté d'une grande intuition dans le domaine du travail. Un mont de Mercure développé reflète une habileté dans les affaires, de la rapidité, et peut-être plus étonnant, un certain appétit sexuel. La texture fine et régulière du mont est à l'image de votre approche de la communication.

LECTURE APPROFONDIE

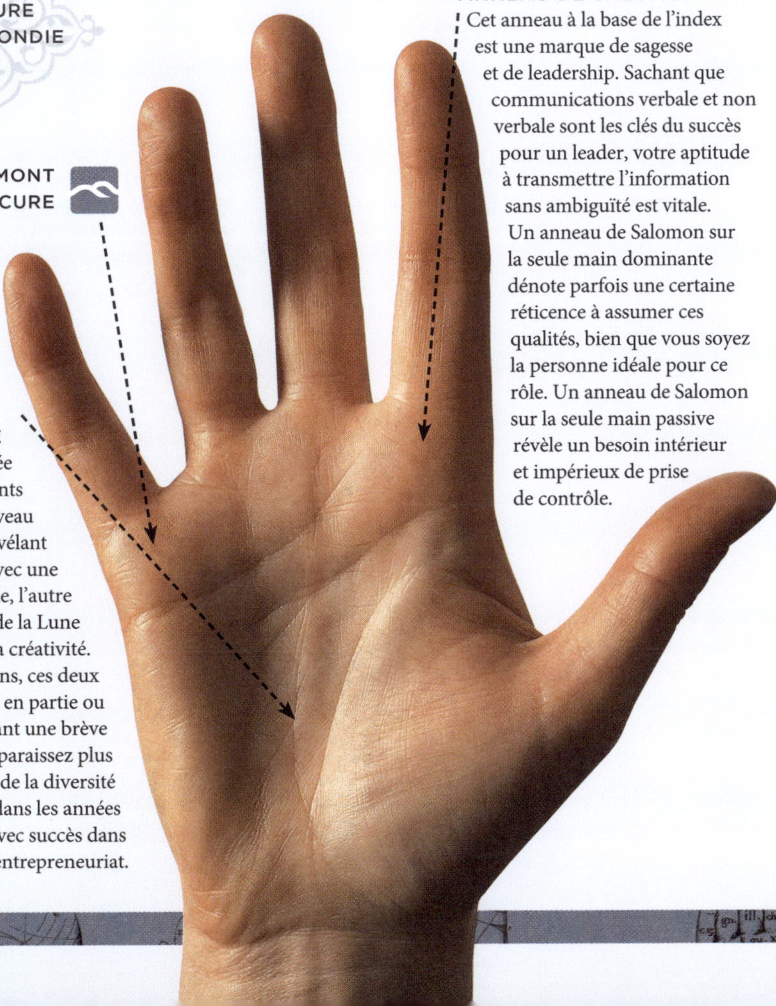

MONT DE MERCURE

ANNEAU DE SALOMON

Cet anneau à la base de l'index est une marque de sagesse et de leadership. Sachant que communications verbale et non verbale sont les clés du succès pour un leader, votre aptitude à transmettre l'information sans ambiguïté est vitale. Un anneau de Salomon sur la seule main dominante dénote parfois une certaine réticence à assumer ces qualités, bien que vous soyez la personne idéale pour ce rôle. Un anneau de Salomon sur la seule main passive révèle un besoin intérieur et impérieux de prise de contrôle.

LIGNE DE DESTINÉE

Votre ligne de destinée présente deux points de départ, l'un au niveau de la ligne de vie, révélant un lien possible avec une profession familiale, l'autre au niveau du mont de la Lune en rapport avec la créativité. Au cours de vos 20 ans, ces deux activités sont en partie ou totalement liées, durant une brève période. Vous paraissez plus à votre aise au sein de la diversité et vous engagerez dans les années à venir et avec succès dans l'auto-entrepreneuriat.

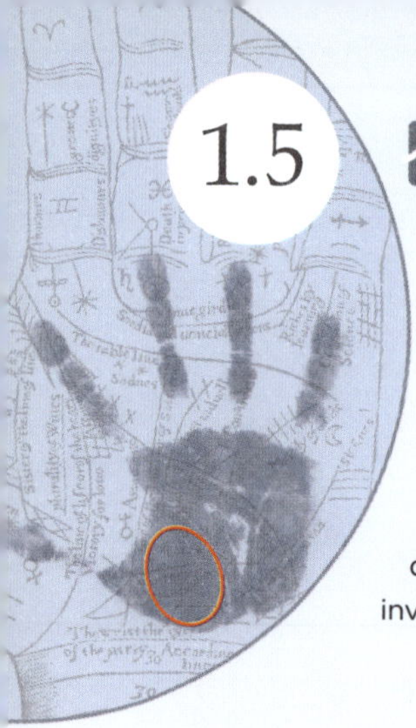

1.5 MONT DE VÉNUS

◆ BIEN DÉVELOPPÉ

Vous êtes sociable, plein de vitalité, doté d'une nature aimante et chaleureuse. Un large mont de Vénus témoigne d'un véritable appétit de vivre et peut souligner une certaine virilité. Vous avez besoin d'être aimé. La proéminence et la taille du mont, mais aussi sa fermeté et son élasticité, sont associées à une résilience intérieure et à une réserve d'énergie. Vous disposez d'une capacité hors du commun à vous investir sans compter dans le travail, comme dans le divertissement.

LECTURE APPROFONDIE

EMPREINTES DIGITALES
Un motif en arc au niveau de l'empreinte digitale de l'index révèle une personne dévouée et loyale, ressentant le besoin irrésistible de garantir la sécurité d'autrui. L'œil de paon au niveau de l'empreinte digitale de l'annulaire assure une protection face au danger physique. Quel que soit le doigt, la présence de ce signe révèle une grande perspicacité.

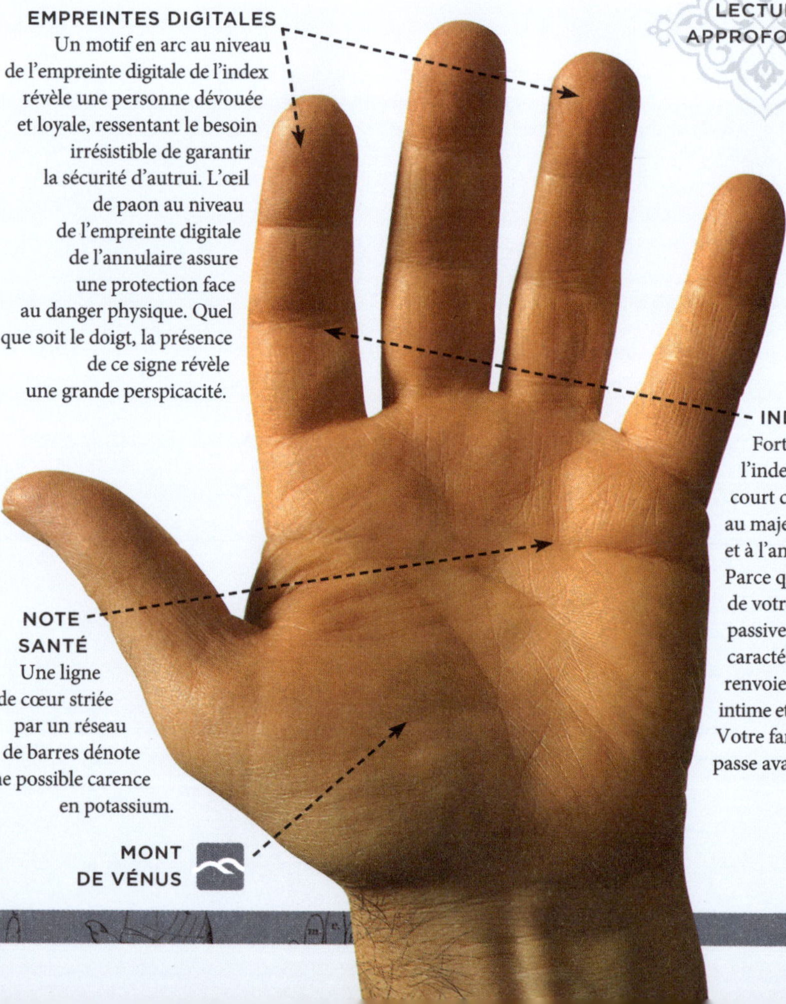

INDEX
Fort et ferme, l'index paraît court comparé au majeur et à l'annulaire. Parce qu'il s'agit de votre main passive, cette caractéristique renvoie à votre moi intime et domestique. Votre famille passe avant tout.

NOTE SANTÉ
Une ligne de cœur striée par un réseau de barres dénote une possible carence en potassium.

MONT DE VÉNUS

MONT DE LA LUNE

1.6

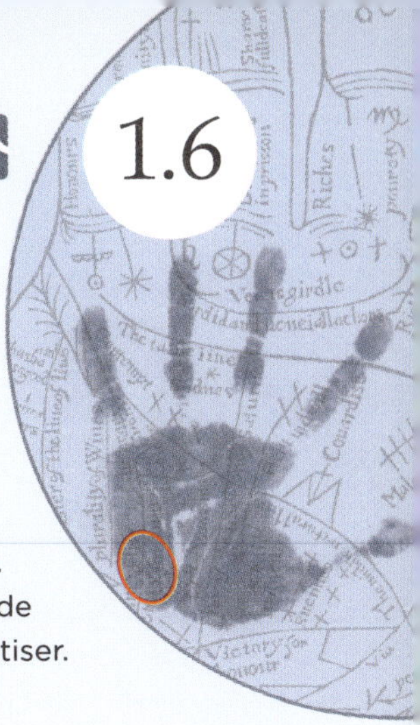

◆ BIEN DÉVELOPPÉ

Créatif et souvent amoureux de la nature, vous êtes sensible aux ambiances et attiré par l'eau. La proéminence du côté de la paume, à proximité du mont de la Lune, révèle un intérêt pour le mysticisme. Un renflement de la partie inférieure, à l'aplomb ou presque du poignet, révèle un don psychique. Ce mont est celui du subconscient. Doux au toucher, il dénote une tendance à la rêverie, aux grandes idées, jamais abouties. Ici, la force du pouce, de l'index et du mont de Vénus témoigne de votre aptitude à concrétiser.

LECTURE APPROFONDIE

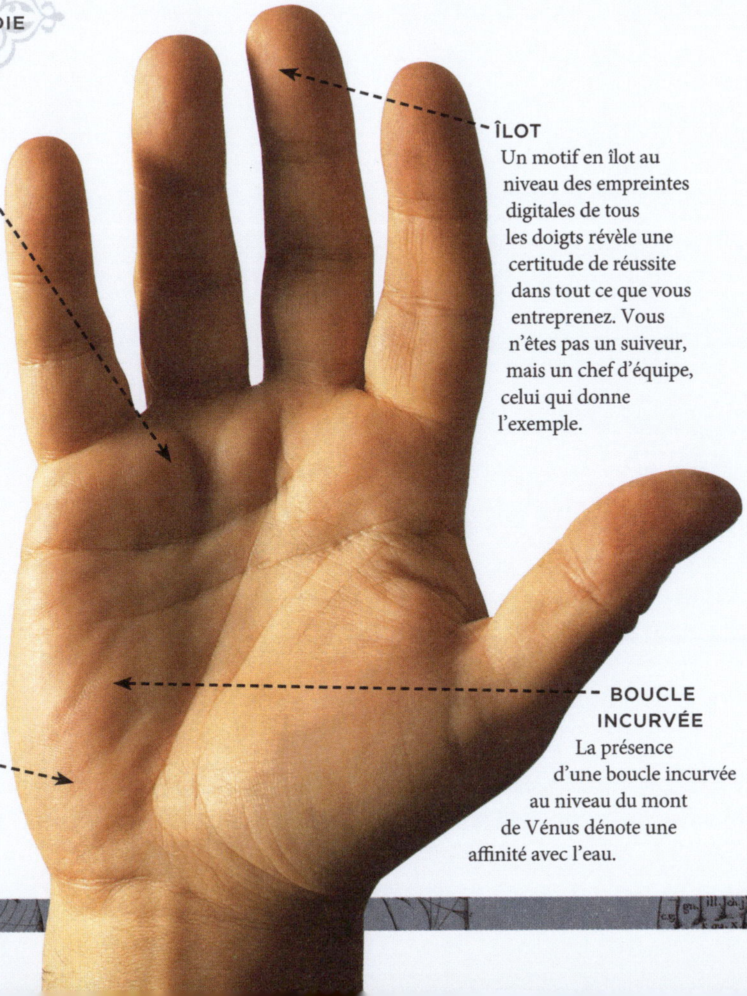

MONT D'APOLLON
Un mont d'Apollon développé dévoile le côté solaire et attachant de votre personnalité, doublé d'une quête de la réussite et de la prospérité sur le plan matériel.

ÎLOT
Un motif en îlot au niveau des empreintes digitales de tous les doigts révèle une certitude de réussite dans tout ce que vous entreprenez. Vous n'êtes pas un suiveur, mais un chef d'équipe, celui qui donne l'exemple.

BOUCLE INCURVÉE
La présence d'une boucle incurvée au niveau du mont de Vénus dénote une affinité avec l'eau.

MONT DE LA LUNE

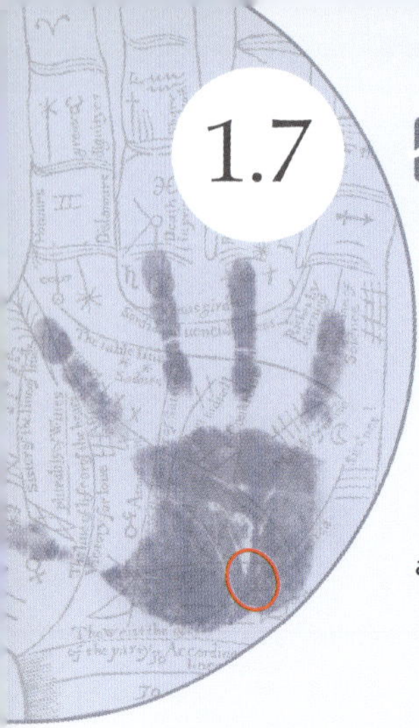

1.7

MONT DE NEPTUNE

◆ **BIEN DÉVELOPPÉ**

Vous possédez magnétisme et charisme. Rapide, perspicace et charmeur, vous êtes très probablement un artiste. Vous utilisez votre intuition comme une aide à la communication et témoignez certainement d'un intérêt pour le spirituel et le mysticisme. Les monts de Neptune et d'Apollon sont développés, ce qui dénote une capacité à vous investir avec une même intensité dans le travail et le divertissement.

LECTURE APPROFONDIE

LIGNE DE TÊTE
La ligne de tête isolée débute au niveau du mont de Jupiter, traverse la paume de la main en ligne droite, jusqu'au côté opposé. Vous êtes concentré sur les affaires et votre leadership est accentué par la force et l'intensité qui dictent votre éthique du travail.

INDEX
L'index est puissant, épais à la racine, signes d'ambition et d'un sens développé des affaires.

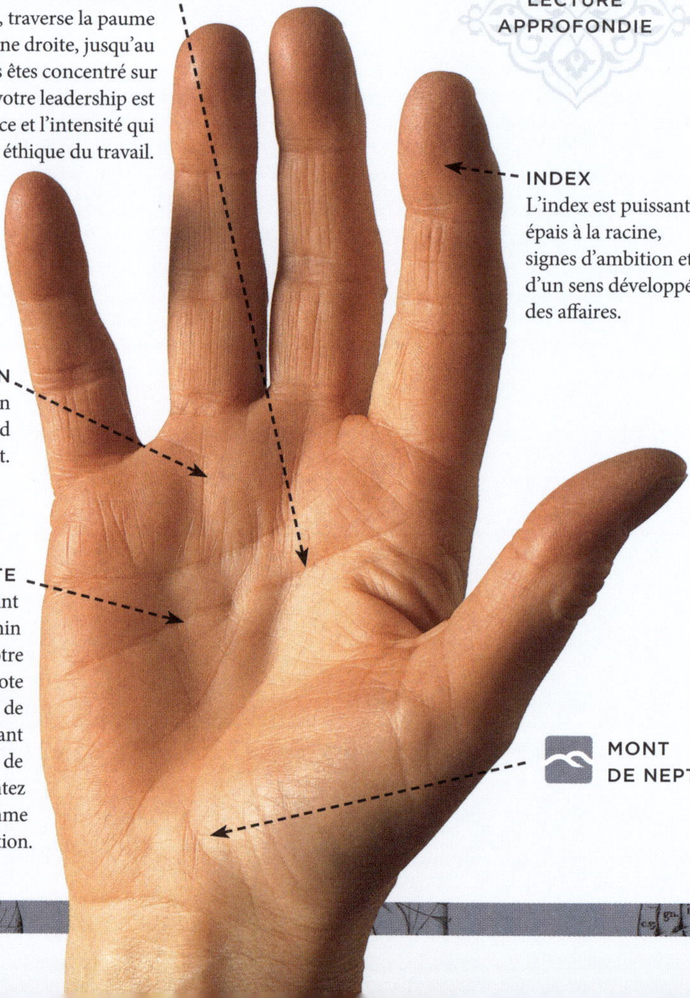

MONT D'APOLLON
Un mont d'Apollon plein révèle un grand sens du divertissement.

LIGNE DE TÊTE
Un creux ou un point de blocage à mi-chemin le long du tracé de votre ligne de tête dénote une difficulté de concentration. Étant donné votre force de travail, vous ressentez cette difficulté comme une immense frustration.

MONT DE NEPTUNE

MONT DE MARS NÉGATIF 1.8

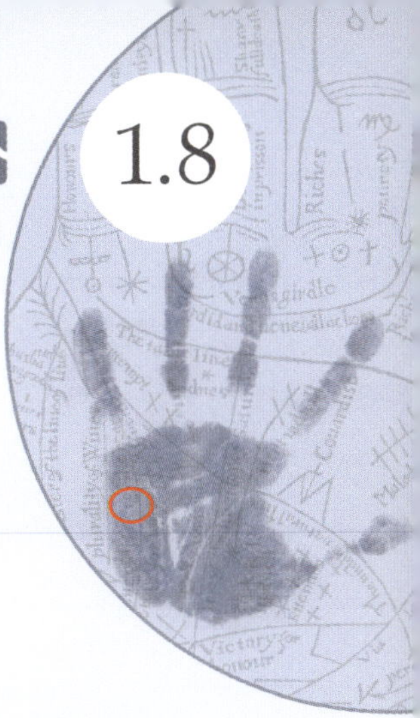

◆ BIEN DÉVELOPPÉ

Également qualifié de Mars supérieur, ce mont se situe à mi-hauteur du tranchant de la main, côté opposé au pouce. Un tranchant rebondi, formant une sorte d'anneau épais, révèle une personne dotée de principes qui excelle sous la pression. Votre remarquable endurance est caractérisée par une résistance passive et une détermination sans faille.

LECTURE APPROFONDIE

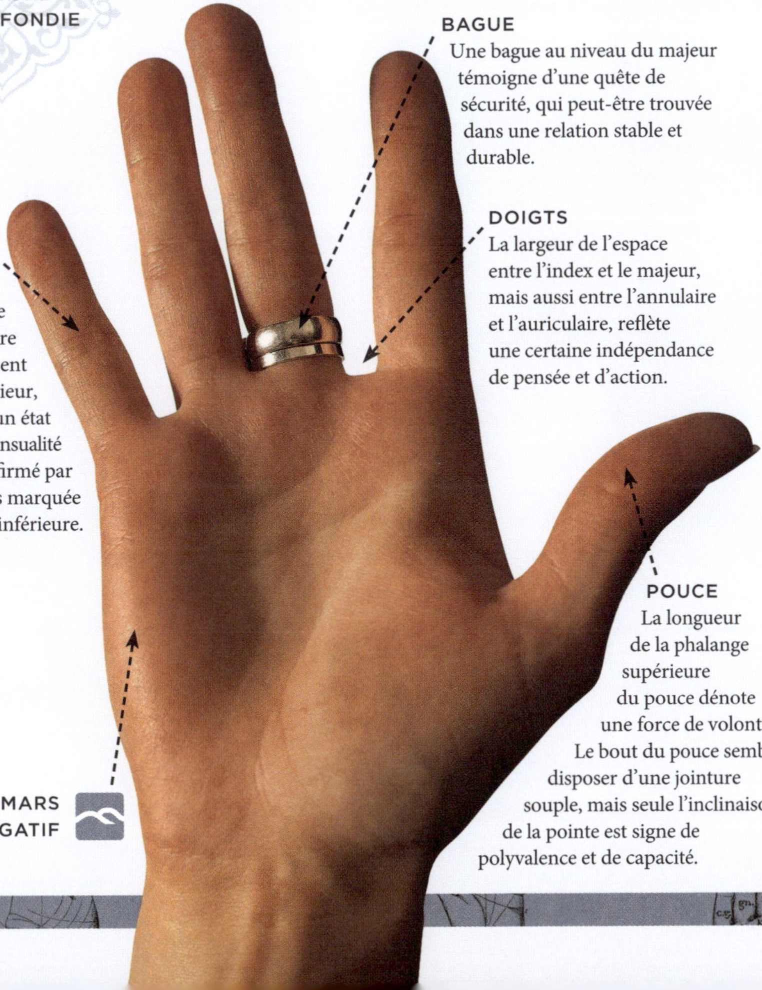

BAGUE
Une bague au niveau du majeur témoigne d'une quête de sécurité, qui peut-être trouvée dans une relation stable et durable.

DOIGTS
La largeur de l'espace entre l'index et le majeur, mais aussi entre l'annulaire et l'auriculaire, reflète une certaine indépendance de pensée et d'action.

AURICULAIRE
La seconde jointure de l'auriculaire s'élargit uniquement au niveau intérieur, ce qui dénote un état d'esprit mêlant sensualité et érotisme, confirmé par la longueur plus marquée de la phalange inférieure.

POUCE
La longueur de la phalange supérieure du pouce dénote une force de volonté. Le bout du pouce semble disposer d'une jointure souple, mais seule l'inclinaison de la pointe est signe de polyvalence et de capacité.

MONT DE MARS NÉGATIF

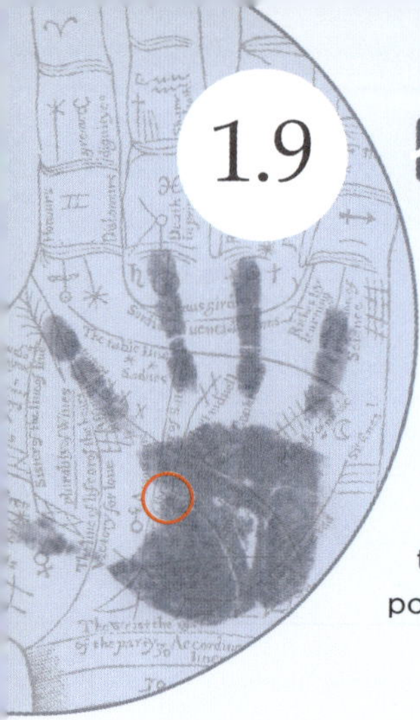

1.9 MONT DE MARS POSITIF

◆ BIEN DÉVELOPPÉ

Aussi qualifié de Mars supérieur, ce mont renvoie au courage physique et à un esprit combatif. Vous êtes courageux et aventureux. Un mont bien développé sur une paume de main de type faible révèle une personne prompte à ergoter, prête au conflit, parfois même agressive, mais dans l'exemple ci-dessous, elle dénote un amour du défi. Une ligne de courage traverse ce mont, indiquant que vous êtes prêt à vous engager pour une personne ou une cause en laquelle vous croyez.

LECTURE APPROFONDIE

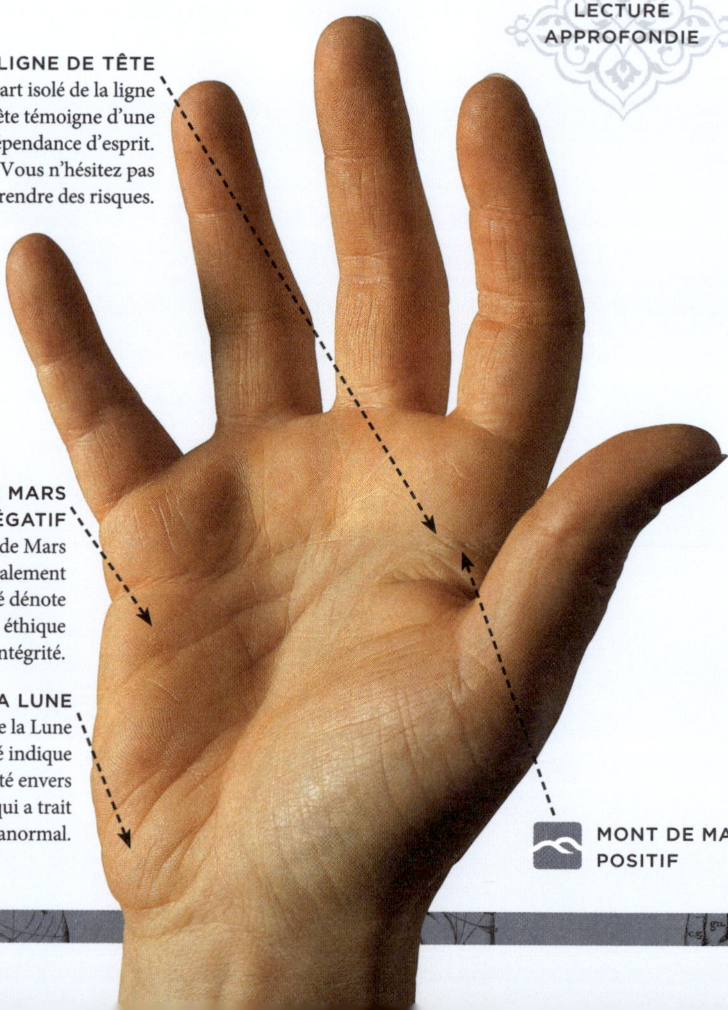

MONTS DE VÉNUS/NEPTUNE

1.10

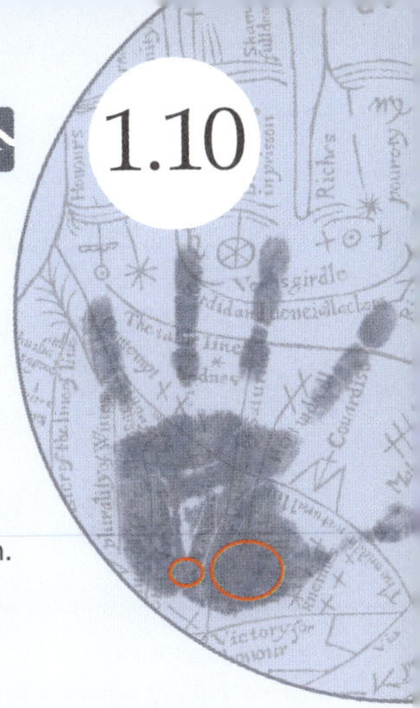

◆ BIEN DÉVELOPPÉ

Sociable, vous savez attirer l'attention et susciter l'admiration. Vous excellez dans les échanges avec autrui. Un mont de Vénus développé indique une nature chaleureuse et aimante. Un mont de Neptune développé dénote une personnalité charismatique. Rapide, perspicace et charmant, vous exercez peut-être dans le domaine du spectacle et usez de votre intuition pour faciliter la communication.

LECTURE APPROFONDIE

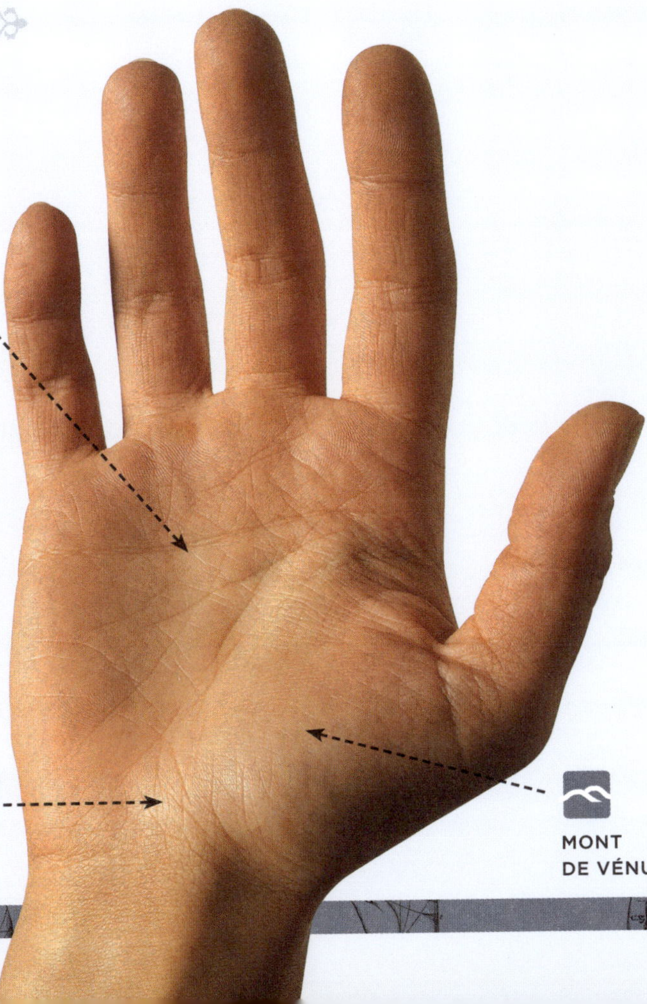

LIGNE DE VIE

Aurez-vous une longue vie
couronnée de succès ?

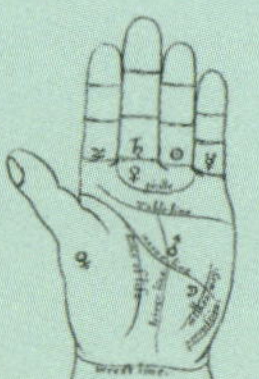

LOCALISATION

Le tracé de la ligne de vie court entre le pouce et l'index, puis descend vers le poignet. La naissance se situe entre l'index et le pouce. La lecture du début de la vie se concentre à ce niveau, avant de progresser vers le poignet en contournant l'éminence thénar.

INTERPRÉTATION

La ligne de vie représente votre personnalité générale, vos potentiels et votre état de santé, les obstacles et les succès rencontrés tout au long de votre progression dans le dédale de la vie. Elle peut être courte, droite, courbe ou fourchue. Une ligne de vie courte ne doit jamais être interprétée comme un signe de vie courte. Bien au contraire, les caractéristiques associées à une ligne courte peuvent signifier un nouveau départ dans la vie. Confusion ou îlots le long du tracé de la ligne de vie peuvent dénoter des problèmes médicaux, des séjours hospitaliers ou d'autres problèmes de santé. Ce chapitre détaille et illustre différentes configurations de paumes de main en rapport avec la ligne de vie.

Cinq questions fréquentes

- Vais-je changer de pays ?
- Cette courte ligne de vie signifie-t-elle que je ne vais pas vivre longtemps ?
- Ma vie a été émaillée de problèmes. Cette période actuelle de calme va-t-elle durer ?
- Vais-je vieillir en bonne santé ?
- Vais-je réussir mes examens ?

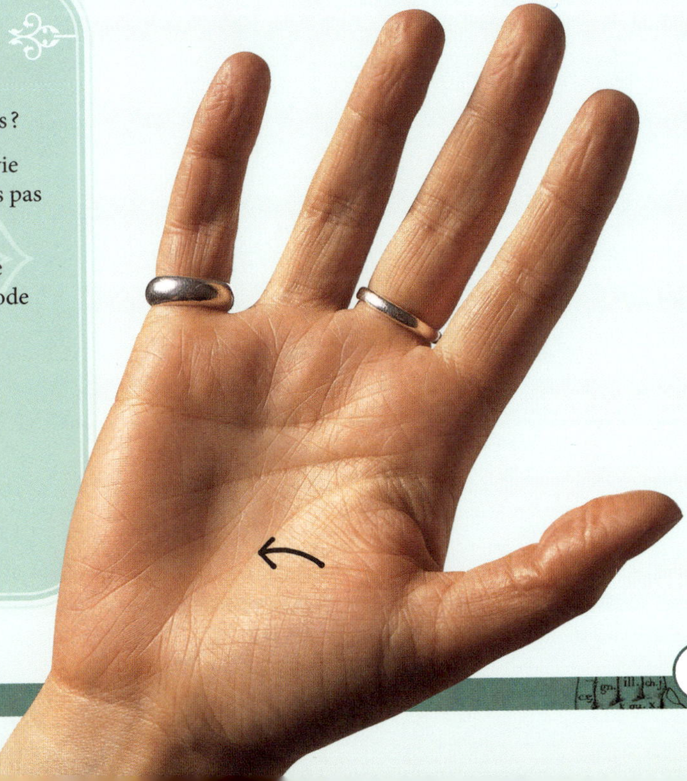

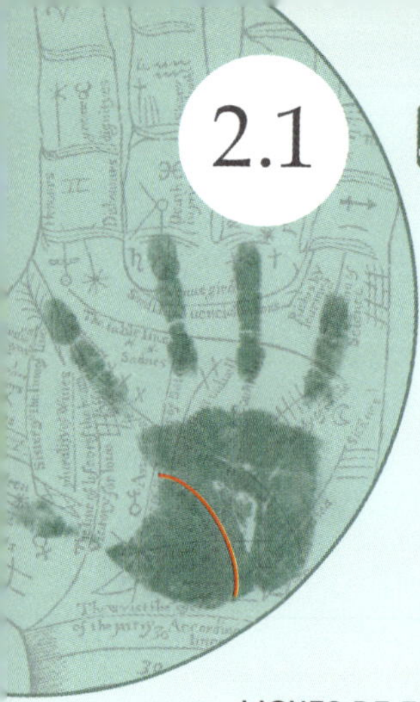

2.1 LIGNE DE VIE

◆ TRACÉ PROCHE DU POUCE
◆ MONT DE VÉNUS ÉTROIT

Vous êtes habile et méthodique. Vous savez garder un secret, et ne trahissez rien de vos questionnements et problèmes. Un départ de la ligne de vie plutôt haut dénote résolution et ambition.

LECTURE APPROFONDIE

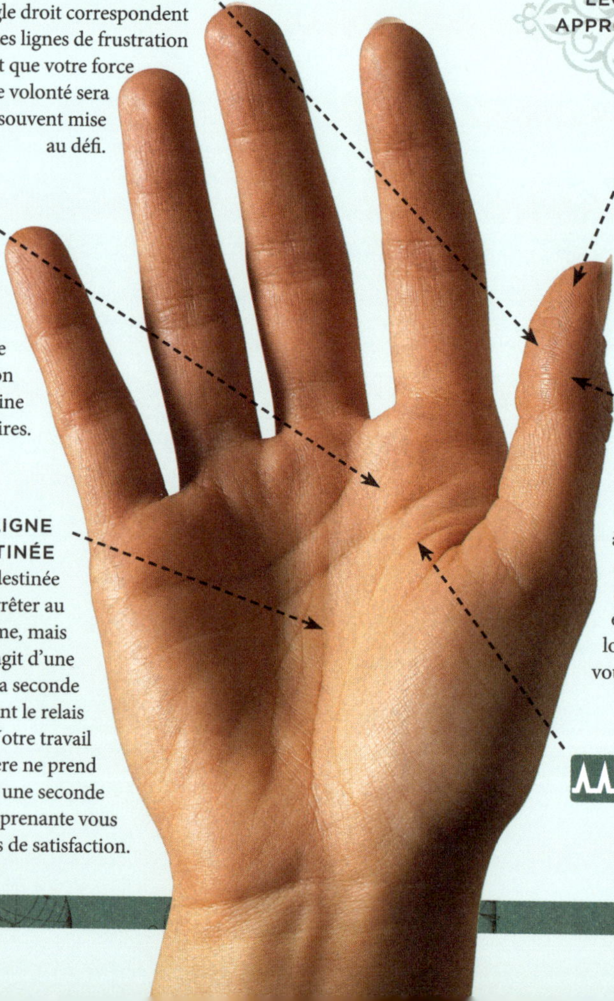

LIGNES DE FRUSTRATION
Les lignes traversant le sommet du pouce à angle droit correspondent à des lignes de frustration et suggèrent que votre force de volonté sera probablement souvent mise au défi.

MONT DE JUPITER
Un mont de Jupiter fortement développé révèle une ambition dans le domaine des affaires.

LIGNE DE DESTINÉE
La ligne de destinée semble s'arrêter au centre de la paume, mais en réalité il s'agit d'une double ligne, la seconde partie prenant le relais de la première. Votre travail ou votre carrière ne prend pas fin, mais une seconde activité plus prenante vous apporte plus de satisfaction.

PHALANGE SUPÉRIEURE
La phalange supérieure du pouce est assez longue, signe de volonté affirmée.

POUCE
Un port du pouce naturellement fermé dénote une tendance à maintenir sous contrôle idées, sentiments, craintes et émotions, même lorsque le partenaire vous invite au partage.

LIGNE DE VIE

LIGNE DE VIE

2.2

◆ TRACÉ PROCHE DU POUCE
◆ MONT DE VÉNUS ÉTROIT

Vous êtes habile et méthodique, avec une tendance à l'introversion. Vous savez garder un secret, et ne trahissez rien de vos questionnements et problèmes. Votre ligne de vie est traversée à angle droit par plusieurs lignes. Témoignant d'incidents graves, ces lignes de soucis semblent s'estomper vers la trentaine. Vers la fin de la quarantaine, une ligne se dirige vers la ligne de destinée et revient vers la ligne de vie, ce qui peut signifier un grand départ, suivi d'un retour au foyer.

LECTURE APPROFONDIE

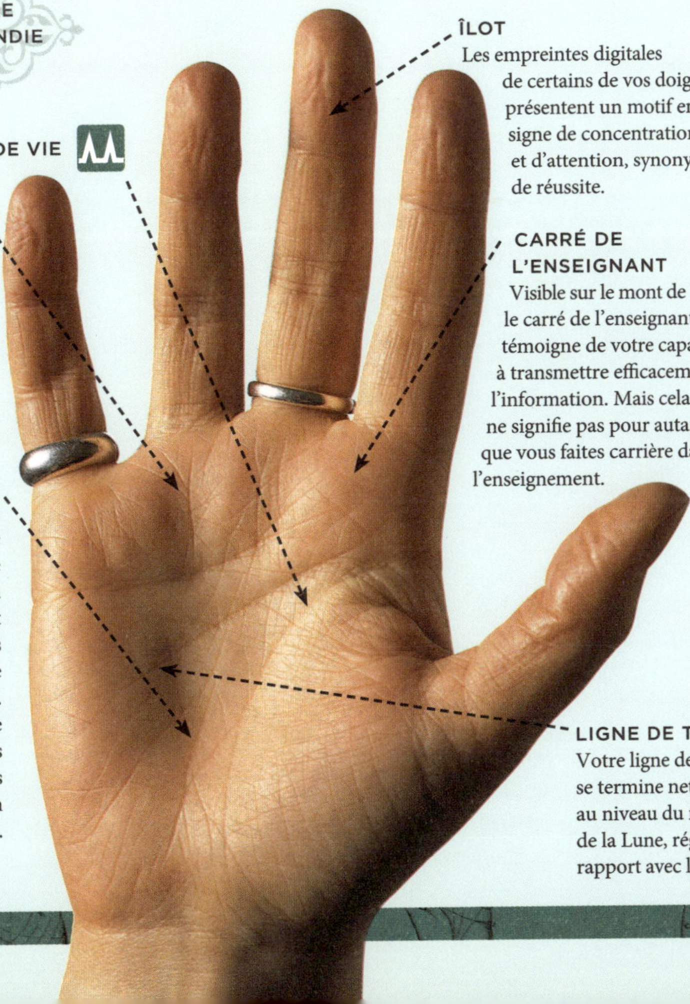

ÎLOT
Les empreintes digitales de certains de vos doigts présentent un motif en îlot, signe de concentration et d'attention, synonyme de réussite.

LIGNE DE VIE

ÉTOILE
L'étoile sur le mont d'Apollon est un signe évident de renommée et de fortune.

CARRÉ DE L'ENSEIGNANT
Visible sur le mont de Jupiter, le carré de l'enseignant témoigne de votre capacité à transmettre efficacement l'information. Mais cela ne signifie pas pour autant que vous faites carrière dans l'enseignement.

LIGNE DE DESTINÉE
La ligne de destinée débute par une fourche, ce qui indique souvent des études, mais aussi une expérience professionnelle. La fourche associe les deux, la plus marquée des lignes révélant une décision de carrière judicieuse.

LIGNE DE TÊTE
Votre ligne de tête se termine nettement au niveau du mont de la Lune, région en rapport avec les arts.

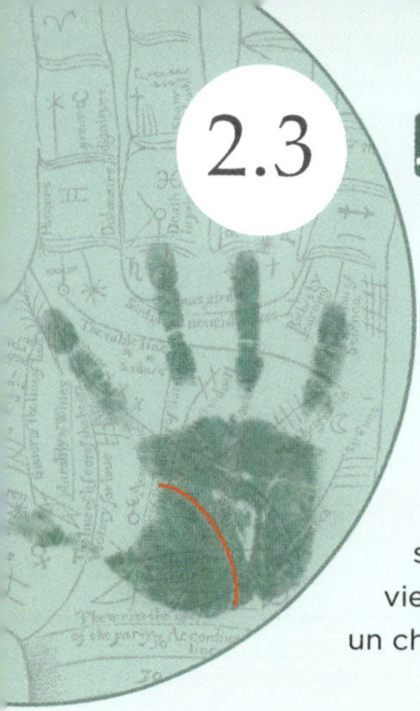

2.3 LIGNE DE VIE

◆ **TRACÉ ÉLOIGNÉ CONTOURNANT LE POUCE**
◆ **MONT DE VÉNUS DÉVELOPPÉ**

Vous êtes sociable et très entouré. Votre ligne de vie montre un départ, vers l'âge mûr. Comme vous êtes droitier, et qu'il s'agit de votre main gauche, on peut voir que vos parents ont quitté leur pays d'origine. Deux lignes de soucis coupent votre ligne de vie à angle droit, en référence à deux événements majeurs, survenus au cours de vos 20 et 30 ans. Le tracé de votre ligne de vie se poursuit en ligne droite et de façon marquée, ce qui dénote un cheminement serein, sans problème de santé notable.

LECTURE APPROFONDIE

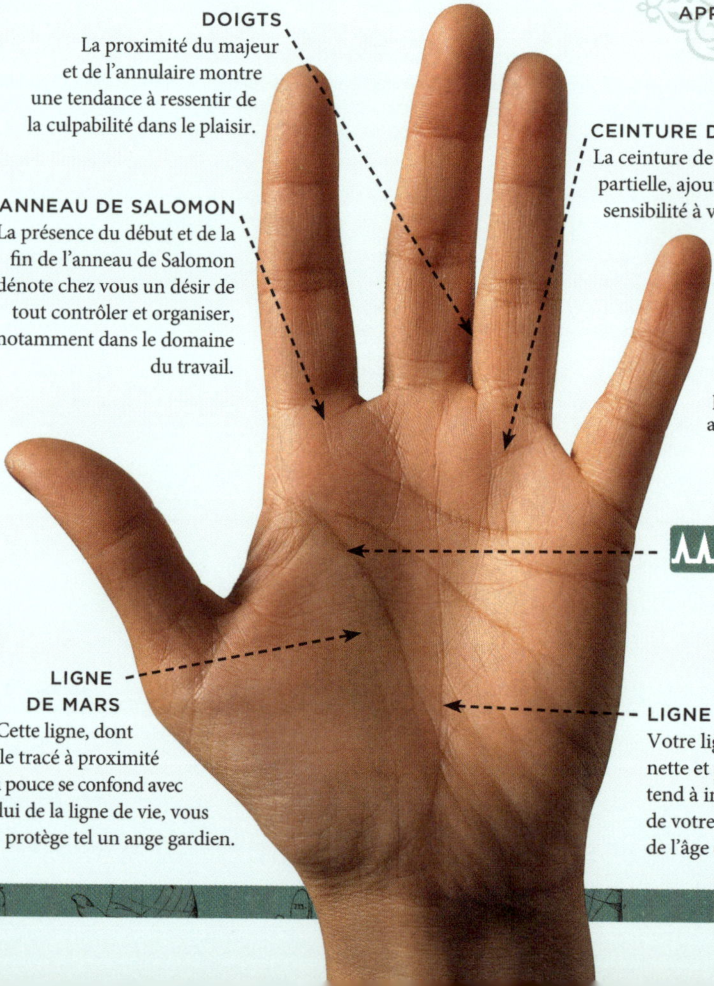

DOIGTS
La proximité du majeur et de l'annulaire montre une tendance à ressentir de la culpabilité dans le plaisir.

ANNEAU DE SALOMON
La présence du début et de la fin de l'anneau de Salomon dénote chez vous un désir de tout contrôler et organiser, notamment dans le domaine du travail.

CEINTURE DE VÉNUS
La ceinture de Vénus, même partielle, ajoute sensualité et sensibilité à votre personnalité. Si cette marque n'apparaît pas au niveau de la paume de la main dominante, ce trait de votre personnalité est annihilé.

LIGNE DE VIE

LIGNE DE MARS
Cette ligne, dont le tracé à proximité du pouce se confond avec celui de la ligne de vie, vous protège tel un ange gardien.

LIGNE DE DESTINÉE
Votre ligne de destinée est nette et puissante, ce qui tend à indiquer la poursuite de votre carrière au-delà de l'âge de la retraite.

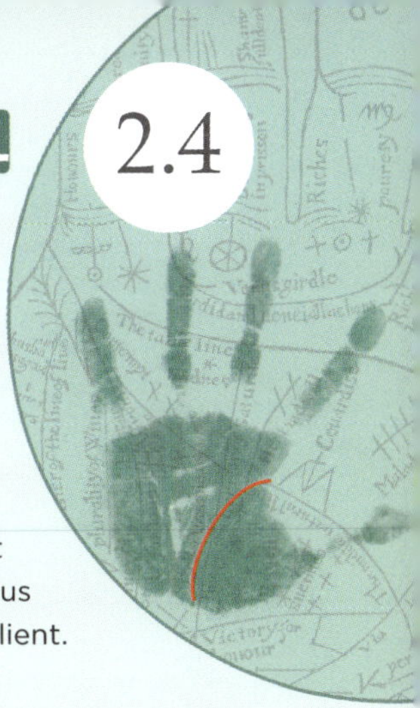

LIGNE DE VIE 2.4

◆ **TRACÉ ÉLOIGNÉ CONTOURNANT LE POUCE**
◆ **MONT DE VÉNUS DÉVELOPPÉ**

Vous êtes sociable et très entouré. Votre ligne de vie montre un tracé droit et net sur l'essentiel de sa longueur, mais s'estompe, avec une petite fourche vers la soixantaine. Le signe d'un probable problème de santé, notamment aux lombaires. Cette fourche symbolise un départ, peut-être un aménagement dans un appartement. Les lignes de soucis présentes entre 10 et 30 ans ont peu d'effet sur la puissance de votre ligne de vie. Vous êtes quelqu'un de remarquablement résilient.

LECTURE APPROFONDIE

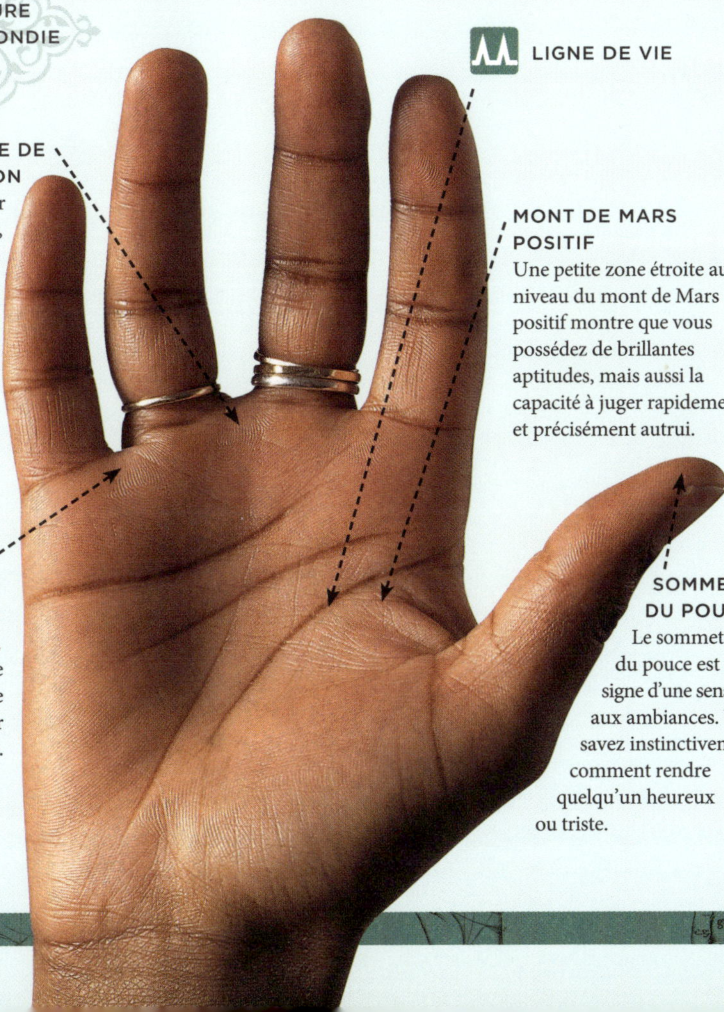

LIGNE DE VIE

BOUCLE DE LA VOCATION
Entre le majeur et l'annulaire, la boucle de la vocation témoigne de votre engagement à aider autrui.

MONT DE MARS POSITIF
Une petite zone étroite au niveau du mont de Mars positif montre que vous possédez de brillantes aptitudes, mais aussi la capacité à juger rapidement et précisément autrui.

BOUCLE DE L'HUMOUR
Entre l'annulaire et l'auriculaire, la boucle de l'humour révèle un humour caustique.

SOMMET DU POUCE
Le sommet du pouce est aplati, signe d'une sensibilité aux ambiances. Vous savez instinctivement comment rendre quelqu'un heureux ou triste.

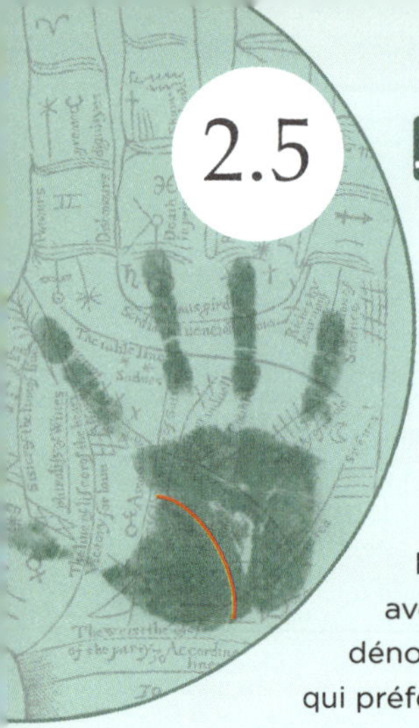

2.5 LIGNE DE VIE

◆ TRACÉ COURT
◆ APPAREMMENT INTERROMPUE

On trouve souvent une ligne au tracé peu marqué reliant une courte ligne de vie à la ligne de destinée. En général, il s'agit d'un signe de départ, et la distance séparant la ligne de vie de la ligne de destinée symbolise la distance parcourue. Vers l'âge de 55 ans, votre ligne de vie rejoint de façon peu marquée la ligne de destinée, ce qui indique un déménagement en rapport avec votre travail. Une ligne de vie au départ haut, proche du pouce, dénote une personne ambitieuse et un battant qui préfère cacher son jeu.

LECTURE APPROFONDIE

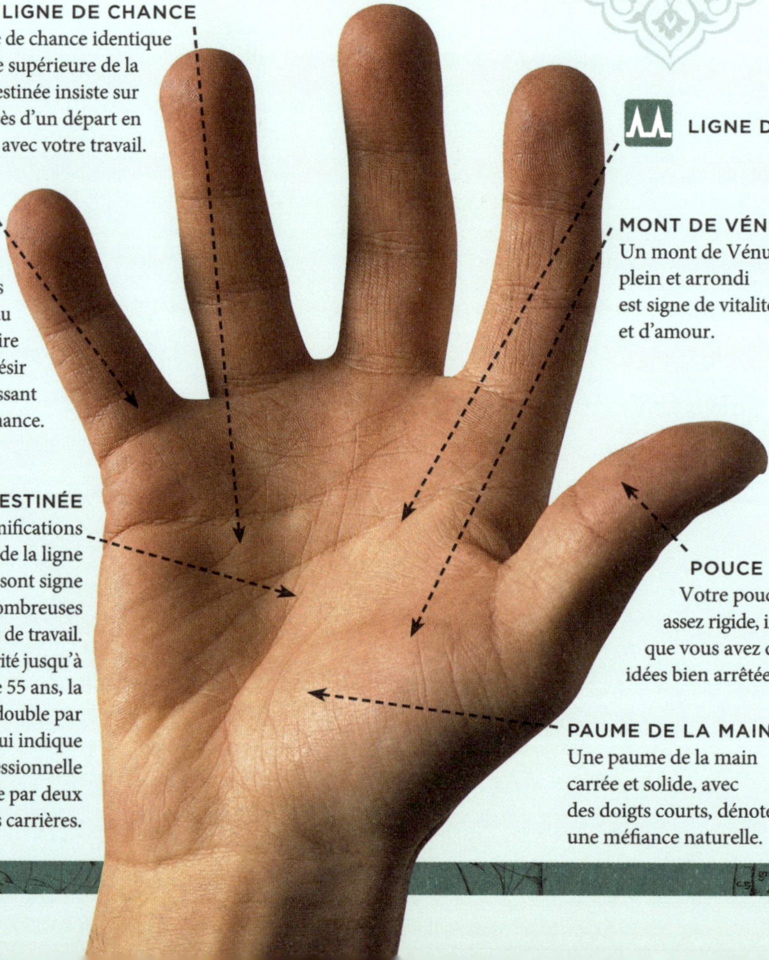

LIGNE DE CHANCE
La ligne de chance identique à la partie supérieure de la ligne de destinée insiste sur le succès d'un départ en rapport avec votre travail.

PHALANGE INFÉRIEURE
La phalange inférieure plus courte au niveau de l'auriculaire dénote un désir puissant d'appartenance.

LIGNE DE DESTINÉE
Des ramifications au sommet de la ligne de destinée sont signe de nombreuses opportunités de travail. Sans irrégularité jusqu'à la période de 55 ans, la ligne devient double par la suite, ce qui indique une vie professionnelle marquée par deux longues carrières.

LIGNE DE VIE

MONT DE VÉNUS
Un mont de Vénus plein et arrondi est signe de vitalité et d'amour.

POUCE
Votre pouce, assez rigide, indique que vous avez des idées bien arrêtées.

PAUME DE LA MAIN
Une paume de la main carrée et solide, avec des doigts courts, dénote une méfiance naturelle.

LIGNE DE VIE

2.6

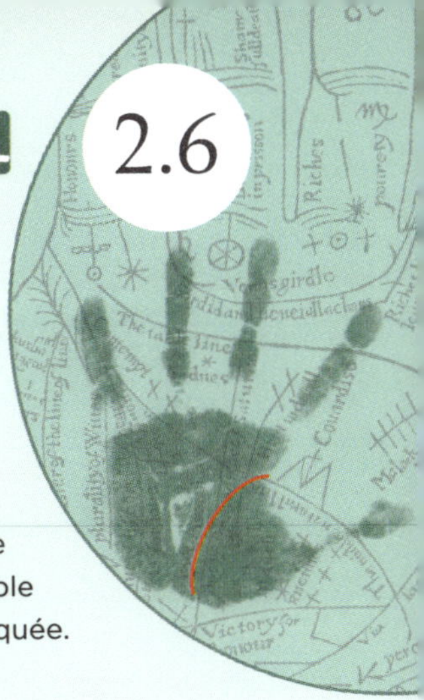

◆ TRACÉ COURT
◆ APPAREMMENT INTERROMPUE

Votre ligne de vie est chaînée et hachurée tout au long de la période correspondant à votre jeunesse, ce qui témoigne de difficultés tenaces. Au début de vos 20 ans, une longue ligne relie les lignes de vie et de destinée. Dans la main dominante, il s'agit d'un signe de départ, et la distance séparant la ligne de vie de la ligne de destinée symbolise la distance parcourue. Sous l'amorce de la ligne de vie débute une double ligne de vie, peut-être signe d'une opportunité manquée.

LECTURE APPROFONDIE

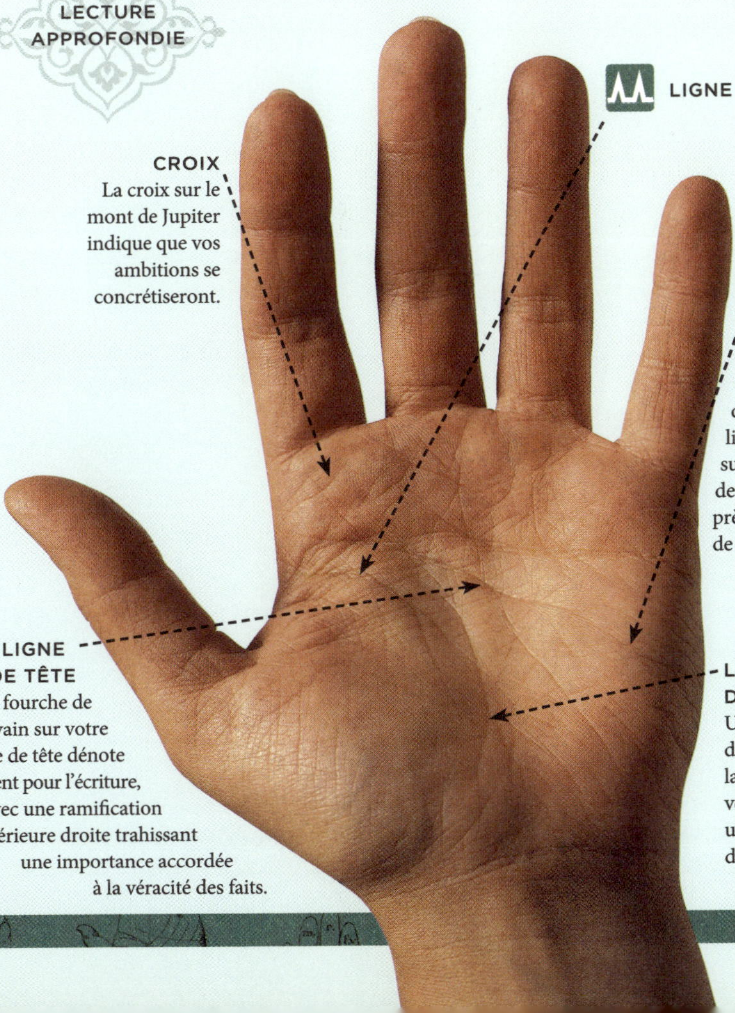

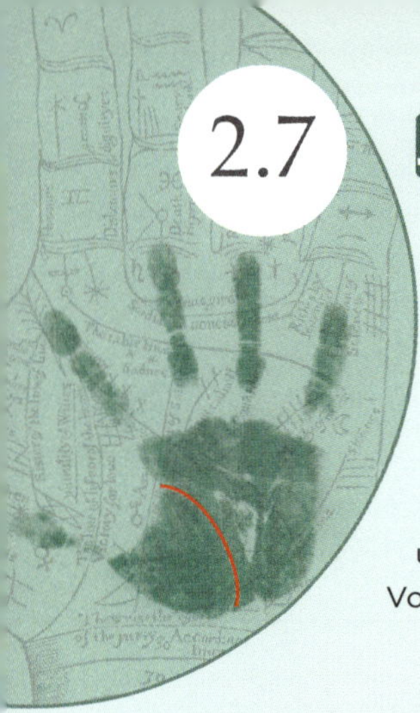

2.7 LIGNE DE VIE

◆ TRACÉ COURT
◆ INTÈGRE UNE RUPTURE

En présence d'une interruption dans le tracé de la ligne de vie, une ligne moins marquée relie en général la ligne de vie à la ligne de destinée. Il s'agit souvent d'un signe de départ, et la distance séparant la ligne de vie de la ligne de destinée symbolise la distance parcourue. Parfois une interruption révèle un changement radical de circonstances et d'environnement. Vous pourriez par exemple hériter d'une grosse somme d'argent.

LECTURE APPROFONDIE

ANNEAUX DE FAMILLE
Présence d'anneaux de famille à la base de l'auriculaire et du pouce. Doubles au niveau du pouce, ils suggèrent un deuxième foyer et un héritage. C'est peut-être ce premier changement de circonstances que montre l'interruption de tracé de votre ligne de vie.

LIGNE DE DESTINÉE
Un double départ au niveau du mont de la Lune est signe de réussite, par le biais de la famille ou l'expression d'un talent personnel.

LIGNE DE VIE

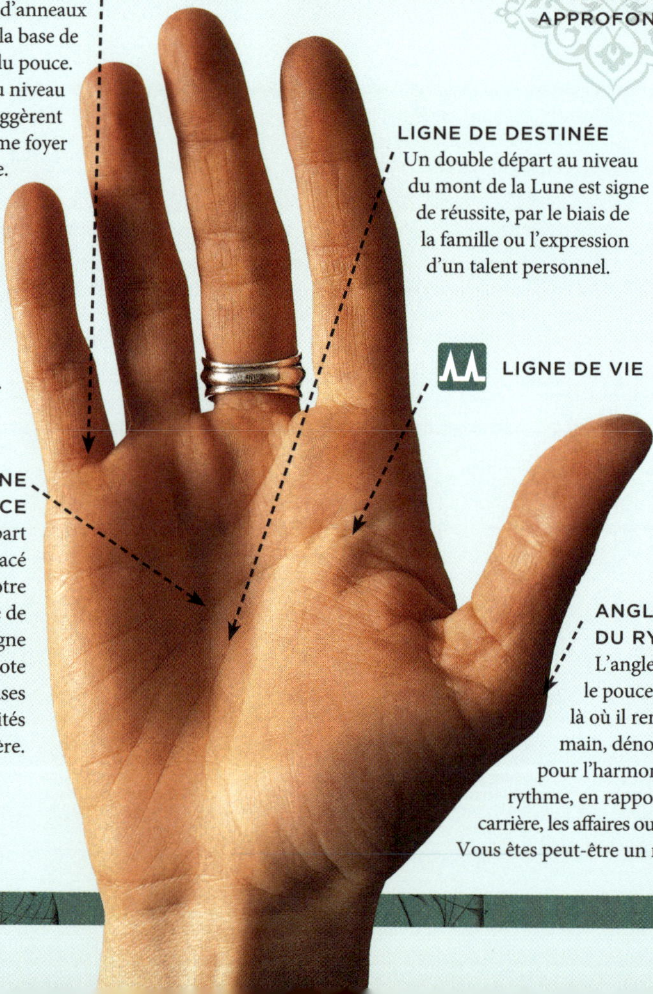

LIGNE DE CHANCE
Avec un départ précoce et un tracé longeant votre double ligne de destinée, votre ligne de chance dénote de prometteuses opportunités de carrière.

ANGLE DU RYTHME
L'angle formé par le pouce à sa base, là où il rencontre la main, dénote un goût pour l'harmonie et le rythme, en rapport avec la carrière, les affaires ou la musique. Vous êtes peut-être un musicien.

LIGNE DE VIE 2.8

◆ DOUBLE
◆ TOTALEMENT OU PARTIELLEMENT

Une double ligne de vie dénote un potentiel à mener de front deux vies, l'une ordinaire, l'autre plus excitante. De nombreuses personnalités du spectacle présentent cette caractéristique. La deuxième ligne, dont l'amorce se confond avec la première, profonde et à proximité du pouce, se développe vers les 20 ans, ce qui indique que vous n'exploitez pas cette seconde facette de votre vie. Sa profondeur montre néanmoins que les opportunités liées à cette seconde ligne de vie restent bien présentes.

LECTURE APPROFONDIE

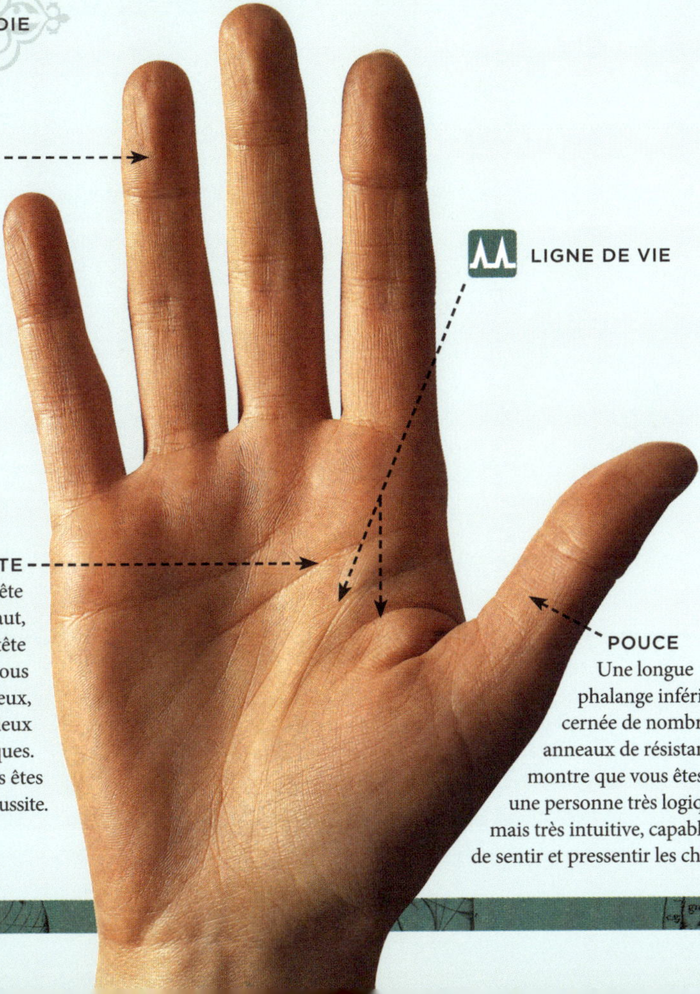

NOTE SANTÉ
Des lignes de stress sillonnent plusieurs de vos bouts de doigts, ce qui dénote l'absence d'un signal d'alarme personnel vous invitant à marquer une pause nécessaire.

LIGNE DE VIE

LIGNE DE TÊTE
Une ligne de tête au départ haut, indépendante de la tête de vie, montre que vous êtes aventureux, impulsif et ambitieux dans la prise de risques. Très motivé, vous êtes capable de grande réussite.

POUCE
Une longue phalange inférieure cernée de nombreux anneaux de résistance montre que vous êtes une personne très logique, mais très intuitive, capable de sentir et pressentir les choses.

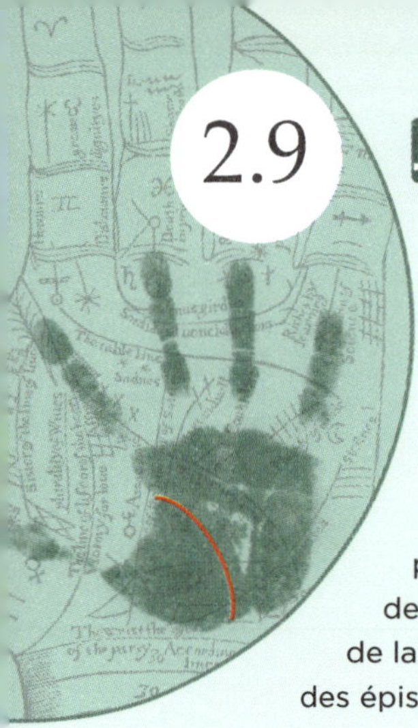

2.9 LIGNE DE VIE

- **TRACÉ COMPLET**
- **EXTRÉMITÉ FOURCHUE**

Après une prise de décision radicale vers la cinquantaine, vous prendrez un nouveau départ ou changerez d'horizon. La netteté et la profondeur de la branche de la fourche montrent qu'il s'agit d'une bonne décision. La fourche est reliée à la ligne de destinée, ce qui indique un changement potentiel de pays probablement associé à une évolution de carrière ou une promotion. Un motif en treillis à l'amorce de la ligne de vie et jusqu'à la ligne de tête dénote des épisodes de confiance et d'hésitation.

LECTURE APPROFONDIE

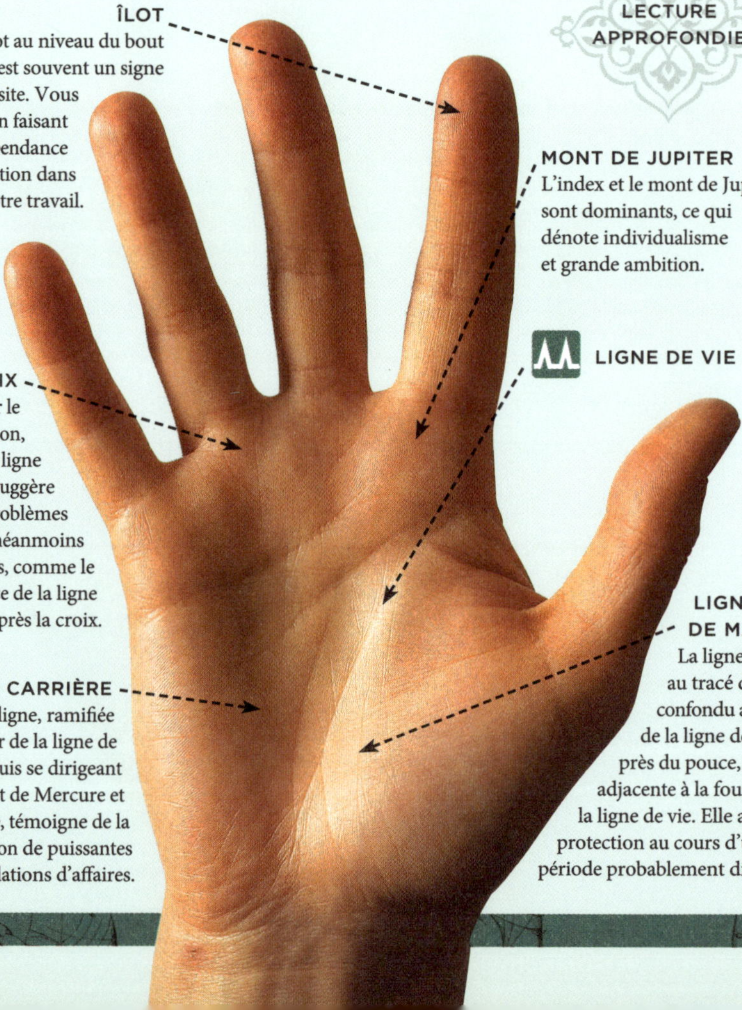

ÎLOT
Le motif en îlot au niveau du bout de l'index est souvent un signe de réussite. Vous réussirez en faisant preuve d'indépendance et de résolution dans votre travail.

MONT DE JUPITER
L'index et le mont de Jupiter sont dominants, ce qui dénote individualisme et grande ambition.

LIGNE DE VIE

CROIX
Une croix sur le mont d'Apollon, chevauchant la ligne de chance, suggère des problèmes financiers, néanmoins temporaires, comme le montre la force de la ligne de chance après la croix.

LIGNE DE MARS
La ligne de Mars au tracé d'abord confondu avec celui de la ligne de vie, près du pouce, devient adjacente à la fourche de la ligne de vie. Elle apporte protection au cours d'une période probablement difficile.

LIGNE DE CARRIÈRE
Cette ligne, ramifiée à partir de la ligne de destinée, puis se dirigeant vers le mont de Mercure et l'auriculaire, témoigne de la multiplication de puissantes relations d'affaires.

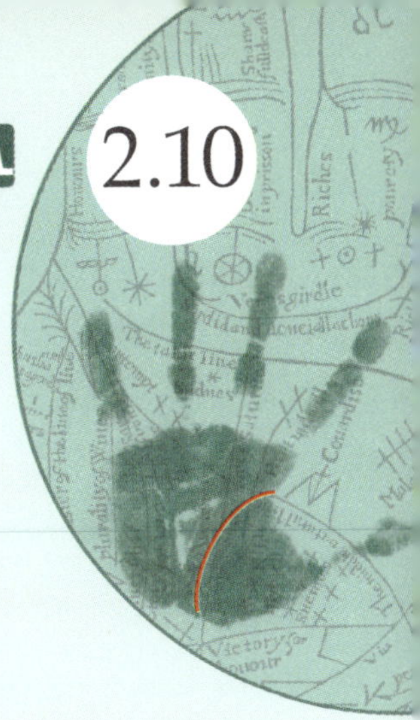

2.10

LIGNE DE VIE

◆ TRACÉ COMPLET
◆ EXTRÉMITÉ FOURCHUE

Après une décision difficile vers la soixantaine, vous prendrez un nouveau départ ou déménagerez. Les deux branches de la fourche sont profondes et nettes, ce qui sous-entend deux foyers très différents et un temps partagé entre les deux.

LECTURE APPROFONDIE

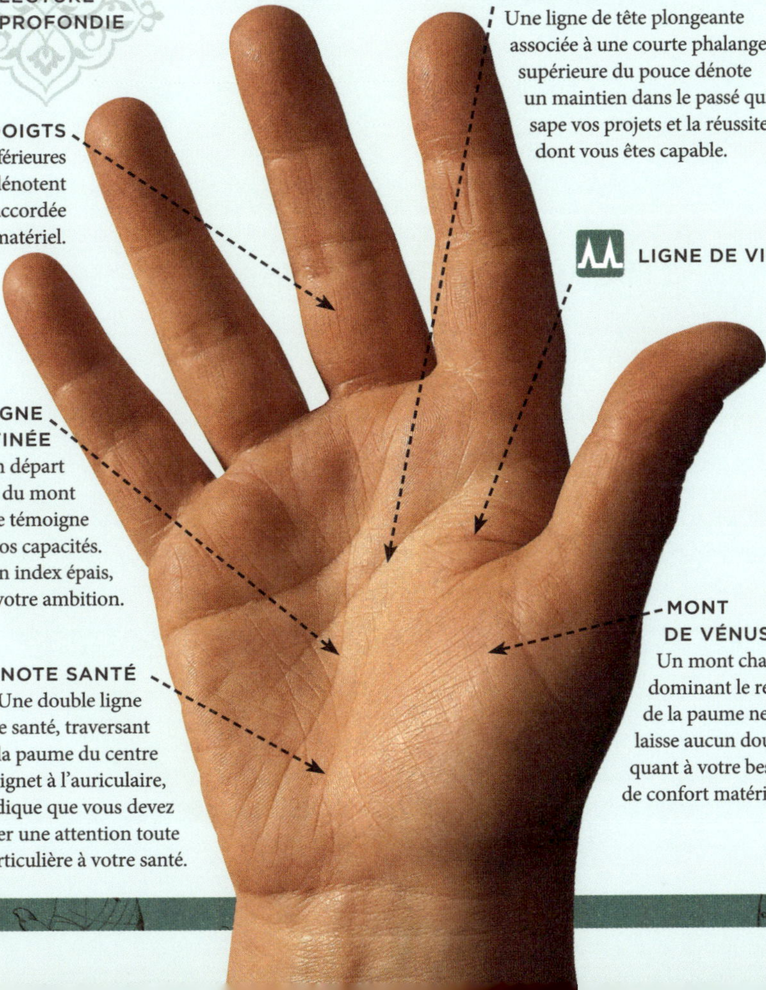

DOIGTS
Des phalanges inférieures épaisses dénotent l'importance accordée au matériel.

LIGNE DE TÊTE
Une ligne de tête plongeante associée à une courte phalange supérieure du pouce dénote un maintien dans le passé qui sape vos projets et la réussite dont vous êtes capable.

LIGNE DE VIE

LIGNE DE DESTINÉE
Un départ au niveau du mont de la Lune témoigne de vos capacités. Associé à un index épais, cela trahit votre ambition.

MONT DE VÉNUS
Un mont charnu dominant le reste de la paume ne laisse aucun doute quant à votre besoin de confort matériel.

NOTE SANTÉ
Une double ligne de santé, traversant la paume du centre du poignet à l'auriculaire, indique que vous devez prêter une attention toute particulière à votre santé.

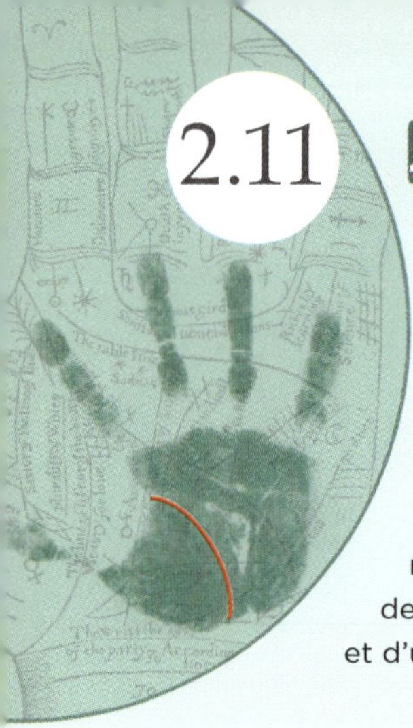

2.11 LIGNE DE VIE

◆ EXTRÉMITÉ RABATTUE SOUS L'ÉMINENCE THÉNAR

Vous êtes un voyageur, mais retournez toujours dans votre foyer et avez besoin de recréer cet espace réconfortant où que vous vous trouviez. Votre ligne de tête, dont le départ est relié à celui de la ligne de vie, renforce cet attachement au foyer et témoigne d'une sensibilité toute particulière à l'opinion d'autrui. Si possible, évitez les individus trop critiques. Une ramification précoce vers le mont de Jupiter et une ramification de la ligne de vie à l'auriculaire témoignent de votre ambition et d'une prédisposition à la réussite sur le plan financier.

LECTURE APPROFONDIE

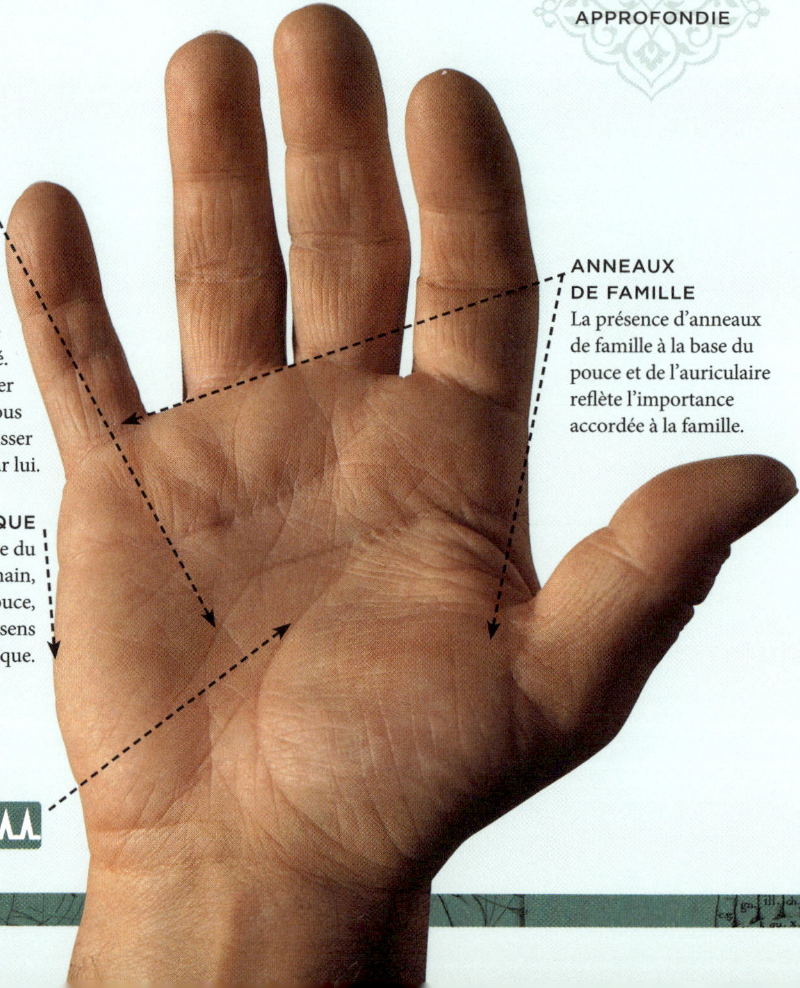

LIGNE DE DESTINÉE
Un départ au niveau du mont de la Lune est signe de créativité. À vous d'exploiter cet atout sous peine de vous laisser déborder par lui.

SENS ARTISTIQUE
La courbure du tranchant de la main, côté opposé du pouce, dénote un sens artistique.

ANNEAUX DE FAMILLE
La présence d'anneaux de famille à la base du pouce et de l'auriculaire reflète l'importance accordée à la famille.

LIGNE DE VIE

LIGNE DE VIE

2.12

◆ EXTRÉMITÉ S'ÉCARTANT DU POUCE

Vous avez le goût de l'aventure et de l'évasion. Des lignes reliant précocement vos lignes de vie et de tête dénotent à la fois confiance en vous et doute. Lorsque les capacités se confirment, ces ramifications et l'anxiété se dissipent. Vous êtes doté d'une grande influence tant sur le plan personnel que professionnel, comme le montrent les lignes d'influence croisant vos lignes de vie et de destinée vers la trentaine. Ces lignes se renforcent, confirmant que cette influence est un atout.

LECTURE APPROFONDIE

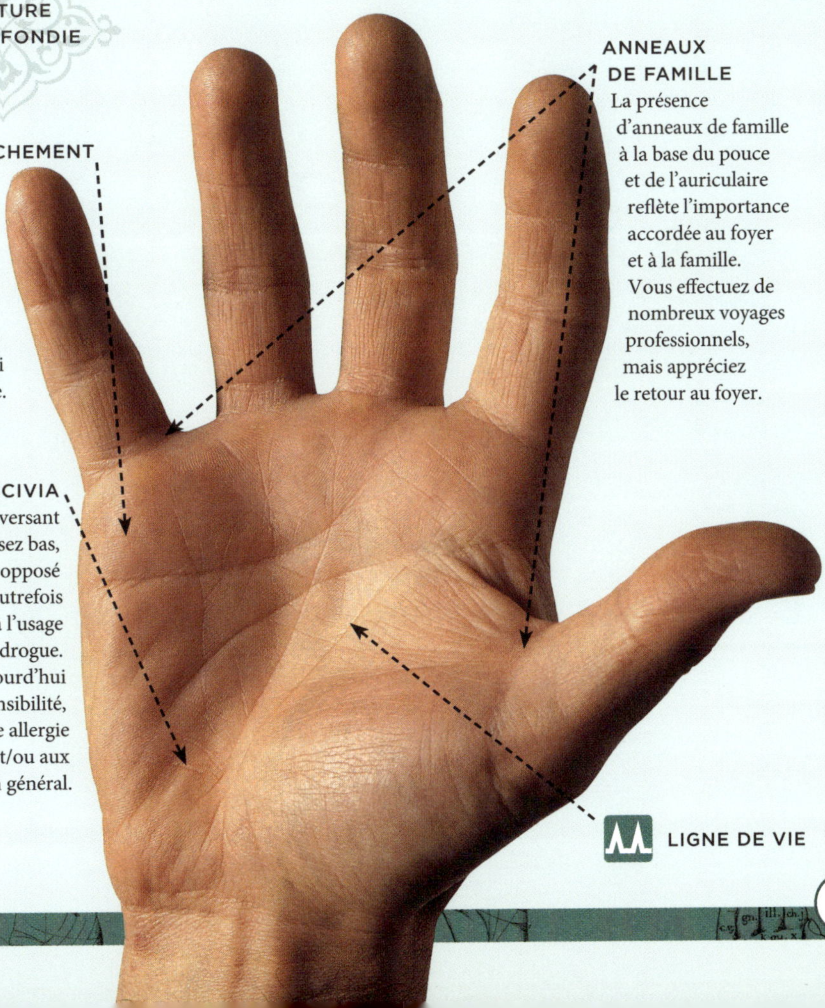

LIGNE D'ATTACHEMENT
Votre ligne d'attachement montre une brève rupture. Si votre mariage ou votre couple traverse une période de séparation, celle-ci sera de courte durée.

ANNEAUX DE FAMILLE
La présence d'anneaux de famille à la base du pouce et de l'auriculaire reflète l'importance accordée au foyer et à la famille. Vous effectuez de nombreux voyages professionnels, mais appréciez le retour au foyer.

VIA LASCIVIA
Cette ligne traversant la paume assez bas, débutant côté opposé au pouce, était autrefois associée à l'usage d'alcool ou de drogue. Elle dénote aujourd'hui une grande sensibilité, voire une allergie à l'alcool et/ou aux drogues en général.

LIGNE DE VIE

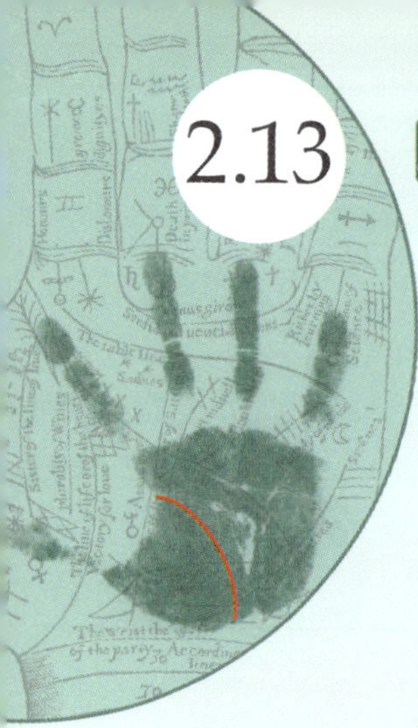

2.13 LIGNE DE VIE

◆ DÉPART HAUT

Ambitieux et résolument individualiste, vous aspirez à la réussite. Hachures et chaînes témoignent de difficultés précoces, mais le tracé de la ligne de vie gagne peu à peu en netteté et en force. Une ligne de vie à proximité du pouce et un maintien du pouce naturellement fermé révèlent un individu prudent par nature, soucieux de garder le contrôle.

LECTURE APPROFONDIE

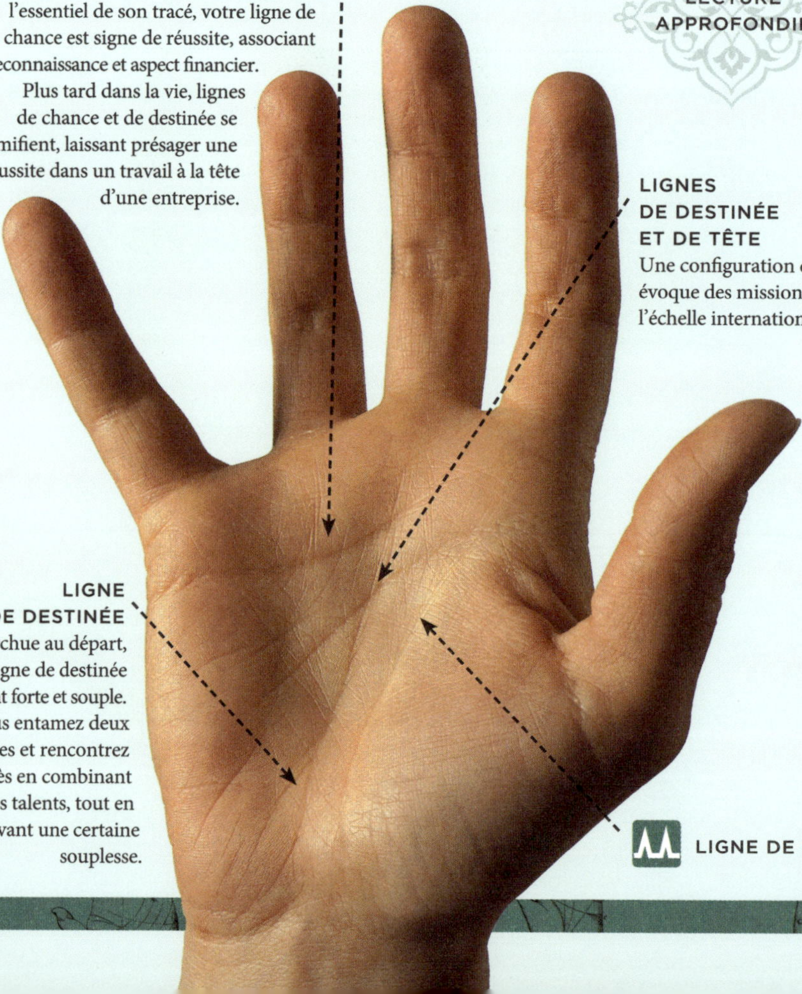

LIGNE DE CHANCE
Reflétant votre ligne de destinée sur l'essentiel de son tracé, votre ligne de chance est signe de réussite, associant reconnaissance et aspect financier. Plus tard dans la vie, lignes de chance et de destinée se ramifient, laissant présager une réussite dans un travail à la tête d'une entreprise.

LIGNES DE DESTINÉE ET DE TÊTE
Une configuration qui évoque des missions à l'échelle internationale.

LIGNE DE DESTINÉE
Fourchue au départ, la ligne de destinée devient forte et souple. Vous entamez deux carrières et rencontrez le succès en combinant vos talents, tout en conservant une certaine souplesse.

LIGNE DE VIE

LIGNE DE VIE 2.14

◆ **DÉPART BAS**
◆ **PLUS PROCHE DU POUCE**

Vous êtes quelqu'un d'heureux et de tolérant qui n'aime pas être source de problème. Le tracé de votre ligne de vie décrit une large courbe, englobant un vaste cercle familial et amical. Un départ de la ligne de vie sur la ligne de tête montre que vous aimez la compagnie et vous souciez de l'opinion d'autrui, sans que cela vous obsède. Votre main présente de nombreux signes évoquant ceux d'un guérisseur.

LECTURE APPROFONDIE

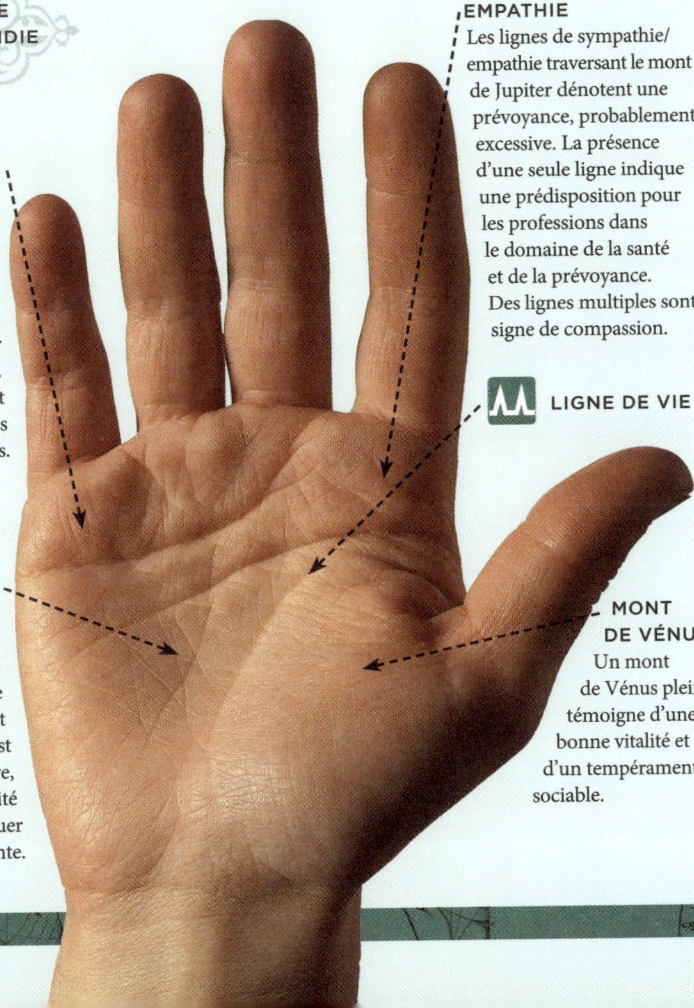

STIGMATES DU GUÉRISSEUR
La présence de trois courtes lignes sur le mont de Mercure, appelées stigmates du guérisseur, dénote un certain don pour apaiser autrui. Ces lignes renvoient aussi aux médecines alternatives.

LIGNE DE SYMPATHIE/EMPATHIE
Les lignes de sympathie/empathie traversant le mont de Jupiter dénotent une prévoyance, probablement excessive. La présence d'une seule ligne indique une prédisposition pour les professions dans le domaine de la santé et de la prévoyance. Des lignes multiples sont signe de compassion.

LIGNE DE VIE

LIGNE DE MERCURE
La double ligne de santé prenant naissance au niveau du mont de Neptune et se dirigeant vers l'auriculaire est la ligne de Mercure, signe de votre capacité à communiquer de façon apaisante.

MONT DE VÉNUS
Un mont de Vénus plein témoigne d'une bonne vitalité et d'un tempérament sociable.

2.15 LIGNE DE VIE

◆ **MAIN PASSIVE**

◆ **DIFFÉRENTE DE LA MAIN DOMINANTE**

Votre paume de main gauche, passive, est très différente de la droite, dominante, marquée par une double ligne de vie. La seconde ligne de vie, intérieure, est à peine marquée sur votre main passive, ce qui témoigne d'un besoin de sécurité. De même, cette ligne de vie ne présente pas de rupture. La petite section de double ligne de vie est marquée de nombreuses lignes de soucis, indiquant que vous avez eu à surmonter bien des problèmes pour gagner votre place dans la vie.

LECTURE APPROFONDIE

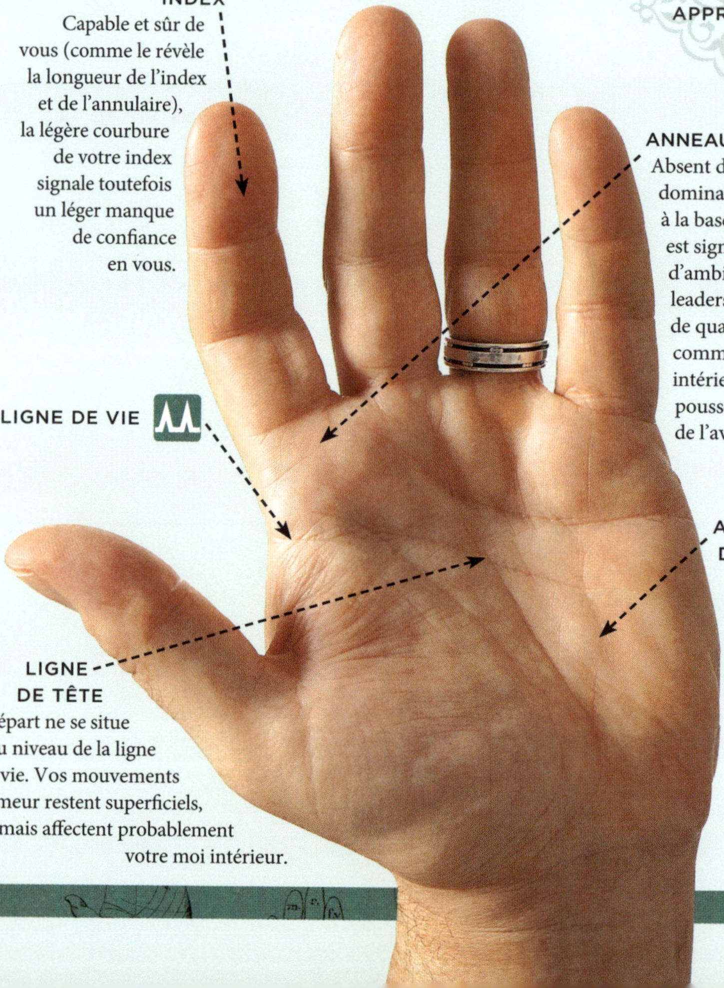

INDEX
Capable et sûr de vous (comme le révèle la longueur de l'index et de l'annulaire), la légère courbure de votre index signale toutefois un léger manque de confiance en vous.

ANNEAU DE SALOMON
Absent de la main dominante, cet anneau à la base de l'index est signe de sagesse, d'ambition et de leadership, autant de qualités vécues comme une force intérieure qui vous pousse à aller de l'avant.

LIGNE DE VIE

ABSENCE DE BOUCLE INCURVÉE
Cette absence de boucle incurvée sur la main passive suggère que votre affinité avec l'eau est avant tout liée à un besoin de dépense physique.

LIGNE DE TÊTE
Le départ ne se situe pas au niveau de la ligne de vie. Vos mouvements d'humeur restent superficiels, mais affectent probablement votre moi intérieur.

LIGNE DE VIE

2.16

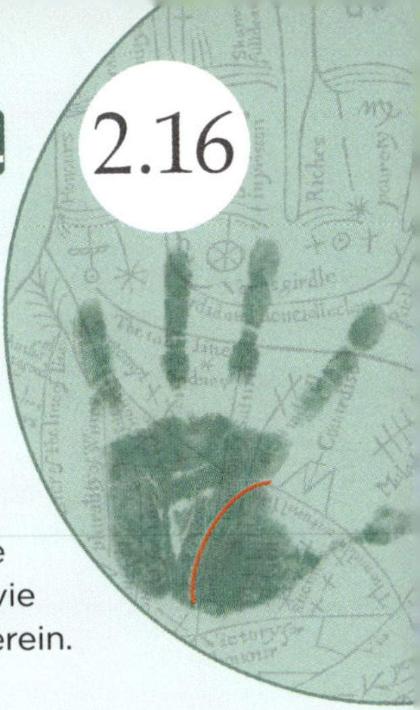

◆ MAIN DOMINANTE ◆ DOUBLE
◆ TOTALEMENT OU PARTIELLEMENT

Cette double ligne de vie signifie une double vie, entre banalité du quotidien et aspects plus excitants. Cette caractéristique est souvent présente chez les comédiens. Une rupture du tracé de la ligne de vie à vos 20 ans est signe d'une période trouble, avec un chevauchement symbolisant le retour à une vie apaisée. La rupture fait suite à de nombreuses lignes de soucis. Le cours de votre vie devient par la suite plus serein.

LECTURE APPROFONDIE

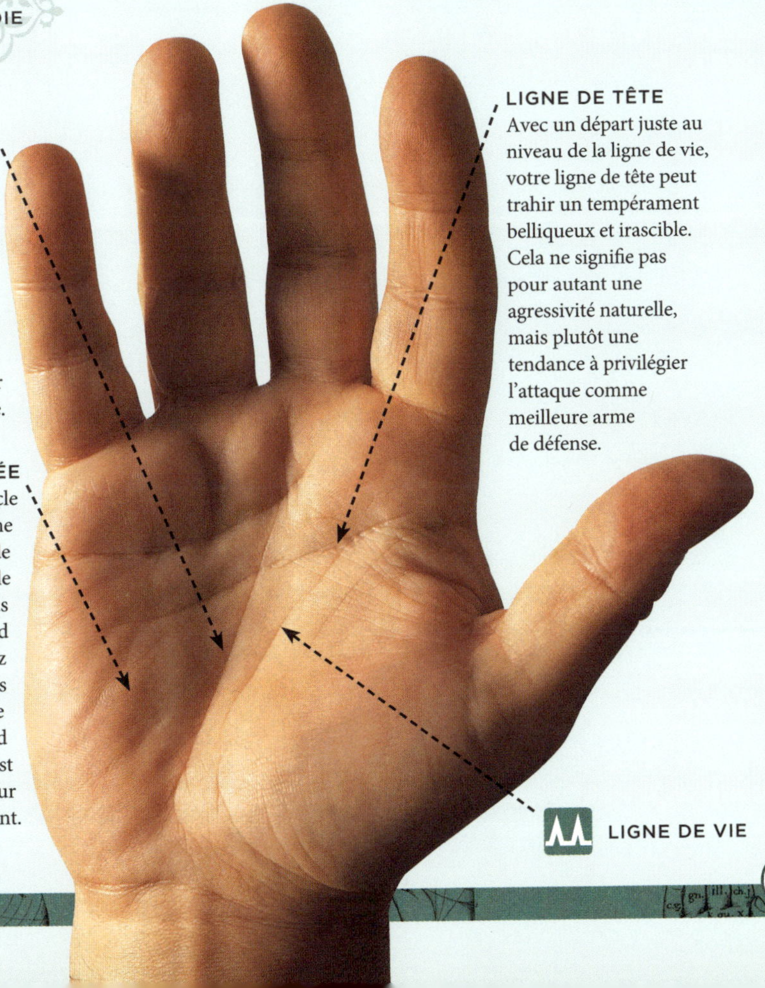

LIGNE DE DESTINÉE
Un départ précoce renvoie à un succès précoce. Une amorce au niveau du mont de la Lune indique que vous excellez en public. Vous êtes fait pour la politique.

BOUCLE INCURVÉE
Un motif en boucle incurvée sous la ligne de tête et sur le mont de la Lune dénote une réelle affinité avec l'eau. Vous vivrez peut-être au bord de la mer ou montrerez un intérêt pour les sports aquatiques. Quelle que soit la forme que prend cette affinité, l'eau est perçue comme un moteur vital et régénérant.

LIGNE DE TÊTE
Avec un départ juste au niveau de la ligne de vie, votre ligne de tête peut trahir un tempérament belliqueux et irascible. Cela ne signifie pas pour autant une agressivité naturelle, mais plutôt une tendance à privilégier l'attaque comme meilleure arme de défense.

LIGNE DE VIE

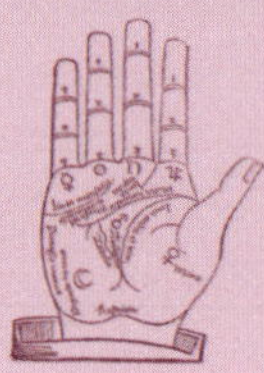

LIGNE DE CŒUR

De qui êtes-vous amoureux ?

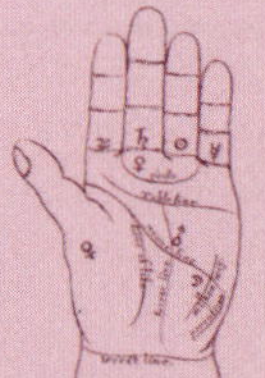

LOCALISATION

Le tracé de la ligne de cœur court le long et à proximité de la base des doigts. La lecture s'effectue depuis le bord de la paume, alors que le tracé se prolonge en direction de l'index. La naissance se situe au départ de la ligne, et la vie chemine le long du tracé traversant la paume.

INTERPRÉTATION

La ligne de cœur représente à la fois le cœur du point de vue physique, les sentiments et la vie émotive. Partenaires, histoires d'amour passées et présentes apparaissent sur la ligne de cœur, mais aussi expériences douloureuses, blessures et chagrins d'amour. Les partenaires que vous attirez et les élus de votre cœur ne sont pas forcément les mêmes, et lorsque le tracé de la ligne de cœur diffère d'une main à l'autre, il est possible que la personne attirée soit loin d'incarner pour vous le partenaire idéal. Ce chapitre détaille et illustre différentes configurations de paumes de main en rapport avec la ligne de cœur.

Cinq questions fréquentes

- Ai-je choisi le partenaire idéal ?
- Vais-je rencontrer l'âme sœur ?
- Serai-je plus tard aussi heureux et satisfait avec mon partenaire que je ne le suis aujourd'hui ?
- Ma vie professionnelle prime sur ma vie amoureuse, mais en sera-t-il toujours ainsi ?
- J'ai l'impression d'attirer toujours les mauvaises personnes, pourquoi ?

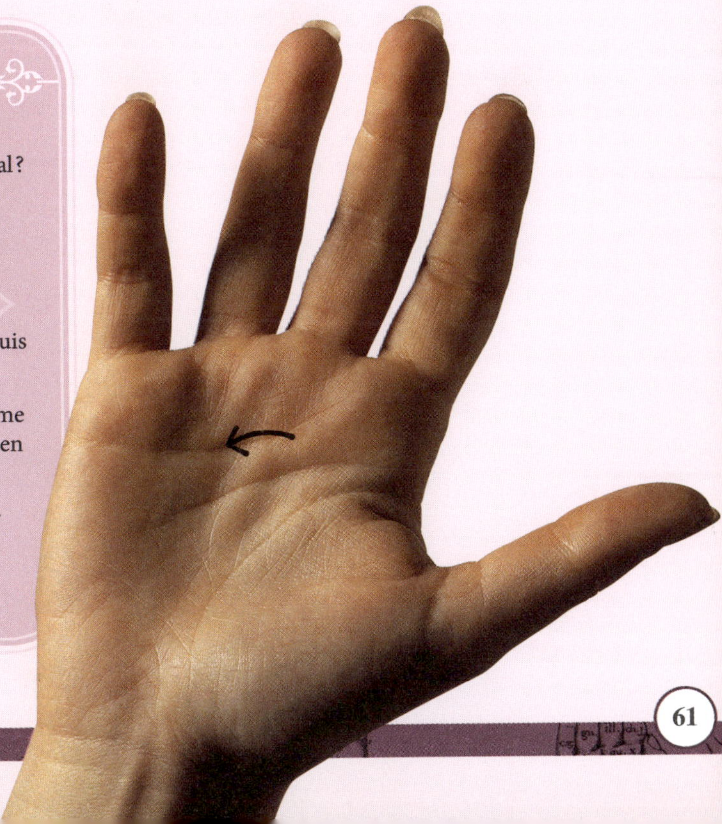

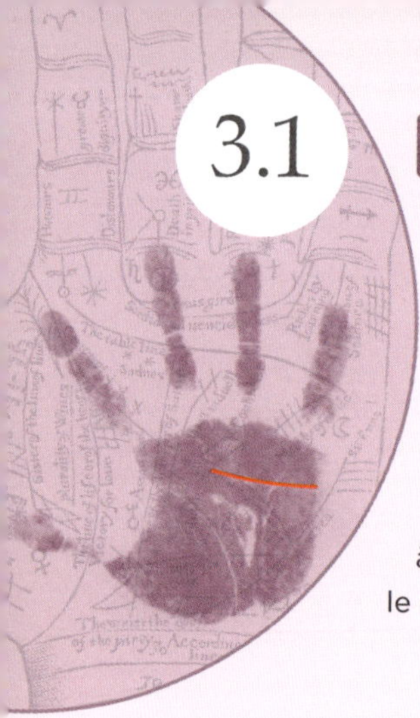

3.1

LIGNE DE CŒUR

- **COURTE**
- **DROITE**
- **EXTRÉMITÉ SOUS LE MAJEUR**

Amour et romantisme comptent pour vous, mais la sexualité est envisageable sans amour. Pour vous, le partenaire idéal doit partager vos idées, si l'on se fie à la droiture de votre ligne de cœur. L'extrémité fourchue avec une ramification reliée à votre ligne de tête suggère que chez vous, la tête gouverne le cœur. Il y a fort à parier que vous êtes un bourreau de travail.

LECTURE APPROFONDIE

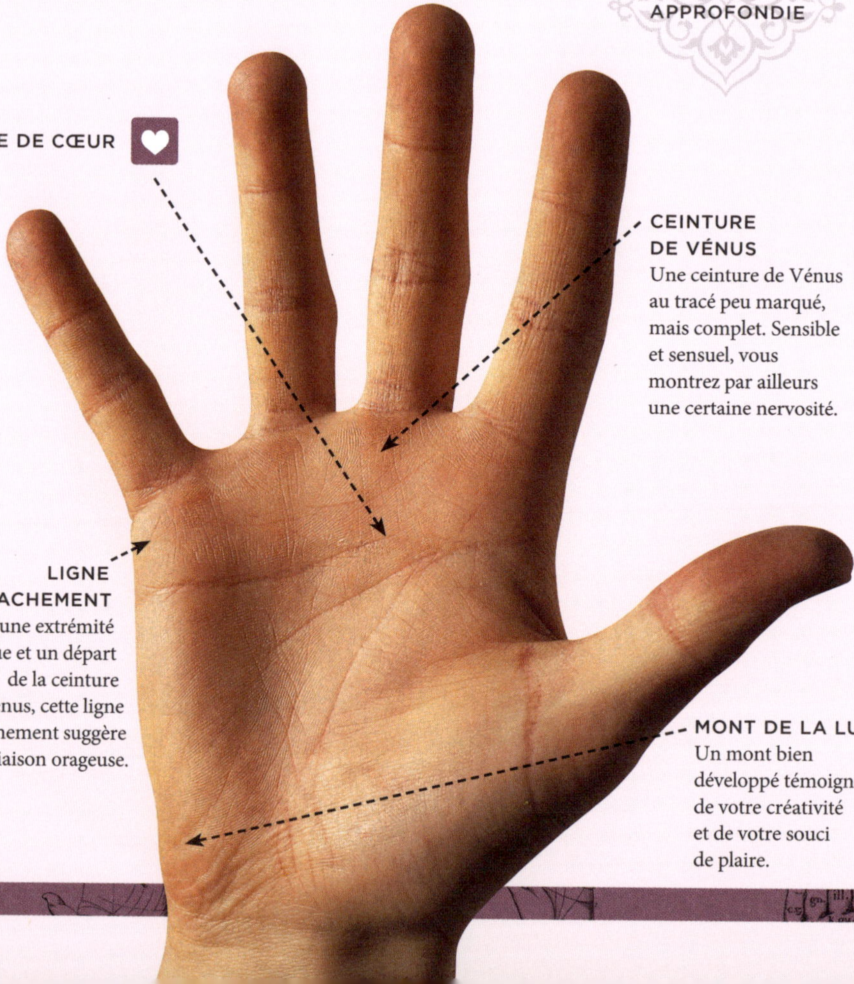

LIGNE DE CŒUR

CEINTURE DE VÉNUS
Une ceinture de Vénus au tracé peu marqué, mais complet. Sensible et sensuel, vous montrez par ailleurs une certaine nervosité.

LIGNE D'ATTACHEMENT
Avec une extrémité fourchue et un départ de la ceinture de Vénus, cette ligne d'attachement suggère une liaison orageuse.

MONT DE LA LUNE
Un mont bien développé témoigne de votre créativité et de votre souci de plaire.

LIGNE DE CŒUR 3.2

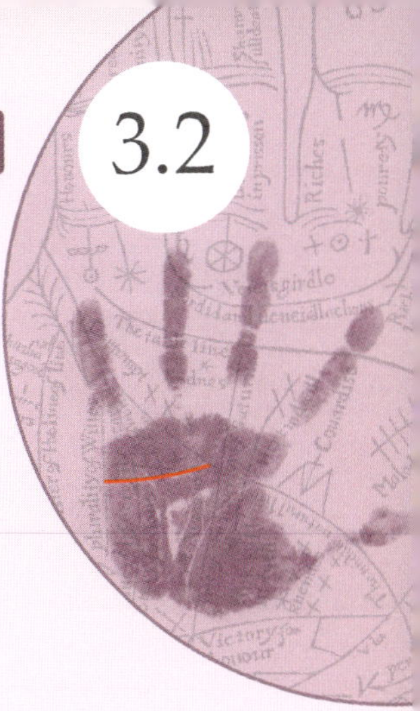

◆ COURTE
◆ DROITE
◆ EXTRÉMITÉ SOUS LE MAJEUR

Vous abordez autrui avec habileté et réserve, faisant preuve d'une approche quasi professionnelle. L'amour et le romantisme comptent à vos yeux, mais la sexualité est envisageable sans amour. Avec une ligne de cœur rectiligne, il est important pour vous de trouver un partenaire partageant vos idées.

LECTURE APPROFONDIE

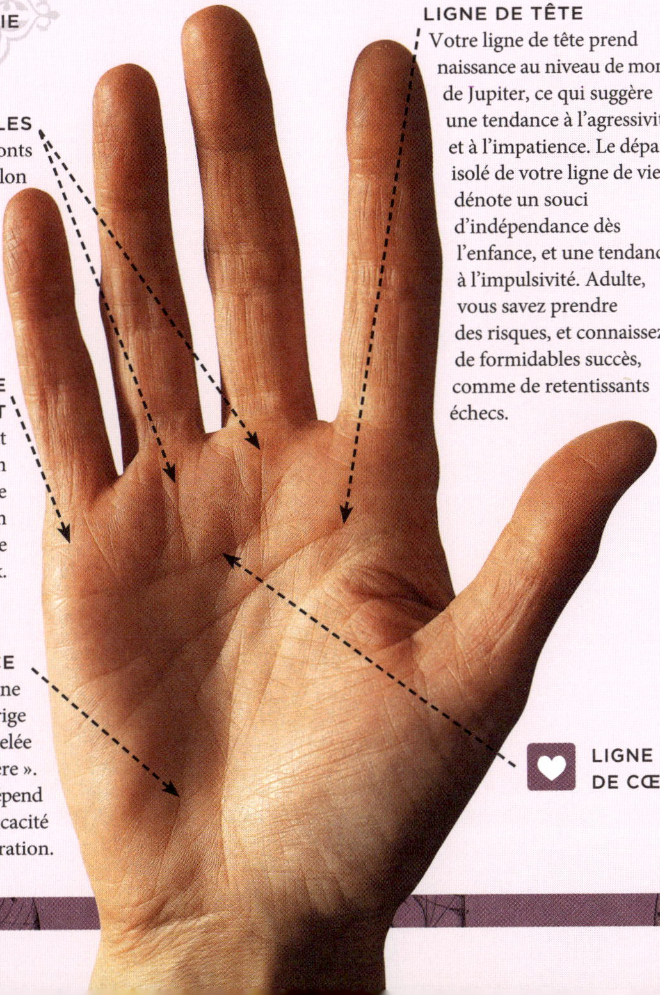

ÉTOILES
Des étoiles sur les monts de Saturne et d'Apollon sont signes de réussite et de fortune difficilement acquise.

LIGNE D'ATTACHEMENT
L'extrémité fourchue peut signifier une séparation ou la poursuite d'une vie de couple, laissant chacun des partenaires libre de ses choix.

LIGNE DE CHANCE
La ligne qui part de la ligne de chance et se dirige vers l'auriculaire est appelée « ligne de carrière ». Votre prospérité dépend largement de votre perspicacité et de votre inspiration.

LIGNE DE TÊTE
Votre ligne de tête prend naissance au niveau de mont de Jupiter, ce qui suggère une tendance à l'agressivité et à l'impatience. Le départ isolé de votre ligne de vie dénote un souci d'indépendance dès l'enfance, et une tendance à l'impulsivité. Adulte, vous savez prendre des risques, et connaissez de formidables succès, comme de retentissants échecs.

LIGNE DE CŒUR

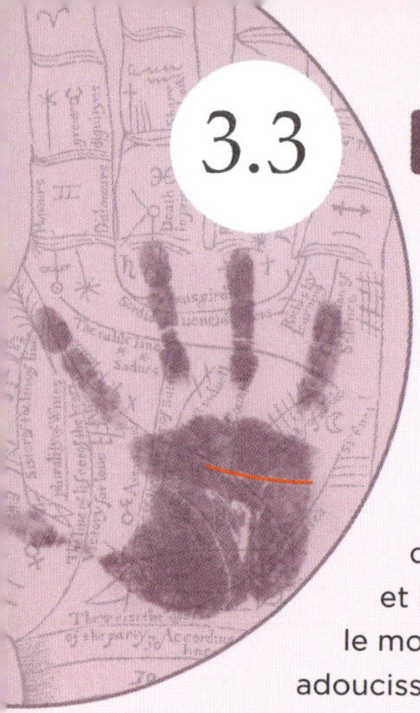

3.3 LIGNE DE CŒUR

- **LONGUE**
- **DROITE**
- **EXTRÉMITÉ SOUS L'INDEX**

Vous possédez un sens développé du devoir et êtes probablement un bourreau de travail. Une tendance confirmée par la ramification horizontale qui relie la ligne de vie à la ligne de cœur. Une ligne courant en direction de l'index, à partir du même point, souligne l'ambition et la réussite. La ligne légèrement inclinée se dirigeant vers le mont de Jupiter dénote un certain romantisme, adoucissant ce portrait.

LECTURE APPROFONDIE

PHALANGE SUPÉRIEURE
La phalange supérieure du pouce nettement bombée dénote une tendance au comportement obsessionnel.

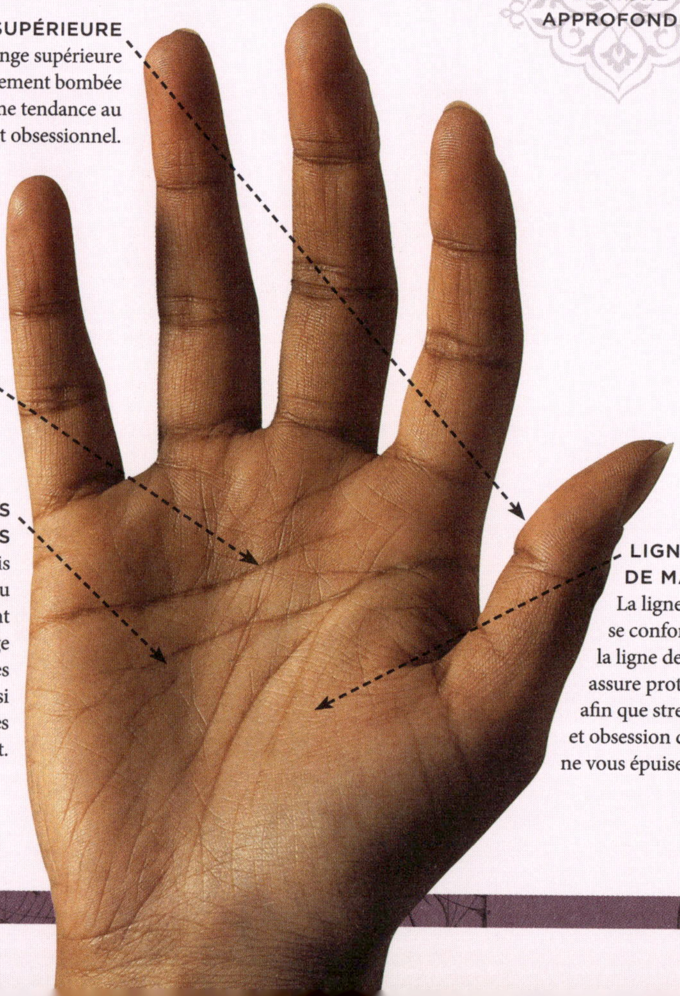

LIGNE DE CŒUR

LIGNES DE SOUCIS
Des lignes de soucis marquées au niveau de la paume révèlent une surcharge de travail. Ces lignes peuvent aussi témoigner d'un excès de divertissement.

LIGNE DE MARS
La ligne de Mars se confondant avec la ligne de vie vous assure protection, afin que stress négatif et obsession du travail ne vous épuisent pas.

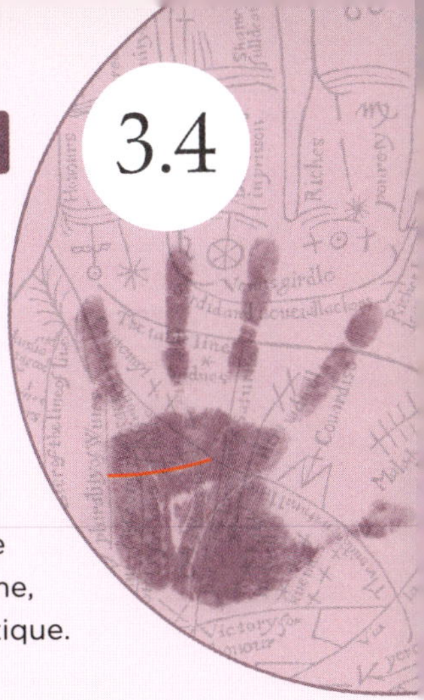

LIGNE DE CŒUR 3.4

◆ EXTRÉMITÉ SOUS L'INDEX
◆ EXTRÉMITÉ SOUS LE MONT DE JUPITER

Cette ligne féminine, rencontrée dans les paumes de main des deux sexes, témoigne à la fois de romantisme et de vulnérabilité émotionnelle. Votre ligne de cœur se termine par une branche esquissant un net retour en arrière. Ce crochet signifie simplement que vous adoptez une attitude plutôt aventureuse dans vos relations avec autrui. La rectitude de la ligne témoigne de l'importance accordée au romantisme, bien que vous ne soyez pas considéré comme romantique.

LECTURE APPROFONDIE

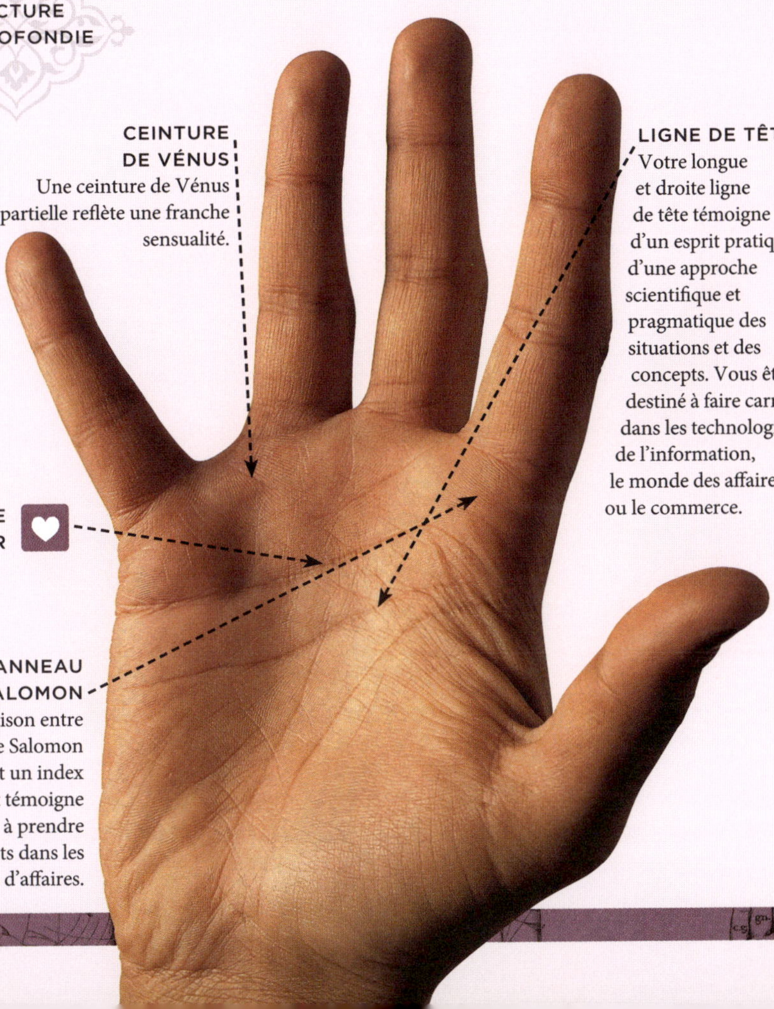

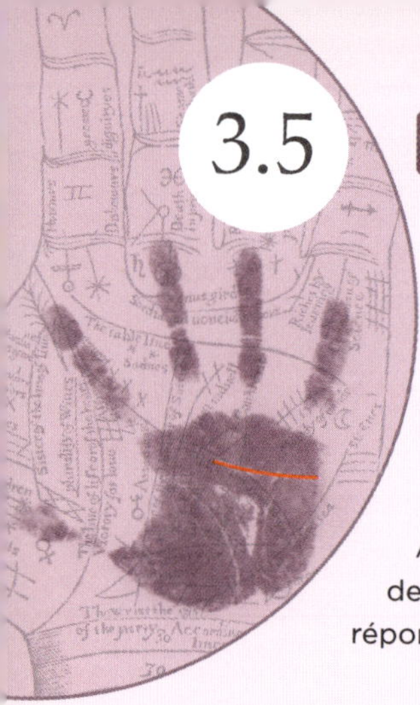

3.5 LIGNE DE CŒUR

◆ EXTRÉMITÉ ENTRE L'INDEX ET LE MAJEUR

Cette ligne masculine est dominante et exigeante. Vous êtes un jouisseur, mais la ramification dirigée vers le mont de Jupiter montre que vous êtes capable de romantisme. Pour la chiromancie traditionnelle, de nombreuses ramifications de la ligne de cœur dénotaient une vie amoureuse mouvementée, avec un partenaire par ramification. Aujourd'hui, le chiromancien y voit un seul partenaire, mais objet de multiples et différentes sollicitations. La personne qui saura répondre à toutes vos attentes sera le partenaire idéal.

LECTURE APPROFONDIE

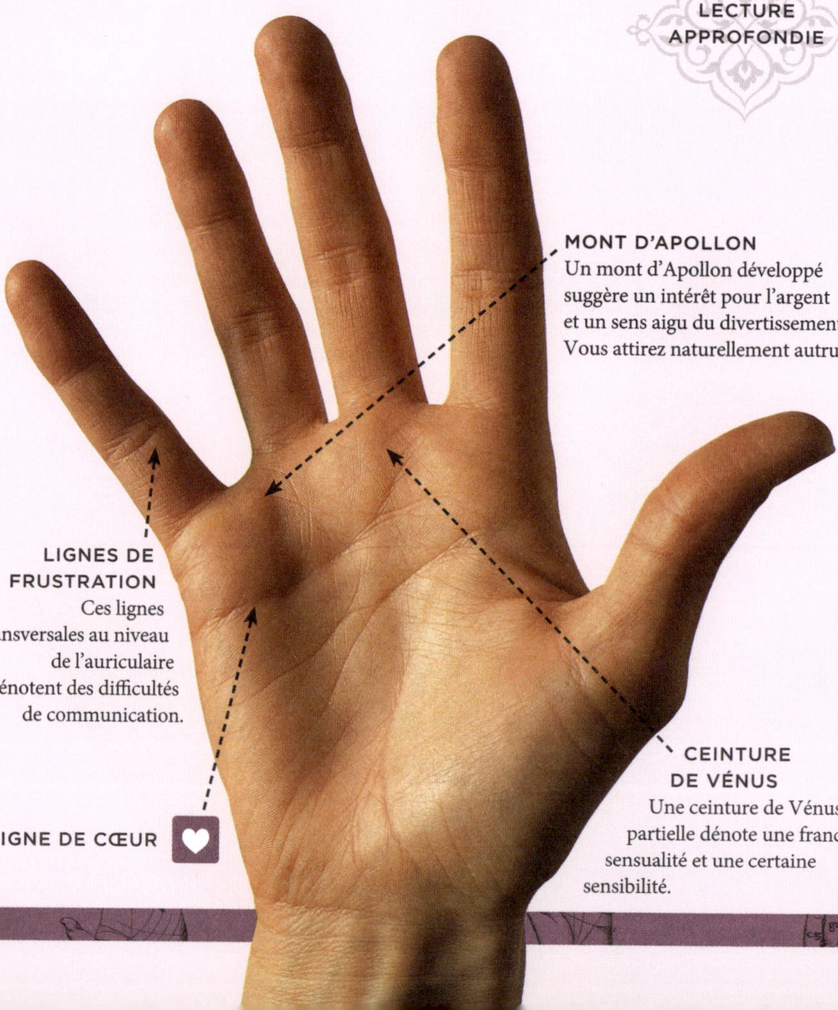

LIGNE DE CŒUR

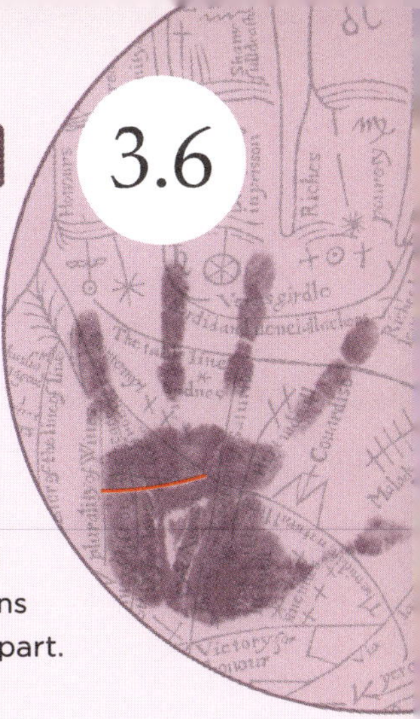

◆ EXTRÉMITÉ ENTRE L'INDEX ET LE MAJEUR

Vous aimez profondément et intensément, mais votre amour s'exprime plus par l'action que par le verbe. L'extrémité de votre ligne de cœur a tendance à se diriger vers la base de votre index, ce qui suggère une idéalisation du partenaire. Vous présentez un bon équilibre entre excès d'idéalisme et de sexualité. Les nombreuses ramifications de la ligne de cœur suggèrent une vie amoureuse mouvementée ou un seul partenaire objet de multiples et régulières sollicitations de votre part.

LECTURE APPROFONDIE

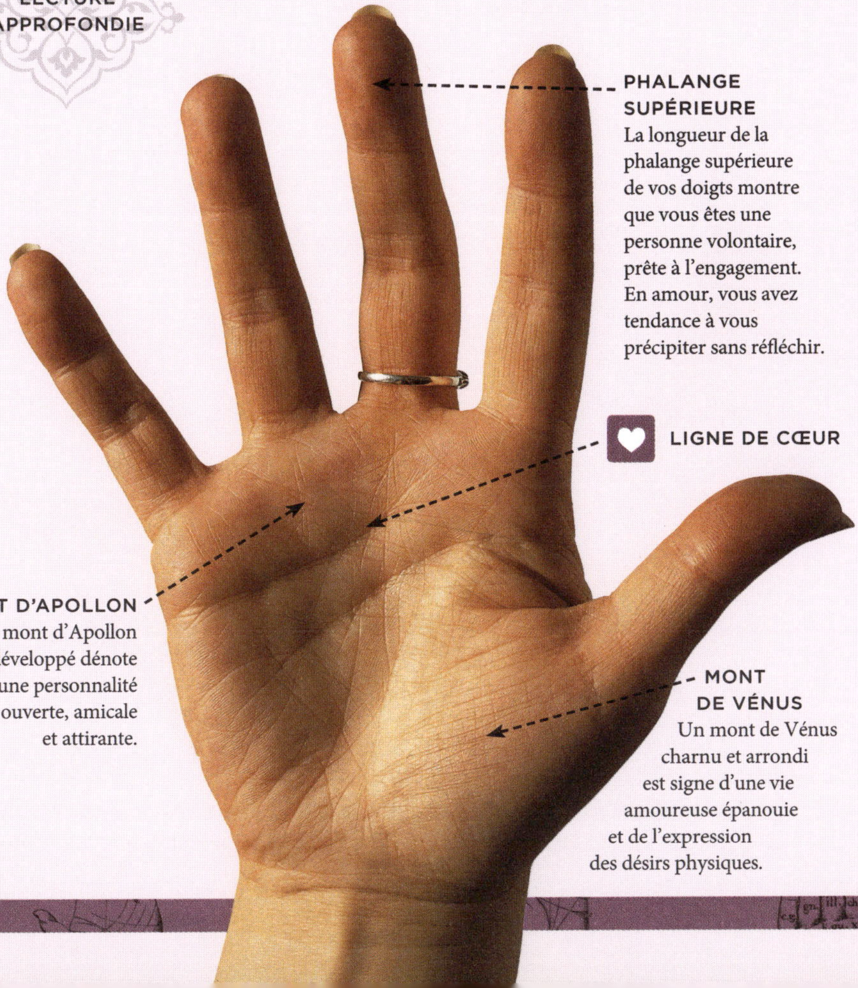

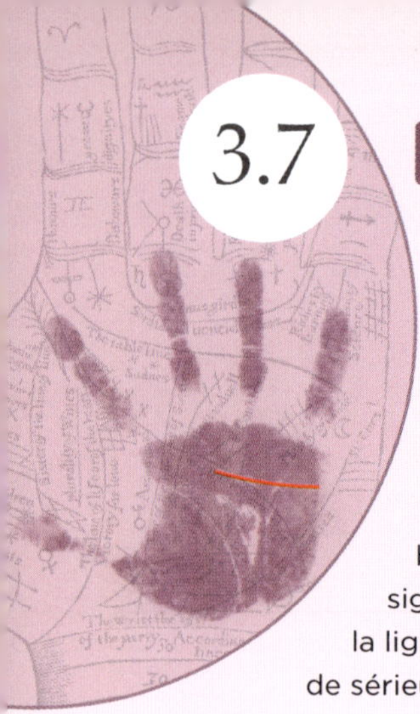

3.7 LIGNE DE CŒUR

◆ EXTRÉMITÉ FOURCHUE
◆ EXTRÉMITÉ EN TRIDENT

Votre approche de la relation amoureuse est remplie de chaleur, d'idéalisme et de passion. La branche de la fourche courant entre l'index et les deux doigts du milieu témoigne au maximum de son extension d'une sensualité débridée, mais ici cette ligne s'interrompt avant d'atteindre ce point extrême. La deuxième branche de la fourche traversant tout droit la paume de votre main signale une tendance à se noyer dans le travail, mais une fois encore la ligne s'interrompt prématurément, signe d'une quête de sérieux dans vos relations amoureuses.

LECTURE APPROFONDIE

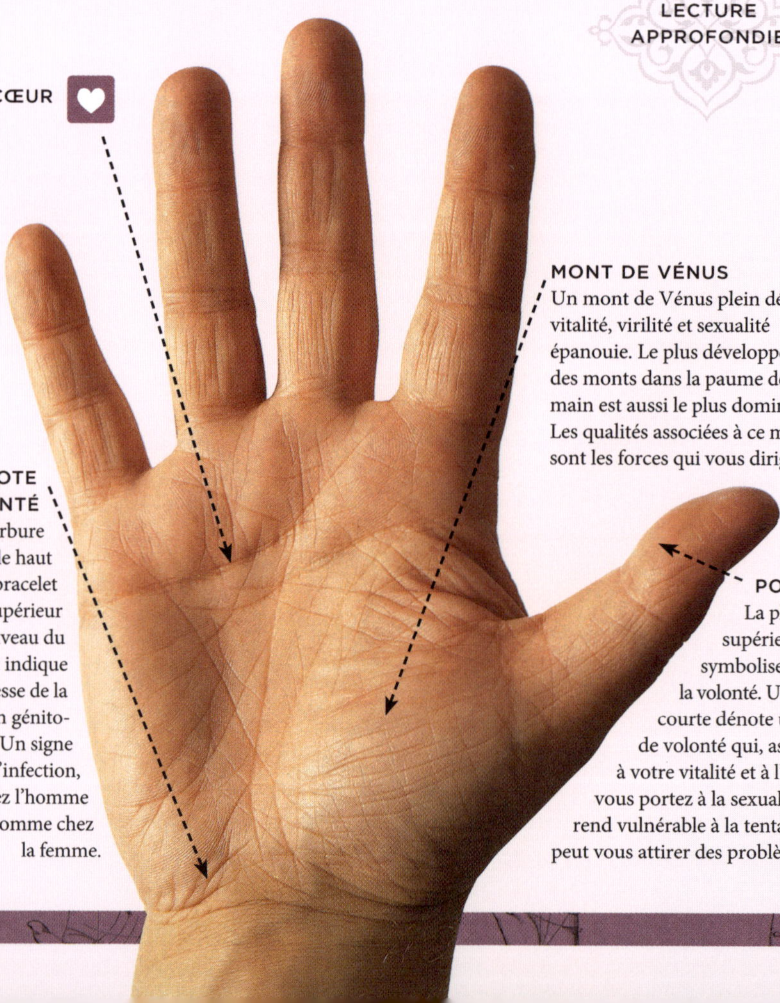

LIGNE DE CŒUR

MONT DE VÉNUS
Un mont de Vénus plein dénote vitalité, virilité et sexualité épanouie. Le plus développé des monts dans la paume de votre main est aussi le plus dominant. Les qualités associées à ce mont sont les forces qui vous dirigent.

NOTE SANTÉ
La courbure vers le haut du bracelet supérieur au niveau du poignet indique une faiblesse de la région génito-urinaire. Un signe possible d'infection, chez l'homme comme chez la femme.

POUCE
La phalange supérieure symbolise la force de la volonté. Une phalange courte dénote un manque de volonté qui, associé à votre vitalité et à l'intérêt que vous portez à la sexualité, vous rend vulnérable à la tentation, ce qui peut vous attirer des problèmes.

LIGNE DE CŒUR

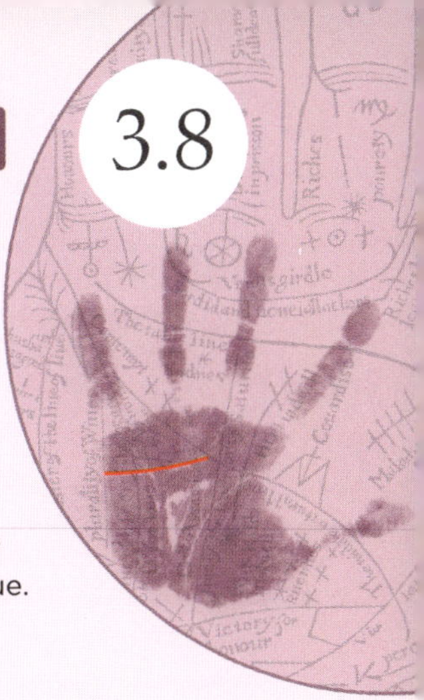

3.8

◆ MARQUÉE
◆ NETTE

Vous entretenez une relation franche et directe avec vos partenaires. Une ligne de cœur large et profonde suggère une vie amoureuse enlisée dans une ornière. Une ligne de cœur aux extrémités se terminant au niveau de la région de l'index et entre l'index et les doigts du milieu de la main dénote une approche plurielle de l'amour, chez une personne généralement équilibrée, aimante, sensuelle et romantique.

LECTURE APPROFONDIE

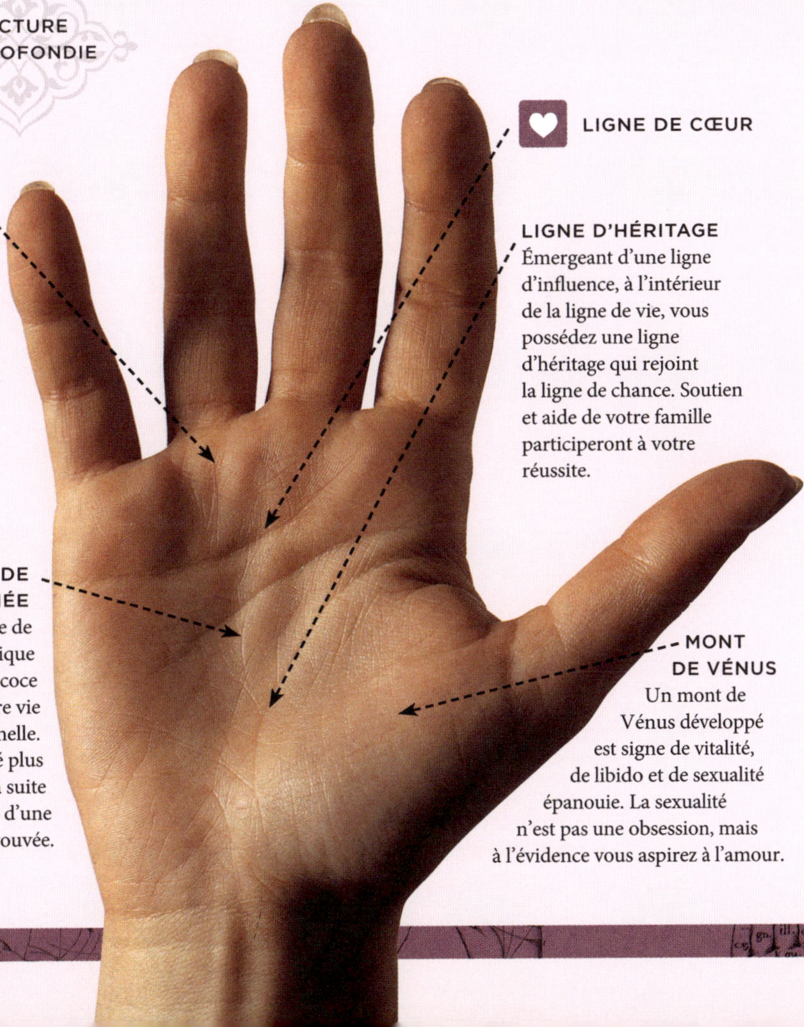

LIGNE DE CŒUR

CEINTURE DE VÉNUS
La ceinture de Vénus témoigne de l'aspect sensuel de votre nature.

LIGNE D'HÉRITAGE
Émergeant d'une ligne d'influence, à l'intérieur de la ligne de vie, vous possédez une ligne d'héritage qui rejoint la ligne de chance. Soutien et aide de votre famille participeront à votre réussite.

LIGNE DE DESTINÉE
Votre ligne de destinée indique un revers précoce dans votre vie professionnelle. Un tracé plus souple par la suite témoigne d'une force retrouvée.

MONT DE VÉNUS
Un mont de Vénus développé est signe de vitalité, de libido et de sexualité épanouie. La sexualité n'est pas une obsession, mais à l'évidence vous aspirez à l'amour.

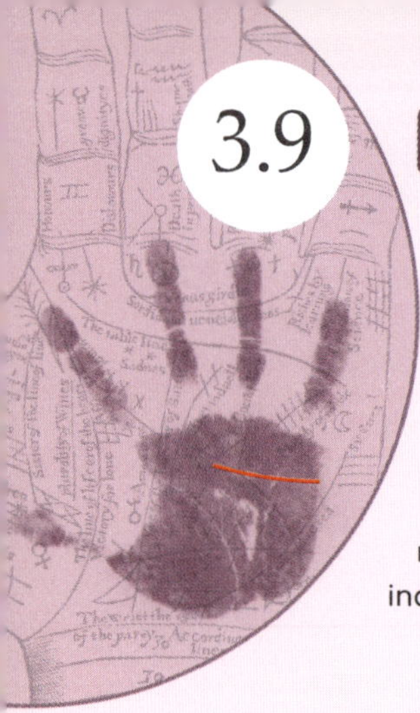

3.9 LIGNE DE CŒUR

◆ NOMBREUSES RAMIFICATIONS

Vous sollicitez exagérément votre partenaire ou multipliez les aventures. Si vous entretenez des relations avec un seul partenaire, ce dernier a tout du partenaire idéal qui a su résister à l'épreuve du temps et satisfaire vos demandes. Quand elle se termine au niveau du mont de Jupiter, la ligne de cœur dénote une tendance au romantisme. Les nombreuses ramifications en fin de ligne de cœur rejoignant la ligne de tête indiquent que votre prévenance est appréciée.

LECTURE APPROFONDIE

LIGNE DE MARS
La ligne de Mars, symbole de protection et de contre-attaque, est présente à l'intérieur de la ligne de vie, proche du pouce. Vous abordez les problèmes de santé de façon pragmatique et volontaire.

LIGNE DE CŒUR

NOTE SANTÉ
Une ligne de cœur encombrée de traits dénote une possible carence en potassium.

LIGNES D'INTUITION
Les lignes d'intuition sont nombreuses au niveau du créatif mont de la Lune. Vous disposez d'un sens aigu de l'anticipation.

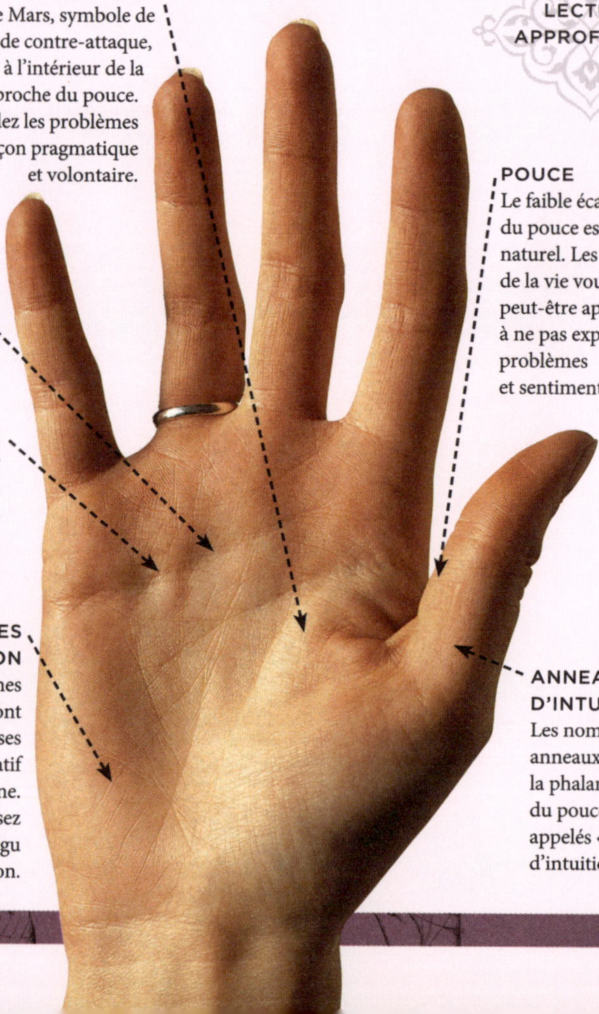

POUCE
Le faible écartement du pouce est peu naturel. Les leçons de la vie vous ont peut-être appris à ne pas exposer problèmes et sentiments.

ANNEAUX D'INTUITION
Les nombreux anneaux traversant la phalange inférieure du pouce sont appelés « anneaux d'intuition ».

LIGNE DE CŒUR

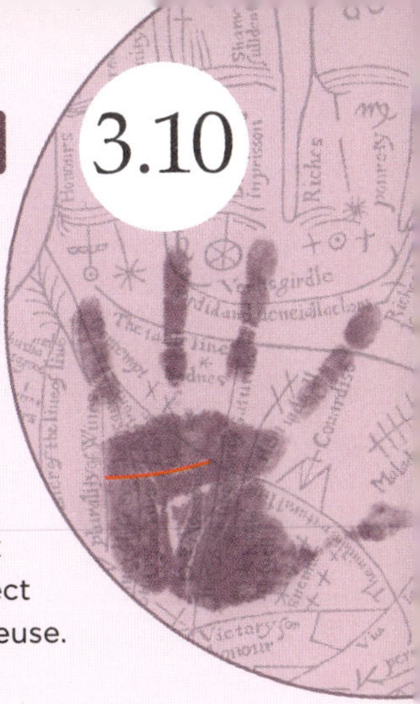

◆ DOUBLE

◆ PARALLÈLE À UN ENDROIT DU TRACÉ

Une double ligne de cœur est signe d'une vie amoureuse féconde. Vous êtes une personne attirante et attachante, douée pour l'amour. Une ligne de cœur double sur la fin, avec une ligne inférieure continue plus courte et droite, témoigne d'un potentiel pour l'amour profond et les aventures sans lendemain. Une ligne supérieure se terminant entre l'index et les deux doigts du milieu de la main met l'accent sur l'aspect sensuel de votre vie amoureuse.

LECTURE APPROFONDIE

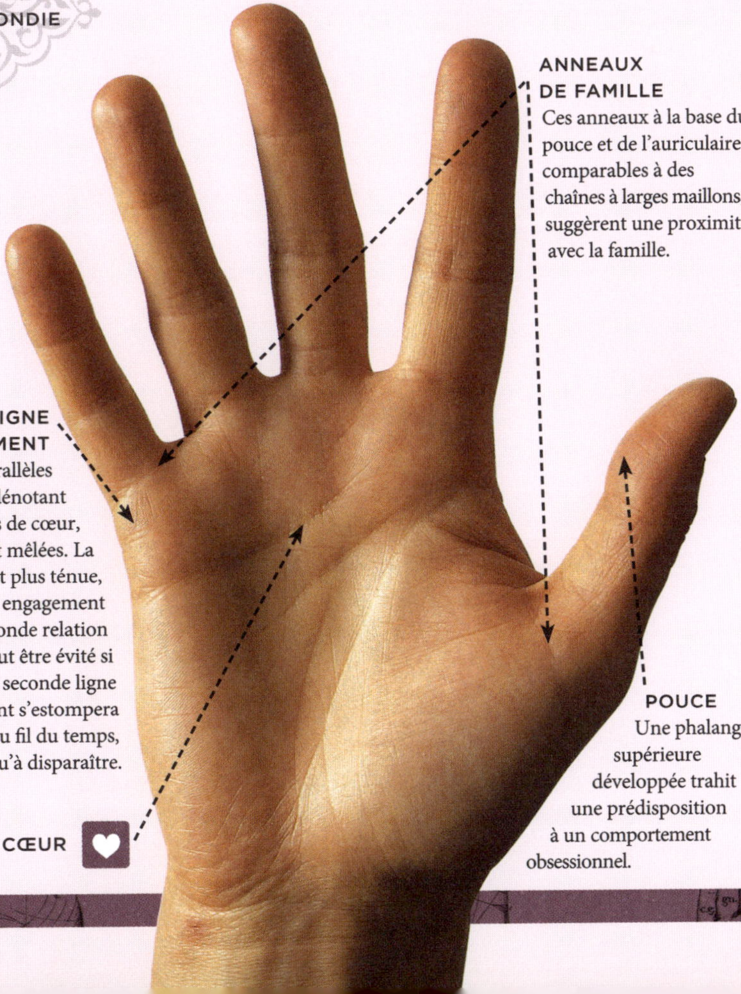

ANNEAUX DE FAMILLE
Ces anneaux à la base du pouce et de l'auriculaire, comparables à des chaînes à larges maillons, suggèrent une proximité avec la famille.

LIGNE D'ATTACHEMENT
Deux lignes parallèles et proches dénotant deux histoires de cœur, probablement mêlées. La deuxième ligne est plus ténue, signifiant qu'un engagement dans une seconde relation conflictuelle peut être évité si nécessaire. La seconde ligne d'attachement s'estompera probablement au fil du temps, jusqu'à disparaître.

POUCE
Une phalange supérieure développée trahit une prédisposition à un comportement obsessionnel.

LIGNE DE CŒUR

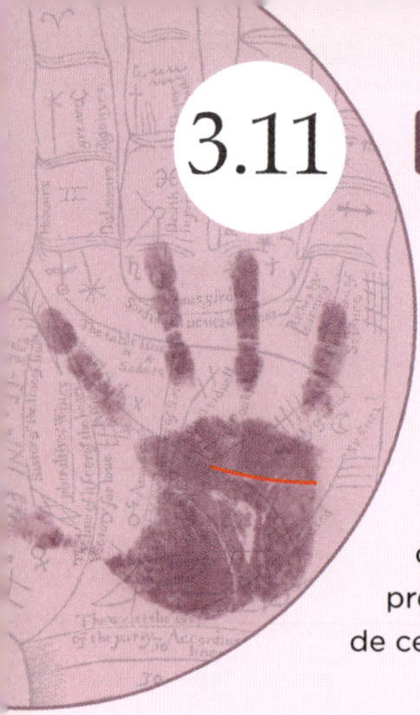

3.11 LIGNE DE CŒUR

◆ **MAIN PASSIVE**

◆ **DIFFÉRENTE DE LA MAIN DOMINANTE**

Les lignes de la paume de votre main gauche, passive, et celle de la main droite, dominante, sont très différentes. Sur la main dominante, la fourche de la ligne de cœur présente une branche courant entre les doigts, signe de sensualité. La deuxième branche traverse le mont de Jupiter sans atteindre le doigt, ce qui dénote un romantisme caché. La troisième branche n'est pas présente, indiquant que vous attirez des personnes très différentes de celles à laquelle aspire votre moi profond.

LECTURE APPROFONDIE

MONT D'APOLLON
Votre ligne de chance montre des signes de réussite, mais il n'y a pas d'étoile sur le mont d'Apollon. Renommée et fortune ont pu vous échapper en l'absence de changements opérés dans votre vie.

LIGNE DE TÊTE
Cette main passive présente une ligne de tête très plongeante. Un signe probable de dépression latente, teintée d'humeur sombre, qui ne transparaît pas en société. Cette ligne est aussi le reflet d'idées complexes très créatives.

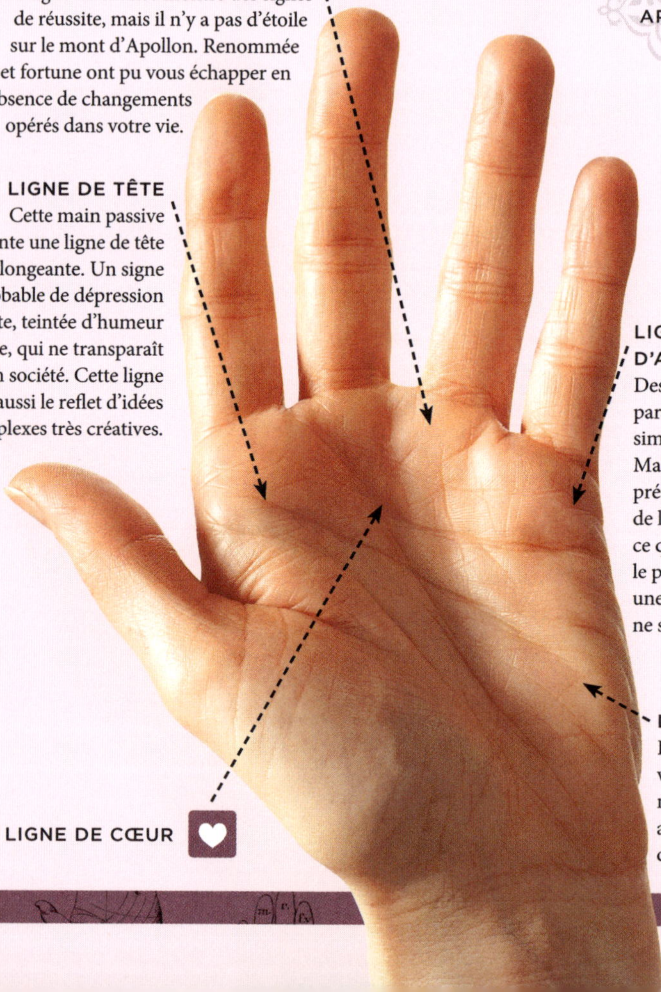

LIGNE D'ATTACHEMENT
Des lignes d'attachement parallèles indiquent la simultanéité de relations. Mais ces lignes ne sont pas présentes dans la paume de la main dominante, ce qui signifie que le potentiel à entretenir une seconde relation ne se concrétisera pas.

LIGNES DE VOYAGE
Plusieurs lignes de voyages apparaissent, mais un lien significatif avec le monde des affaires est absent.

LIGNE DE CŒUR

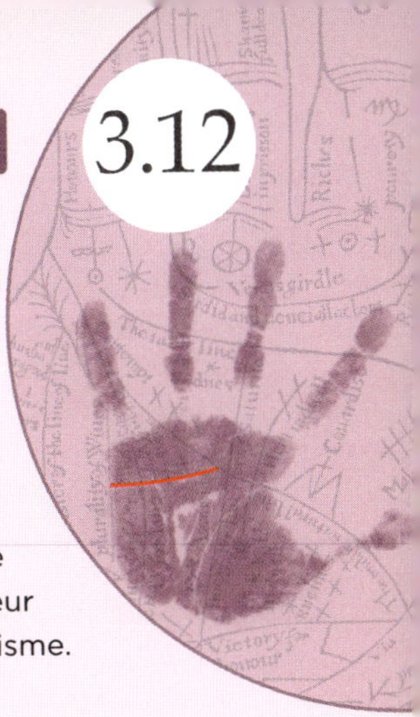

LIGNE DE CŒUR ♥ 3.12

◆ MAIN DOMINANTE
◆ EXTRÉMITÉ SUR L'INDEX

Vous êtes avant tout idéaliste et, à moins d'avoir la chance de rencontrer un partenaire réellement sincère, votre vulnérabilité émotionnelle vous fragilisera. Votre ligne de cœur se termine par une fourche ténue, se prolongeant entre les doigts, signe de sensualité. La branche se dirigeant vers l'index s'interrompt rapidement, ce qui dénote un idéalisme maîtrisé. Mais la troisième branche traversant la paume de la main témoigne d'une ardeur au travail teintée d'idéalisme.

LECTURE APPROFONDIE

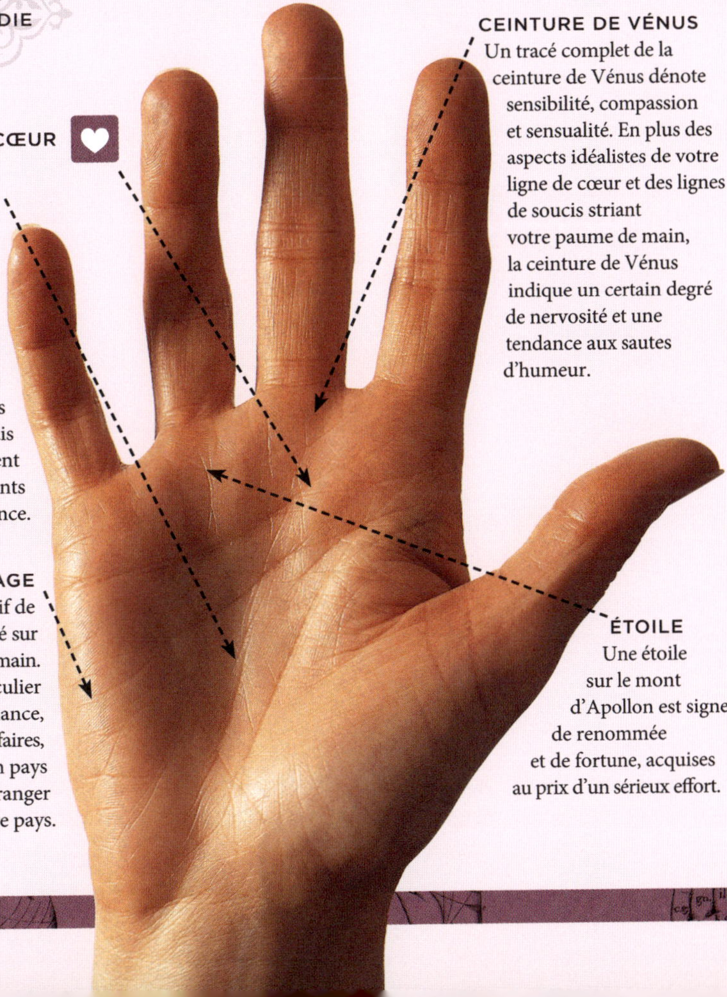

LIGNE DE CŒUR ♥

LIGNE DE DESTINÉE
Dirigée vers le mont de Jupiter, votre ligne de destinée témoigne d'une détermination forte. Vous êtes fier et ambitieux. La ligne fait l'objet de plusieurs interruptions, mais chaque chevauchement signale vos talents et votre polyvalence.

LIGNES DE VOYAGE
Un nombre significatif de voyages est représenté sur le tranchant de la main. Une ligne en particulier rejoint la ligne de chance, signe de réussite en affaires, en lien avec un pays étranger ou un étranger dans votre propre pays.

CEINTURE DE VÉNUS
Un tracé complet de la ceinture de Vénus dénote sensibilité, compassion et sensualité. En plus des aspects idéalistes de votre ligne de cœur et des lignes de soucis striant votre paume de main, la ceinture de Vénus indique un certain degré de nervosité et une tendance aux sautes d'humeur.

ÉTOILE
Une étoile sur le mont d'Apollon est signe de renommée et de fortune, acquises au prix d'un sérieux effort.

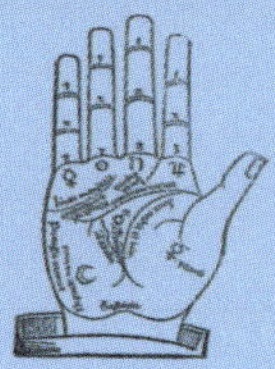

LIGNE DE TÊTE

Êtes-vous intellectuellement supérieur ?

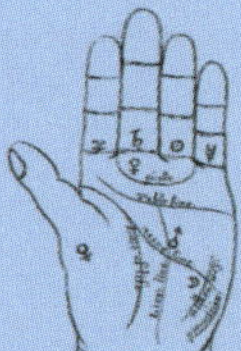

LOCALISATION

Le tracé de la ligne de tête débute entre l'index et le pouce, au-dessus de la ligne de vie, en général sous la fin de la ligne de cœur. La naissance est représentée entre l'index et le pouce. La lecture de la ligne débute à cet endroit et se poursuit jusqu'au tranchant de la main, côté opposé.

INTERPRÉTATION

La ligne de tête symbolise à la fois la tête sur le plan physique, mais aussi la puissance de l'intellect et la faculté de compréhension. Une ligne plongeante peut dévoiler des perspectives négatives, mais elle témoigne aussi d'un potentiel génie. Ce chapitre détaille et illustre différentes configurations de paumes de main en rapport avec la ligne de tête.

Cinq questions fréquentes

- Quel type de carrière me conviendrait le mieux ?
- Ai-je un don pour l'écriture ?
- Ferais-je encore mieux si je ne me contrôlais pas ?
- Suis-je ambitieux de nature ?
- Pourquoi ai-je plus de facilités qu'autrui dans un domaine d'étude particulier ?

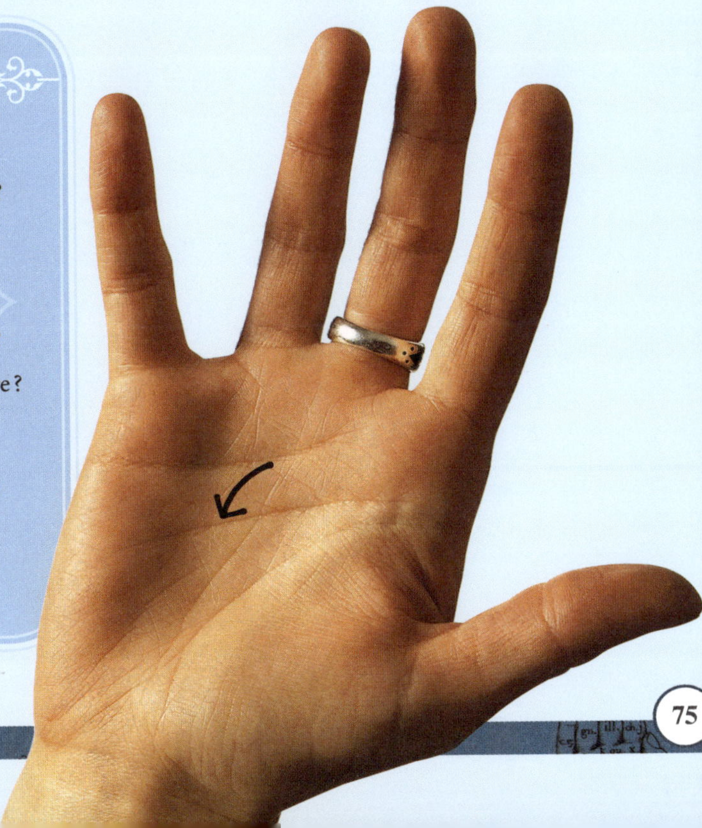

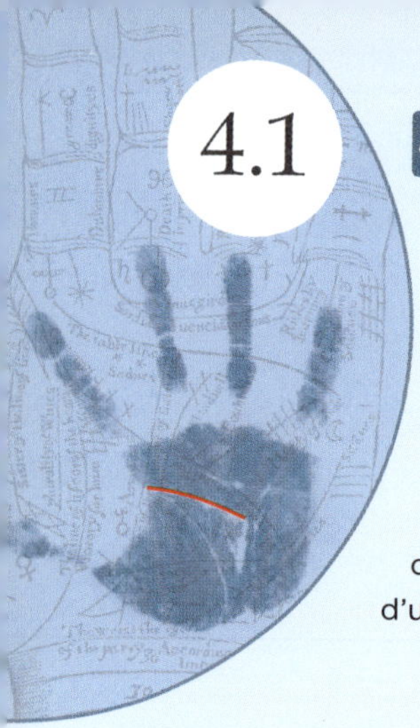

4.1 LIGNE DE TÊTE

◆ COURTE ◆ DROITE
◆ EXTRÉMITÉ SOUS LE MAJEUR

Vous êtes peut-être un instigateur et aspirez à la sécurité. Certainement doté d'un esprit très pratique, vous excellez à résoudre les problèmes. Cette configuration de ligne se retrouve souvent chez les spécialistes, comme les doctorants. L'angle extérieur de la jointure inférieure du pouce, qualifiée d'angle de la dextérité, est nettement marqué, ce qui témoigne d'une dextérité à la fois manuelle et mentale.

LECTURE APPROFONDIE

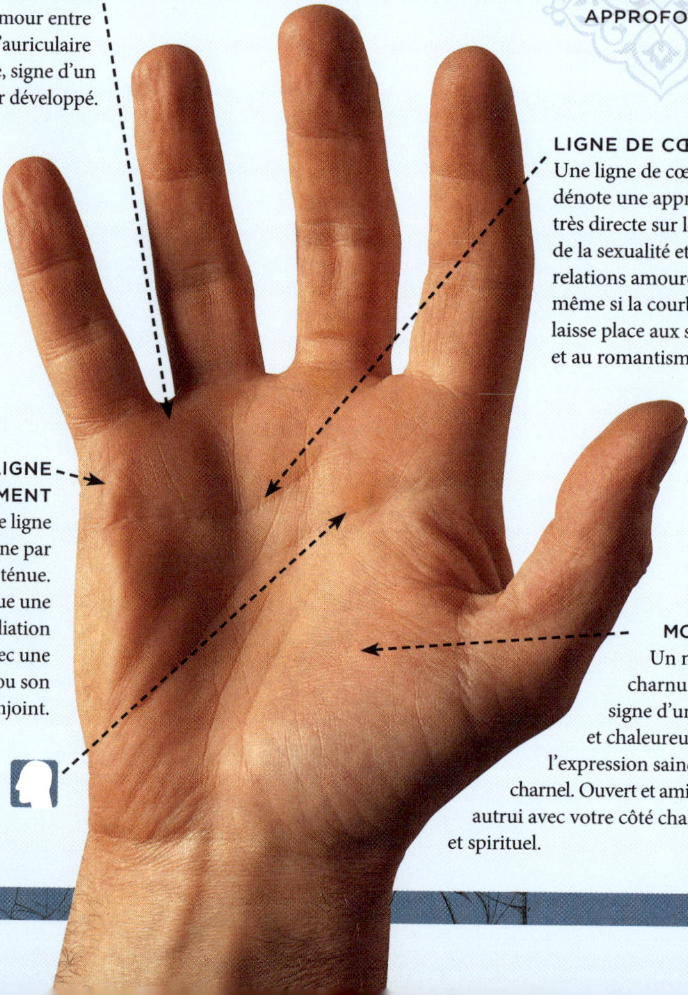

BOUCLE DE L'HUMOUR
La boucle de l'humour entre l'annulaire et l'auriculaire est bien marquée, signe d'un sens de l'humour développé.

LIGNE DE CŒUR
Une ligne de cœur courte dénote une approche très directe sur le plan de la sexualité et des relations amoureuses, même si la courbe du tracé laisse place aux sentiments et au romantisme.

LIGNE D'ATTACHEMENT
Cette ligne se termine par une fourche ténue. Tout indique une réconciliation probable avec une relation ou son conjoint.

MONT DE VÉNUS
Un mont de Vénus charnu et arrondi est signe d'une vie épanouie et chaleureuse, et de l'expression saine du désir charnel. Ouvert et amical, vous attirez autrui avec votre côté charmeur et spirituel.

LIGNE DE TÊTE

LIGNE DE TÊTE 4.2

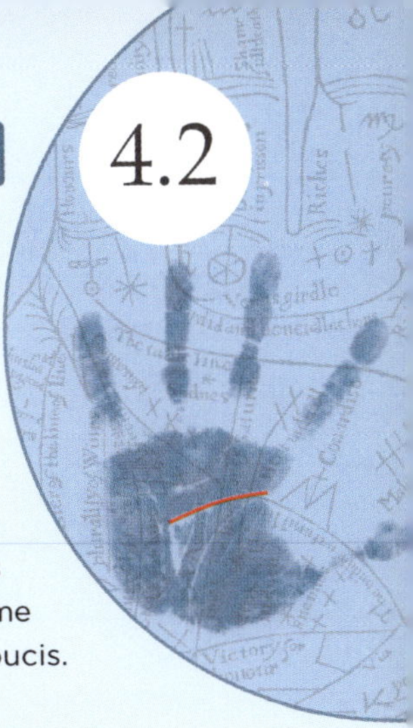

◆ LONGUE ◆ DROITE

◆ EXTRÉMITÉ SOUS L'ANNULAIRE OU LE MAJEUR

Votre côté pratique vous destine aux carrières dans le domaine des sciences, de la technologie et des affaires. Cette configuration de ligne de tête, appelée « ligne de Sydney », offre l'intensité et la concentration associées à la ligne simienne. Votre ligne de destinée dirigée vers l'index met l'accent sur une prédisposition au management. Vous aurez toutes les chances de réussir dans ce domaine, mais au prix de certains efforts, comme en témoigne la présence de lignes de soucis.

LECTURE APPROFONDIE

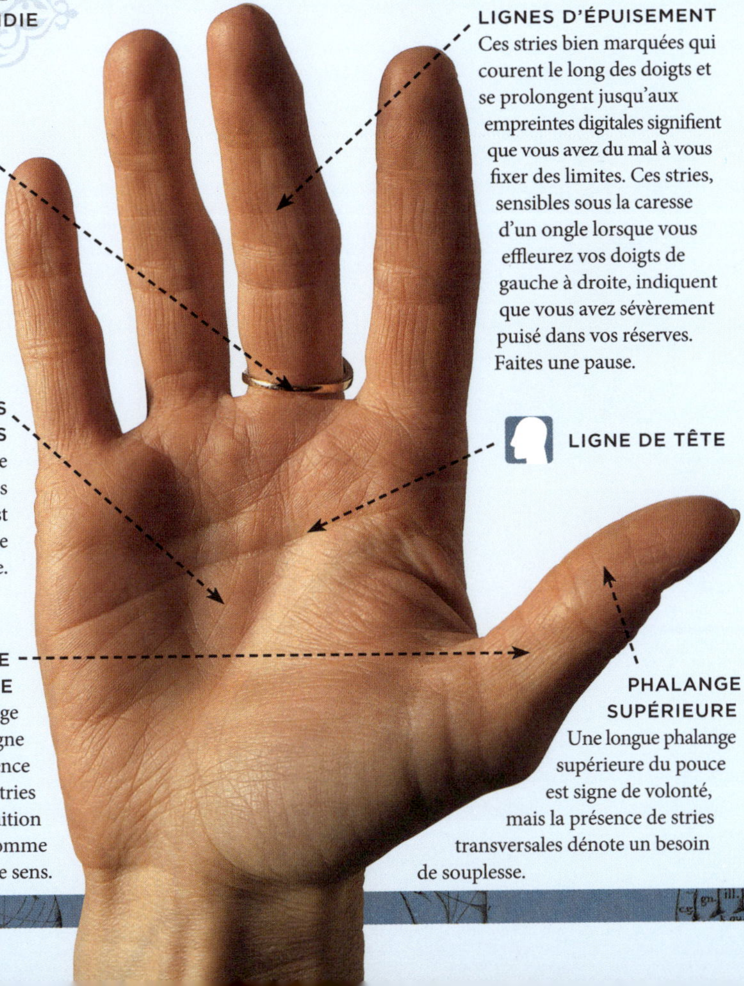

LIGNES D'ÉPUISEMENT
Ces stries bien marquées qui courent le long des doigts et se prolongent jusqu'aux empreintes digitales signifient que vous avez du mal à vous fixer des limites. Ces stries, sensibles sous la caresse d'un ongle lorsque vous effleurez vos doigts de gauche à droite, indiquent que vous avez sévèrement puisé dans vos réserves. Faites une pause.

BAGUE
Une bague au niveau du majeur dénote une aspiration intérieure à la sécurité.

LIGNES DE SOUCIS
La présence de nombreuses lignes de soucis négatives est signe d'une personne obsédée par la réussite.

LIGNE DE TÊTE

PHALANGE INFÉRIEURE
La longue phalange inférieure est signe de logique. La présence de nombreuses stries témoigne d'une intuition très développée, comme une sorte de sixième sens.

PHALANGE SUPÉRIEURE
Une longue phalange supérieure du pouce est signe de volonté, mais la présence de stries transversales dénote un besoin de souplesse.

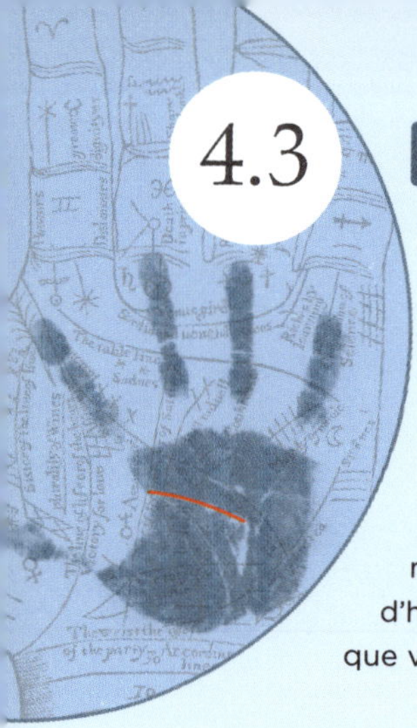

4.3 LIGNE DE TÊTE

◆ LONGUE
◆ COURBÉE VERS LE BAS

La ligne de tête prend fin sur le mont de la Lune, ce qui est signe de créativité et de talent artistique. Un départ de la ligne de tête indépendant de la ligne de vie indique une indépendance précoce. Vous n'hésitez pas à prendre des risques. Des stries entrecroisées reliant l'amorce de la ligne de tête à la ligne de vie montrent une alternance entre accès de confiance et périodes d'hésitation. Les tracés peu marqués de ce motif suggèrent toutefois que vous parvenez à surmonter vos doutes.

LECTURE APPROFONDIE

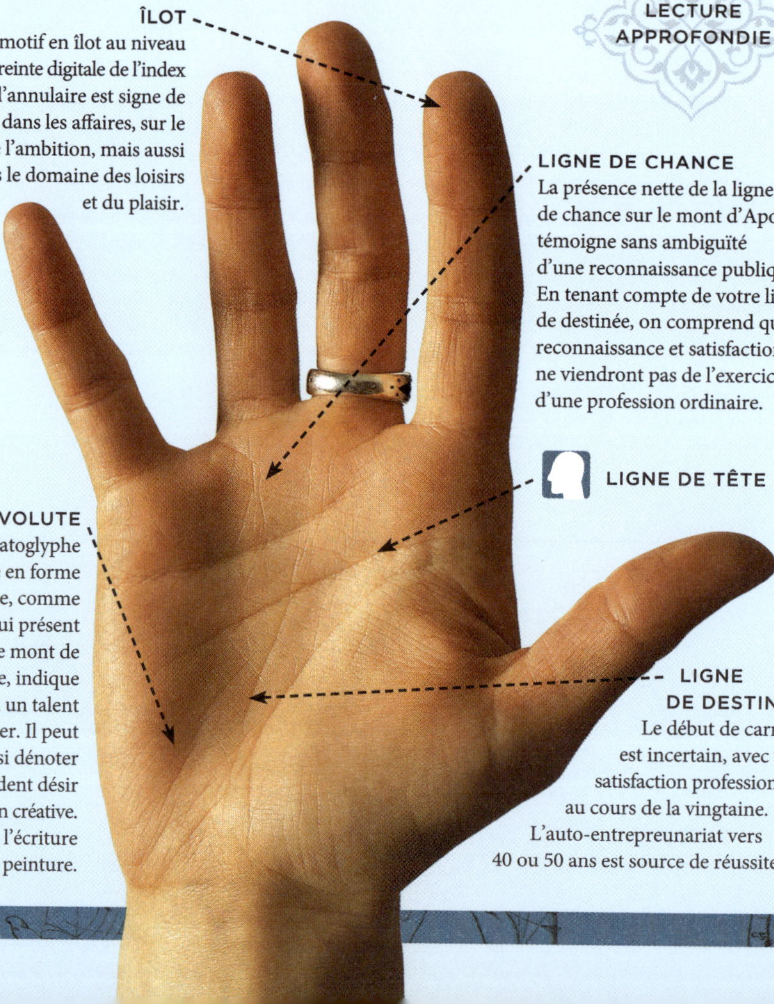

ÎLOT
Un motif en îlot au niveau de l'empreinte digitale de l'index et de l'annulaire est signe de réussite, dans les affaires, sur le plan de l'ambition, mais aussi dans le domaine des loisirs et du plaisir.

LIGNE DE CHANCE
La présence nette de la ligne de chance sur le mont d'Apollon témoigne sans ambiguïté d'une reconnaissance publique. En tenant compte de votre ligne de destinée, on comprend que reconnaissance et satisfaction ne viendront pas de l'exercice d'une profession ordinaire.

LIGNE DE TÊTE

VOLUTE
Un dermatoglyphe palmaire en forme de volute, comme celui présent sur votre mont de la Lune, indique un don ou un talent particulier. Il peut aussi dénoter un ardent désir d'expression créative. Pensez à l'écriture ou à la peinture.

LIGNE DE DESTINÉE
Le début de carrière est incertain, avec une satisfaction professionnelle au cours de la vingtaine. L'auto-entrepreunariat vers 40 ou 50 ans est source de réussite.

LIGNE DE TÊTE

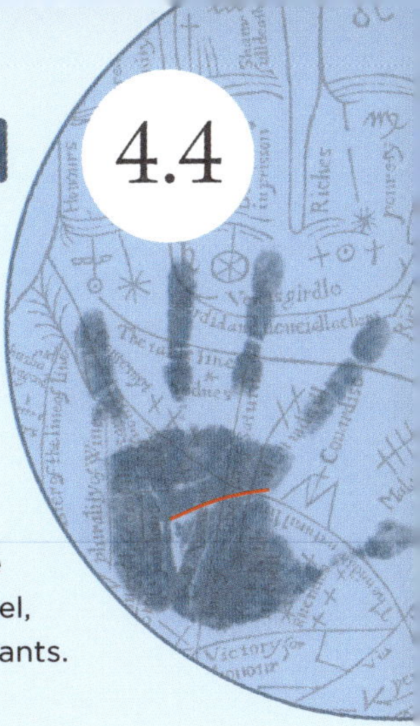
4.4

◆ **LONGUE**
◆ **PLONGEANTE**

Votre imagination peut céder place à la mélancolie lorsqu'elle est réprimée. Une fine frontière sépare le génie de la folie. Votre ligne de tête courbe, plongeant vers le mont de la Lune dénote un manque de matérialisme dans vos idées. Cette ligne révèle des aptitudes pour la traduction, des talents d'orateur ou d'écrivain. La confiance est chez vous une seconde nature et votre comportement, perçu par autrui comme irrationnel, est souvent source de résultats surprenants.

LECTURE APPROFONDIE

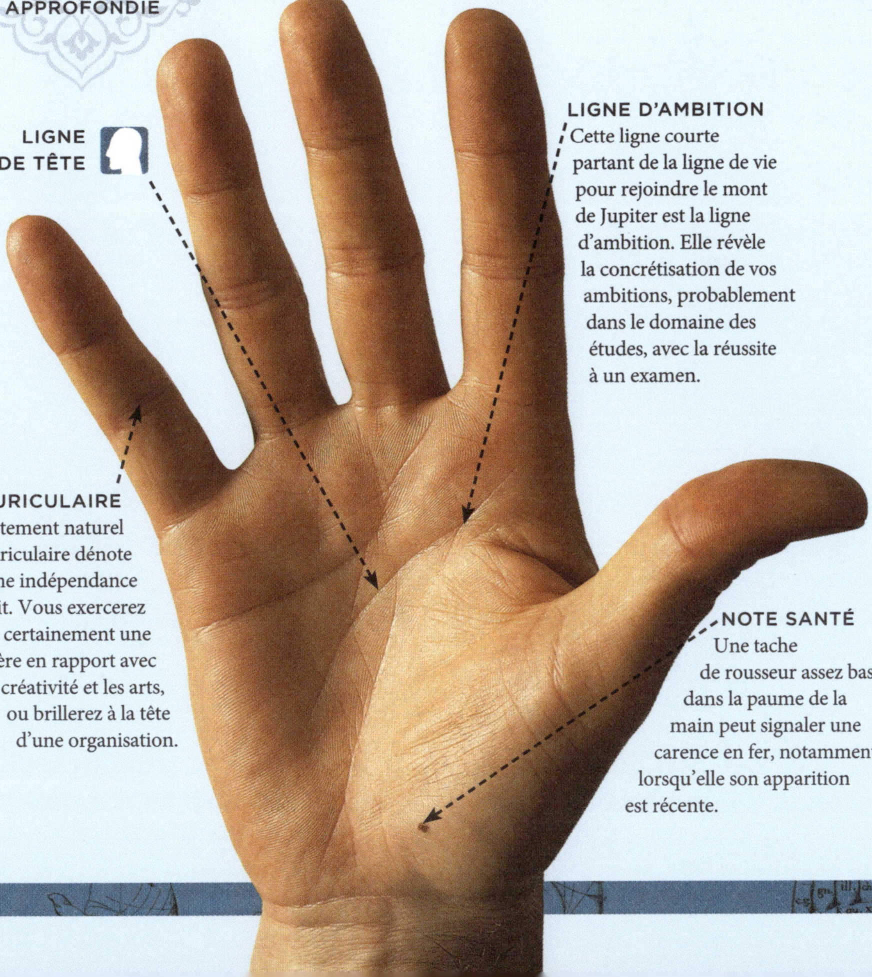

LIGNE DE TÊTE

LIGNE D'AMBITION
Cette ligne courte partant de la ligne de vie pour rejoindre le mont de Jupiter est la ligne d'ambition. Elle révèle la concrétisation de vos ambitions, probablement dans le domaine des études, avec la réussite à un examen.

AURICULAIRE
L'écartement naturel de l'auriculaire dénote une indépendance d'esprit. Vous exercerez certainement une carrière en rapport avec la créativité et les arts, ou brillerez à la tête d'une organisation.

NOTE SANTÉ
Une tache de rousseur assez bas dans la paume de la main peut signaler une carence en fer, notamment lorsqu'elle son apparition est récente.

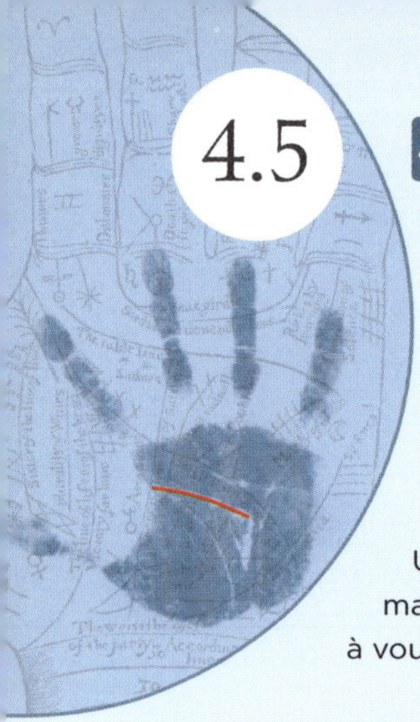

4.5 LIGNE DE TÊTE

◆ DÉPART SUR LA LIGNE DE VIE

Vous faites souvent preuve de méfiance et de prudence, plus que de raison, avec une tendance à vous évaluer en fonction de l'opinion d'autrui. Direct et profondément marqué, le tracé de votre ligne de tête reste en partie lié à celui de votre ligne de vie, ce qui dénote un manque de confiance ou d'assurance. En règle générale, évitez les individus négatifs ou critiques. Un certain talent et de puissants atouts finiront par vous rassurer, mais vos plus grandes réussites résultent souvent d'une volonté à vous surpasser encore et encore.

LECTURE APPROFONDIE

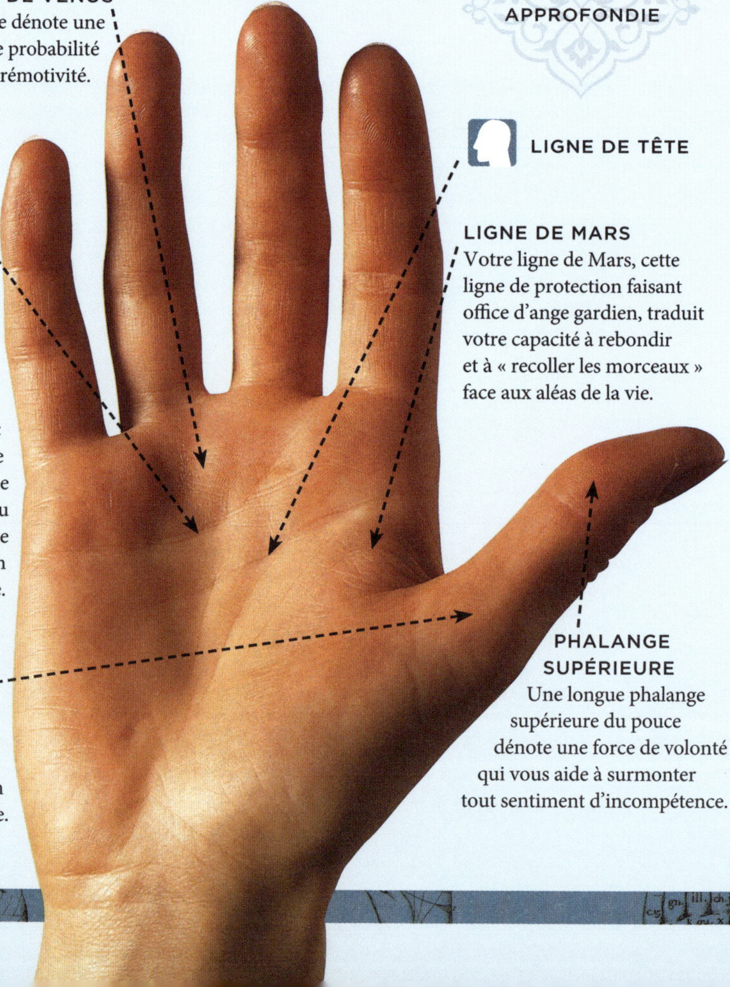

CEINTURE DE VÉNUS
Sa présence dénote une forte probabilité d'hyperémotivité.

LIGNE DE TÊTE

LIGNE DE DESTINÉE
L'amorce de la ligne de destinée se situe près de la ligne de vie. Cette configuration et leur tracé indiquent des liens solides avec les membres de votre famille et l'influence de leurs opinions, ou suggèrent une réussite dans une profession familiale.

LIGNE DE MARS
Votre ligne de Mars, cette ligne de protection faisant office d'ange gardien, traduit votre capacité à rebondir et à « recoller les morceaux » face aux aléas de la vie.

PHALANGE INFÉRIEURE
Une longue phalange inférieure du pouce révèle un esprit logique.

PHALANGE SUPÉRIEURE
Une longue phalange supérieure du pouce dénote une force de volonté qui vous aide à surmonter tout sentiment d'incompétence.

LIGNE DE TÊTE 4.6

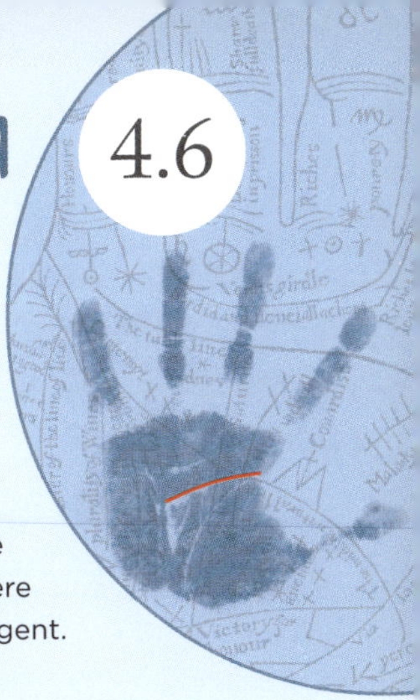

◆ DÉPART NETTEMENT SÉPARÉ DE LA LIGNE DE VIE

Vous êtes depuis l'enfance farouchement indépendant. Aventureux et impulsif, vous n'hésitez pas à prendre des risques et votre franc-parler suscite parfois la critique. Votre façon imprévisible d'aborder les projets est parfois couronnée de succès, mais peut aussi parfois causer votre perte. Votre courte phalange supérieure du pouce dénote un manque de force de volonté et l'excessive longueur de votre annulaire témoigne d'une prédisposition au jeu. Mais en matière de jeu, on ne joue pas que de l'argent.

LECTURE APPROFONDIE

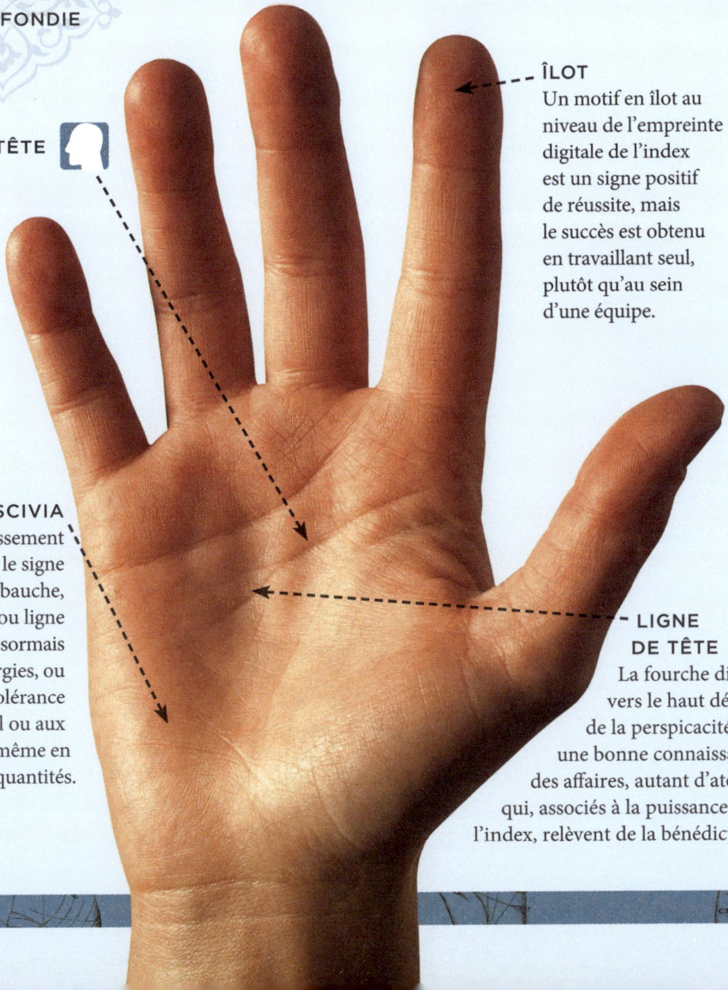

LIGNE DE TÊTE

ÎLOT
Un motif en îlot au niveau de l'empreinte digitale de l'index est un signe positif de réussite, mais le succès est obtenu en travaillant seul, plutôt qu'au sein d'une équipe.

VIA LASCIVIA
À l'origine faussement perçue comme le signe d'une vie de débauche, la via lascivia, ou ligne d'érotisme, est désormais associée aux allergies, ou indique une intolérance à l'alcool ou aux antalgiques, même en petites quantités.

LIGNE DE TÊTE
La fourche dirigée vers le haut dénote de la perspicacité et une bonne connaissance des affaires, autant d'atouts qui, associés à la puissance de l'index, relèvent de la bénédiction.

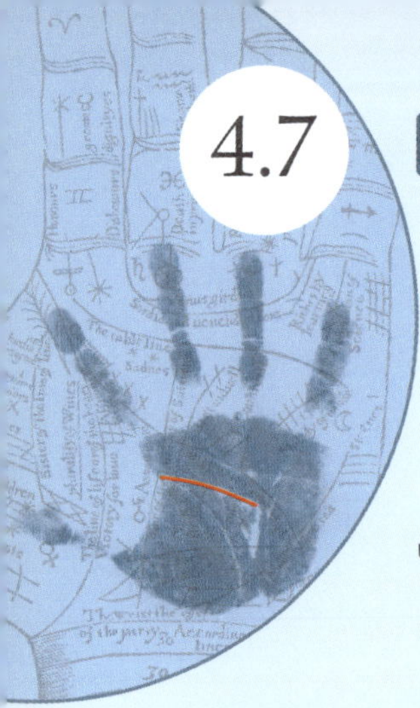

4.7 LIGNE DE TÊTE

◆ **DÉPART HAUT**

◆ **PLUS PROCHE DE L'INDEX QUE DU POUCE**

Très motivé et capable de grandes réussites, vous êtes ambitieux par nature. Le départ de la ligne de tête, séparé de la ligne de vie, est signe d'indépendance. Vous savez ce que vous valez et êtes potentiellement capable de prendre des risques. Une ligne de tête marquée, profonde et nette révèle une clarté d'esprit, s'appliquant de façon logique et sans détour.

LECTURE APPROFONDIE

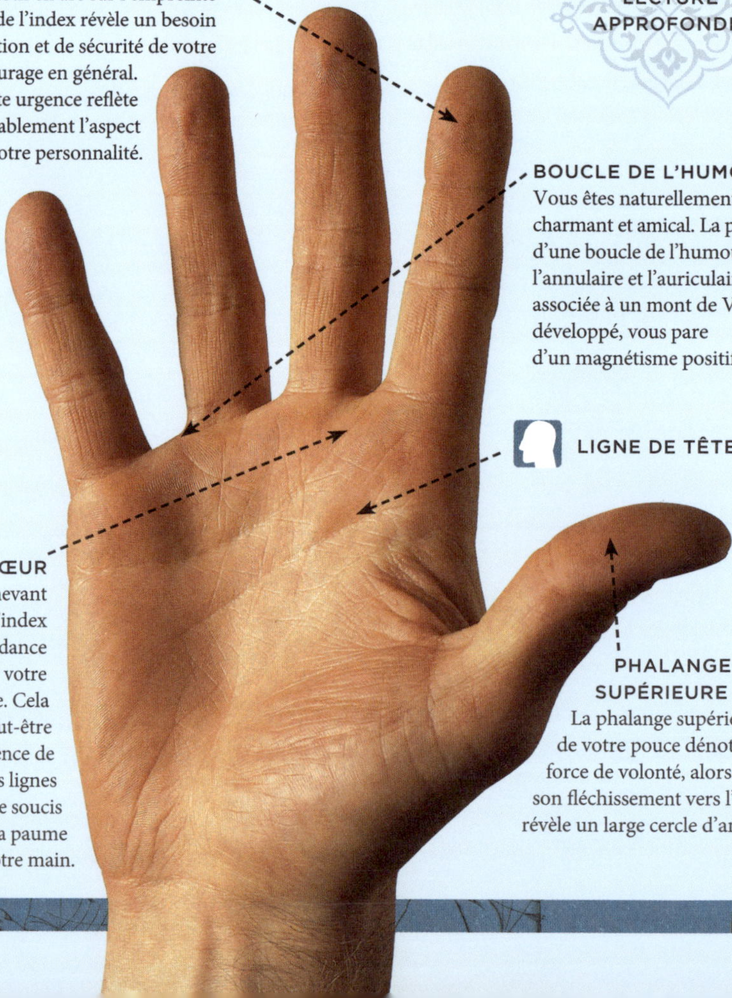

ARC

Un motif en arc sur l'empreinte digitale de l'index révèle un besoin de protection et de sécurité de votre entourage en général. Cette urgence reflète probablement l'aspect actif de votre personnalité.

BOUCLE DE L'HUMOUR

Vous êtes naturellement charmant et amical. La présence d'une boucle de l'humour entre l'annulaire et l'auriculaire, associée à un mont de Vénus développé, vous pare d'un magnétisme positif.

LIGNE DE TÊTE

LIGNE DE CŒUR

Un tracé s'achevant au niveau de l'index dénote une tendance à idéaliser votre partenaire. Cela explique peut-être la présence de nombreuses lignes négatives de soucis dans la paume de votre main.

PHALANGE SUPÉRIEURE

La phalange supérieure de votre pouce dénote une force de volonté, alors que son fléchissement vers l'arrière révèle un large cercle d'amis.

LIGNE DE TÊTE 4.8

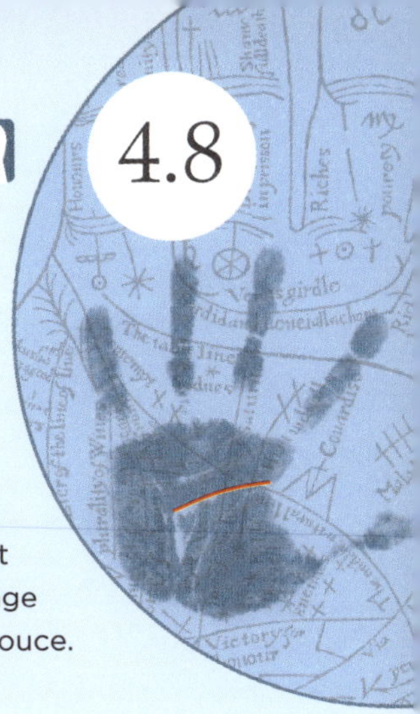

◆ DÉPART BAS

◆ PLUS PROCHE DU POUCE QUE DE L'INDEX

Une ligne de tête proche du pouce dénote une faible estime de vous et un tempérament bien trempé. Incompris, vous avez tendance à utiliser l'attaque en guise de défense. Votre ligne de vie débute assez bas, ce qui est signe de tolérance et de calme, mais votre longue ligne de tête, ou « ligne de Sydney », reflète une redoutable intensité, associant concentration et détermination, à l'image de la ligne simienne. Une ligne de courage traverse votre paume de main, juste au-dessus du pouce.

LECTURE APPROFONDIE

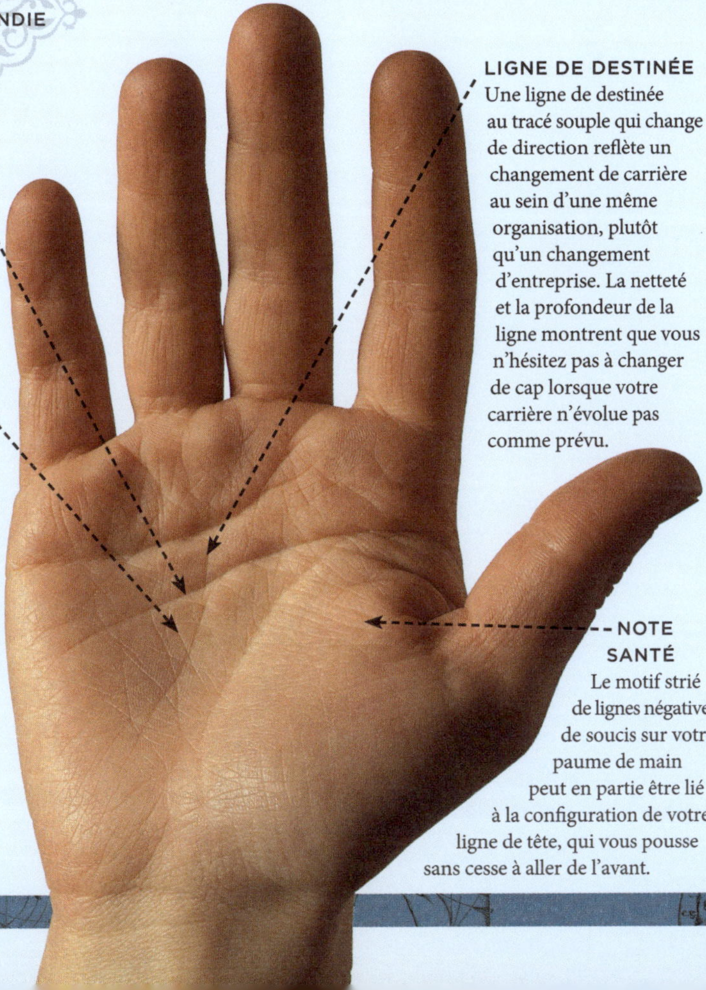

LIGNE DE TÊTE

LIGNE DE CHANCE
La ligne de chance émergeant du mont de Mars négatif traduit une réussite liée à votre professionnalisme et à votre intégrité.

LIGNE DE DESTINÉE
Une ligne de destinée au tracé souple qui change de direction reflète un changement de carrière au sein d'une même organisation, plutôt qu'un changement d'entreprise. La netteté et la profondeur de la ligne montrent que vous n'hésitez pas à changer de cap lorsque votre carrière n'évolue pas comme prévu.

NOTE SANTÉ
Le motif strié de lignes négatives de soucis sur votre paume de main peut en partie être lié à la configuration de votre ligne de tête, qui vous pousse sans cesse à aller de l'avant.

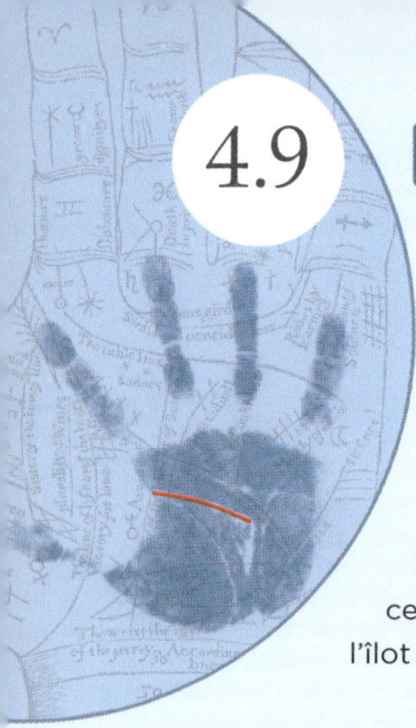

4.9

LIGNE DE TÊTE

◆ EXTRÉMITÉ FOURCHUE VERS LE HAUT

Vous avez un sens développé des affaires et un don pour mettre en œuvre des pratiques couronnées de succès. Le tracé de votre ligne de tête est ondulant, incomplet par endroits et ponctué par un îlot, ce qui signale souvent une période de faiblesse. Votre esprit se laisse facilement distraire. L'aspect légèrement érodé du tracé de la ligne de tête suggère que la réflexion ou l'étude sont parfois éprouvantes. Dans votre cas, cela est peut-être lié à un problème de santé, comme en témoignent l'îlot et d'autres signes présents au niveau de la ligne.

LECTURE APPROFONDIE

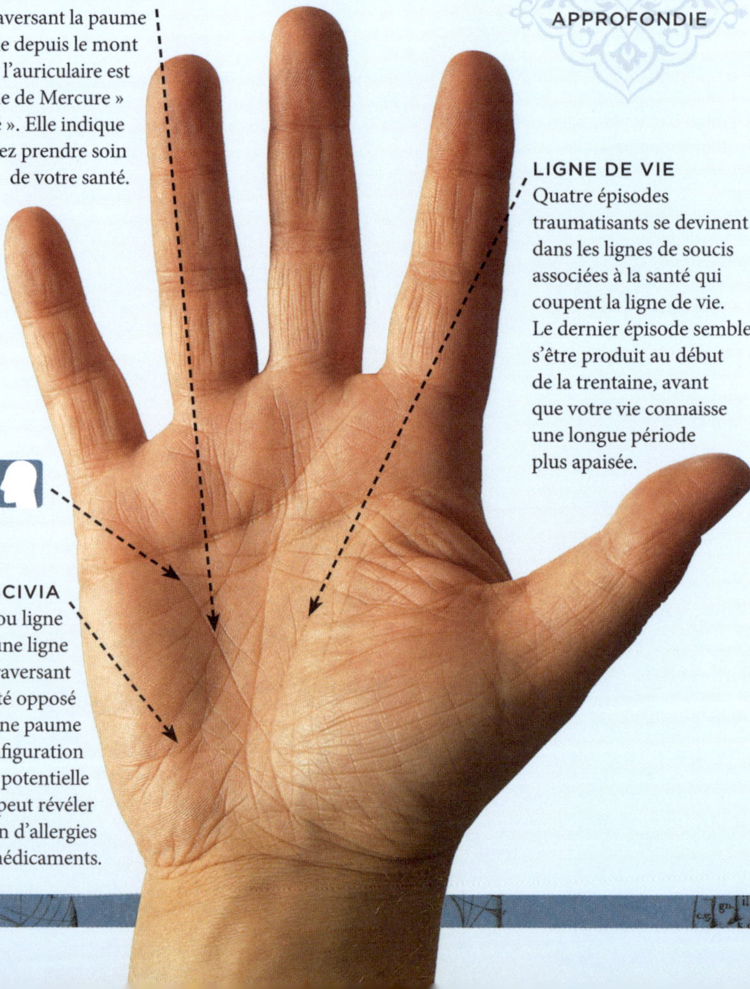

LIGNE DE MERCURE
La ligne traversant la paume en diagonale depuis le mont de Vénus vers l'auriculaire est appelée « ligne de Mercure » ou « de santé ». Elle indique que vous devez prendre soin de votre santé.

LIGNE DE VIE
Quatre épisodes traumatisants se devinent dans les lignes de soucis associées à la santé qui coupent la ligne de vie. Le dernier épisode semble s'être produit au début de la trentaine, avant que votre vie connaisse une longue période plus apaisée.

LIGNE DE TÊTE

VIA LASCIVIA
La via lascivia, ou ligne d'érotisme, est une ligne profonde traversant la paume du côté opposé au pouce. Dans une paume de main à la configuration dénotant une potentielle sensibilité, cela peut révéler l'apparition d'allergies à des médicaments.

LIGNE DE TÊTE 4.10

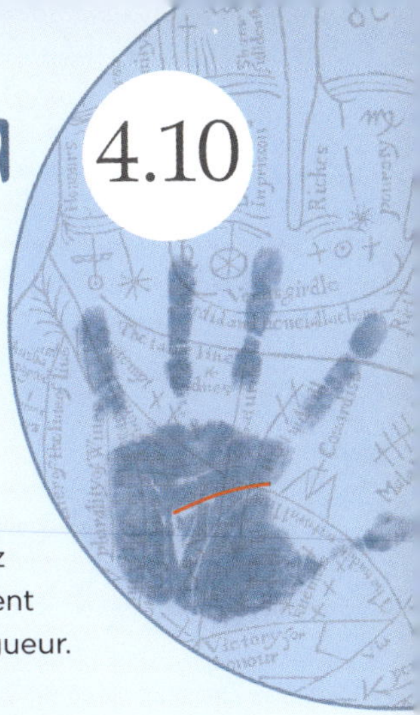

◆ EXTRÉMITÉ FOURCHUE VERS LE BAS

Cette fourche dirigée vers bas, appelée « fourche de l'écrivain » quand elle se présente sous l'annulaire, dénote un talent créatif couronné de succès sur le plan commercial. La branche de la fourche reste droite, ce qui suggère une écriture créative dans le domaine pratique. L'amorce de la ligne est reliée à la ligne de vie par un réseau de ramifications, ce qui dénote une alternance entre confiance en soi et hésitation. Vous surmonterez ce trait de caractère si les tracés des lignes de vie et de tête courent en parallèle sur plus de 2,5 cm de longueur.

LECTURE APPROFONDIE

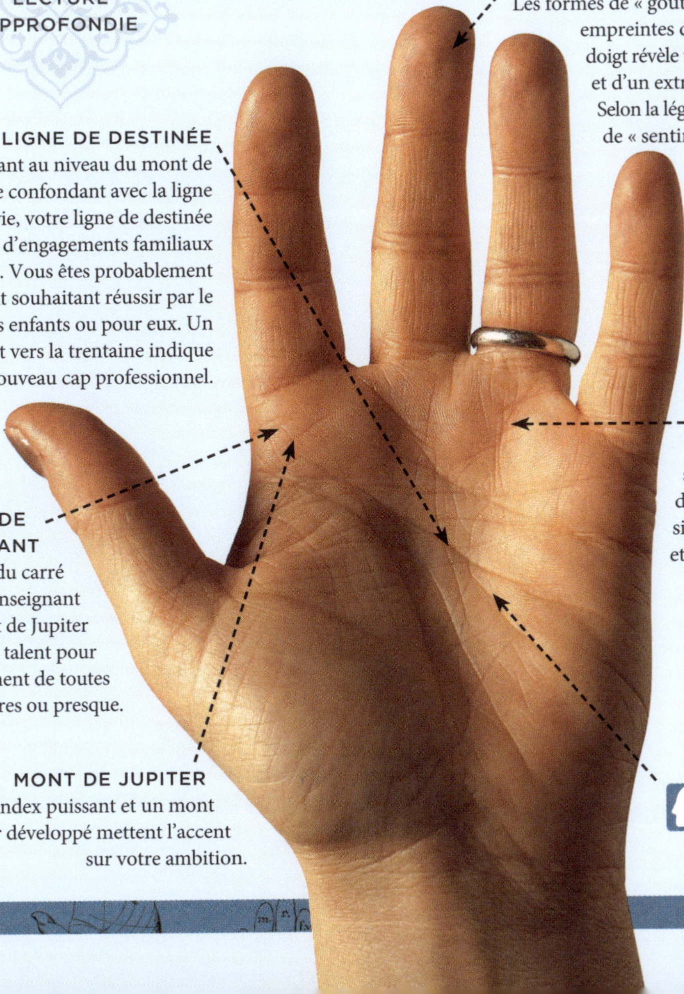

GOUTTELETTES
Les formes de « gouttelettes » sur les empreintes digitales de chaque doigt révèle une sensibilité rare et d'un extraordinaire talent. Selon la légende, il permettrait de « sentir » les couleurs.

LIGNE DE DESTINÉE
Débutant au niveau du mont de Vénus et se confondant avec la ligne de vie, votre ligne de destinée témoigne d'engagements familiaux précoces. Vous êtes probablement un parent souhaitant réussir par le biais de vos enfants ou pour eux. Un changement vers la trentaine indique un nouveau cap professionnel.

ÉTOILE
L'étoile sur le mont d'Apollon est signe de succès et de fortune.

CARRÉ DE L'ENSEIGNANT
La présence du carré de l'enseignant sur le mont de Jupiter révèle un talent pour l'enseignement de toutes les matières ou presque.

MONT DE JUPITER
Un index puissant et un mont de Jupiter développé mettent l'accent sur votre ambition.

LIGNE DE TÊTE

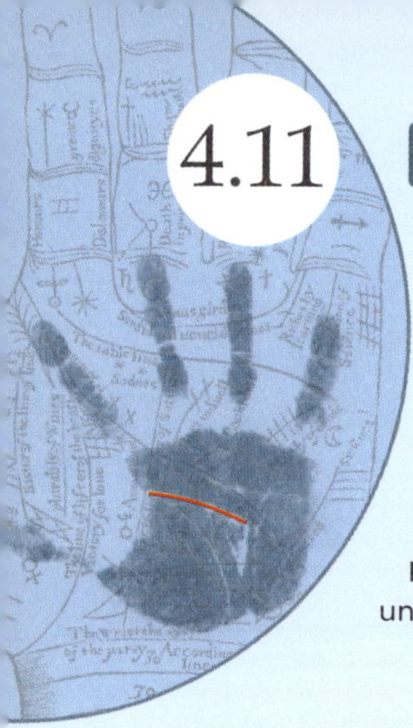

4.11 LIGNE DE TÊTE

◆ EXTRÉMITÉ EN TRIDENT

Vos capacités mentales sont exceptionnelles. Un sens aigu des affaires, de la détermination et de l'inspiration vous conduisent au succès. La branche dirigée vers le mont de Mars négatif, côté extérieur de la paume de la main, est signe de détermination et de courage, celle dirigée vers le mont de la Lune révèle l'inspiration et la créativité, et la petite branche profonde au niveau du mont de la Lune dénote une imagination complexe.

LECTURE APPROFONDIE

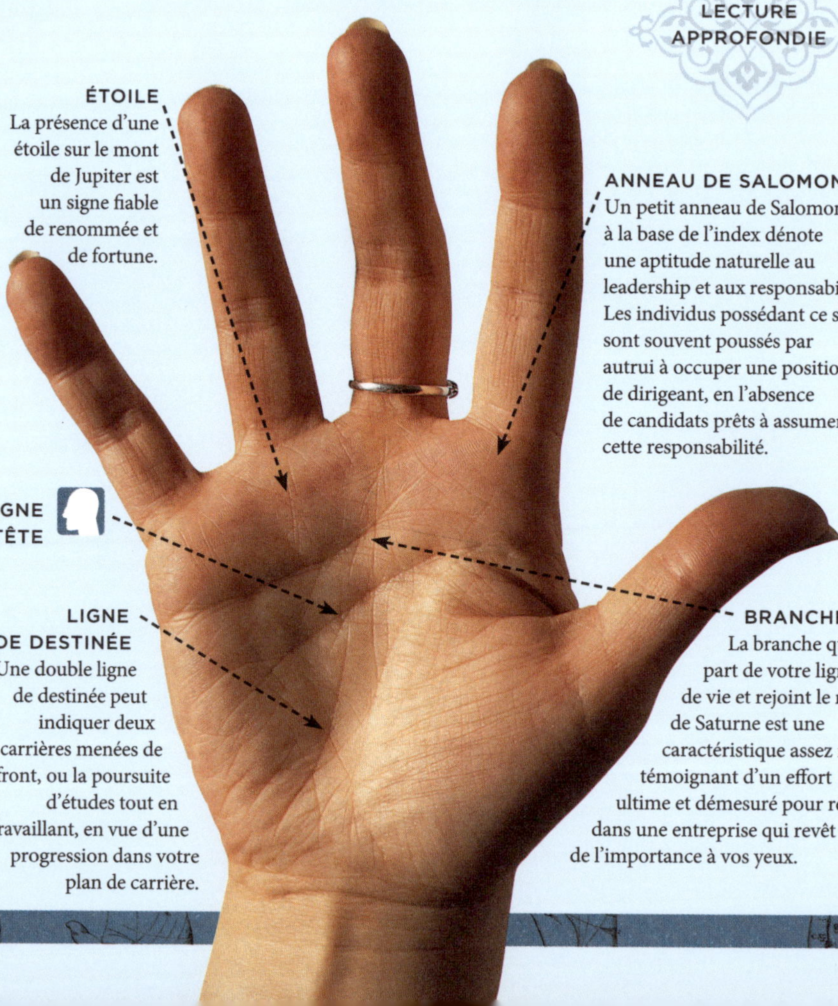

ÉTOILE
La présence d'une étoile sur le mont de Jupiter est un signe fiable de renommée et de fortune.

ANNEAU DE SALOMON
Un petit anneau de Salomon à la base de l'index dénote une aptitude naturelle au leadership et aux responsabilités. Les individus possédant ce signe sont souvent poussés par autrui à occuper une position de dirigeant, en l'absence de candidats prêts à assumer cette responsabilité.

LIGNE DE TÊTE

LIGNE DE DESTINÉE
Une double ligne de destinée peut indiquer deux carrières menées de front, ou la poursuite d'études tout en travaillant, en vue d'une progression dans votre plan de carrière.

BRANCHE
La branche qui part de votre ligne de vie et rejoint le mont de Saturne est une caractéristique assez rare, témoignant d'un effort ultime et démesuré pour réussir dans une entreprise qui revêt de l'importance à vos yeux.

LIGNE DE TÊTE 4.12

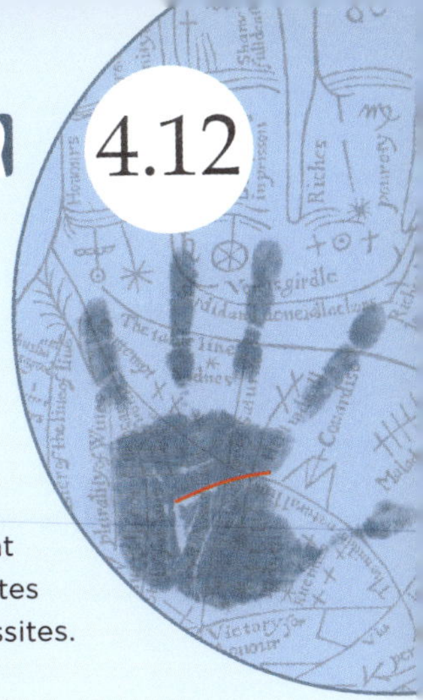

◆ DOUBLE

◆ PARTIELLEMENT OU TOTALEMENT

Signe de puissance mentale, la double ligne de tête est ici perçue comme appartenant à une pseudo-ligne simienne. L'interprétation d'une double ligne de tête associe souvent les qualités propres à chaque ligne. La courbe de la ligne supérieure vers le mont de la Lune témoigne d'une prédisposition à la créativité. La ligne inférieure est droite, dirigée vers le tranchant de la main, ce qui dénote une intelligence logique. Vous êtes capable d'échecs notables comme de grandes réussites.

LECTURE APPROFONDIE

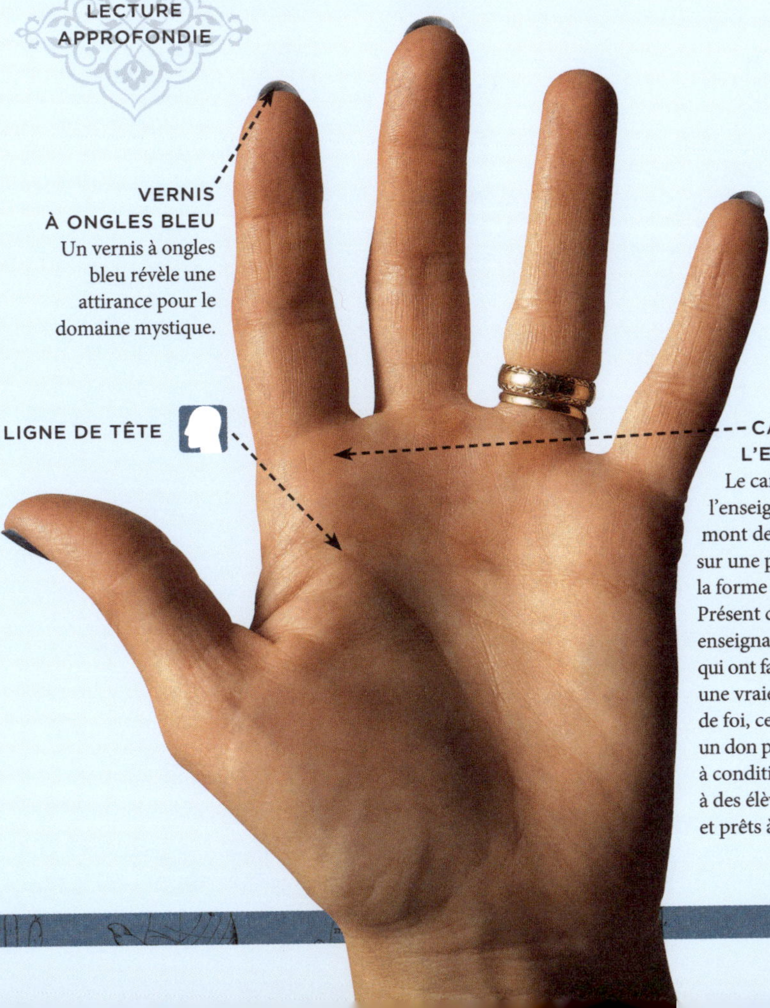

VERNIS À ONGLES BLEU
Un vernis à ongles bleu révèle une attirance pour le domaine mystique.

LIGNE DE TÊTE

CARRÉ DE L'ENSEIGNANT
Le carré de l'enseignant sur votre mont de Jupiter, dressé sur une pointe, évoque la forme d'un diamant. Présent chez les enseignants et les tuteurs qui ont fait de leur métier une vraie profession de foi, ce signe révèle un don pour la pédagogie, à condition d'enseigner à des élèves attentifs et prêts à apprendre.

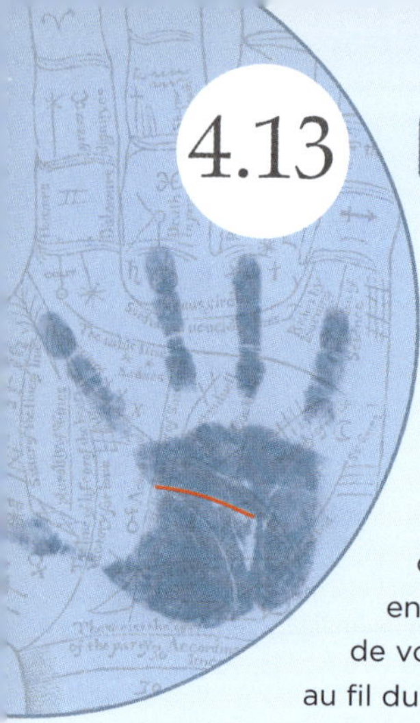

4.13 LIGNE DE TÊTE

◆ **LONGUE**

◆ **PLONGEANTE**

Vous possédez une imagination débordante, qui peut être source de dépression si elle est réprimée. Avec une ligne de tête plongeant au niveau du mont de la Lune, vous faites preuve d'hypersensibilité et devez canaliser votre énergie créatrice, sous peine qu'elle vous consume. Un pont à l'amorce de la ligne de vie traduit l'alternance de périodes de confiance en vous et de doute. Une approche faite de bon sens et l'appréciation de vos talents à leur juste valeur estomperont cette configuration au fil du temps.

LECTURE APPROFONDIE

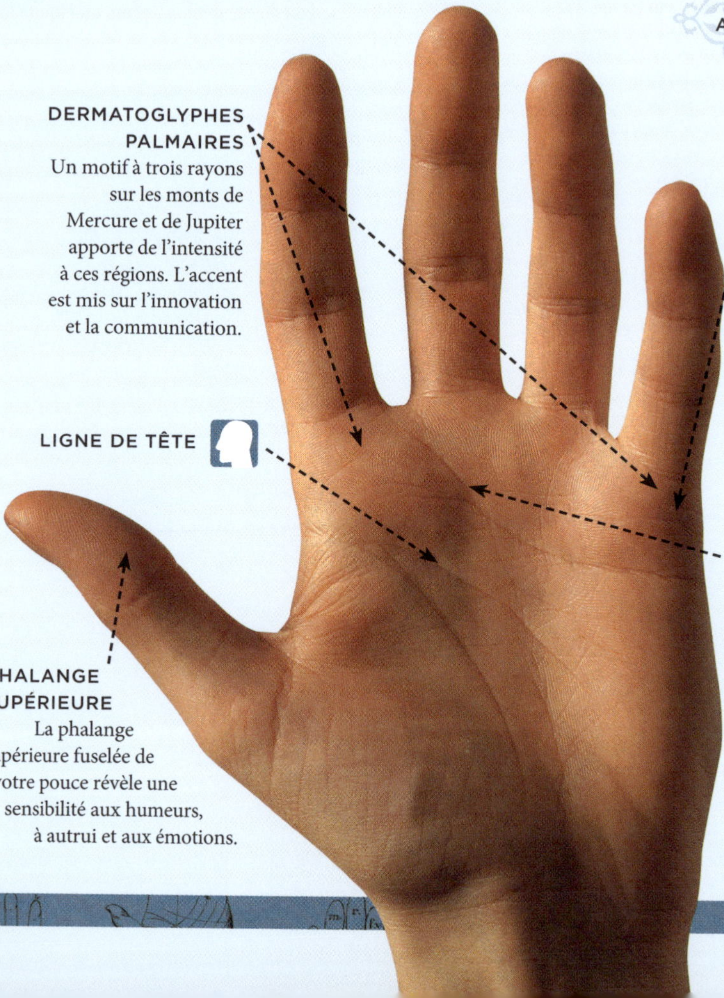

DERMATOGLYPHES PALMAIRES
Un motif à trois rayons sur les monts de Mercure et de Jupiter apporte de l'intensité à ces régions. L'accent est mis sur l'innovation et la communication.

LIGNE D'ATTACHEMENT
La fourche au niveau de la ligne d'attachement, avec une branche continue d'une longueur étonnante, évoque l'existence d'une âme sœur.

LIGNE DE TÊTE

LIGNE DE CŒUR
Une ligne de cœur qui s'achève de façon nette à la base de l'index trahit une tendance à idéaliser vos partenaires. Une branche plus ténue plongeant vers la ligne de vie reflète l'intensité que vous mettez dans votre travail.

PHALANGE SUPÉRIEURE
La phalange supérieure fuselée de votre pouce révèle une sensibilité aux humeurs, à autrui et aux émotions.

LIGNE DE TÊTE

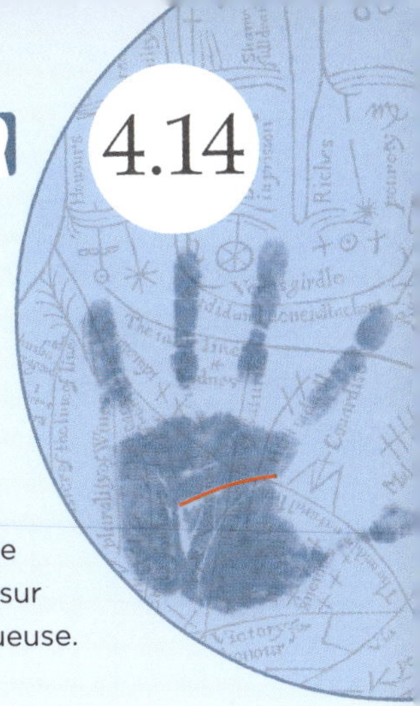

4.14

◆ MAIN DOMINANTE

◆ DIFFÉRENTE DE LA MAIN PASSIVE

On note des différences fondamentales entre les deux mains. Sur la paume gauche, la ligne de tête est longue et plonge vers le mont de la Lune, mais sur la paume droite, elle présente des branches dirigées vers le mont de Mars négatif. Sur une main passive, cela révèle une détermination intérieure. Une branche de la ligne de vie coupant l'amorce de la ligne de tête indique une prédisposition à la réussite, tandis que la boucle de l'inspiration sur le mont de la Lune révèle une personnalité talentueuse.

LECTURE APPROFONDIE

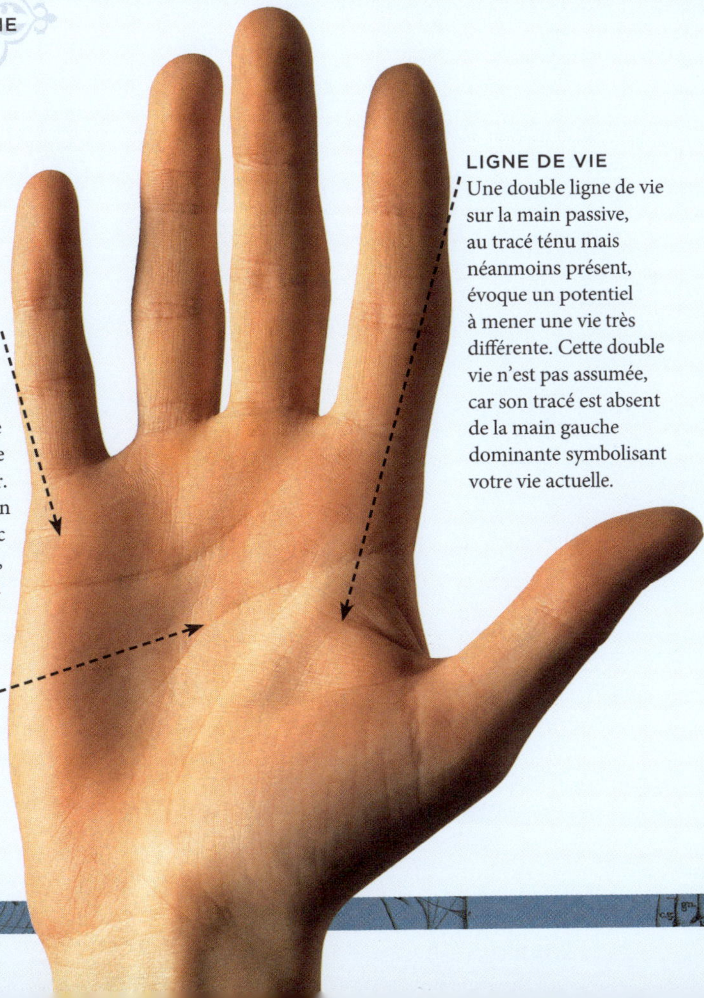

LIGNE D'ATTACHEMENT
La présence de deux longues lignes d'attachement indique la présence éventuelle d'une âme sœur. Une deuxième relation non matérialisée, avec un seul partenaire, apparaît au niveau de la main dominante.

LIGNE DE VIE
Une double ligne de vie sur la main passive, au tracé ténu mais néanmoins présent, évoque un potentiel à mener une vie très différente. Cette double vie n'est pas assumée, car son tracé est absent de la main gauche dominante symbolisant votre vie actuelle.

LIGNE DE TÊTE

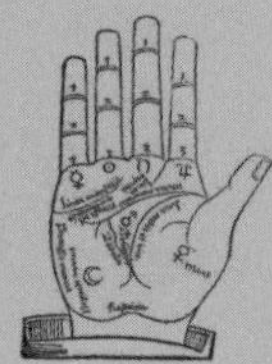

LIGNE SIMIENNE

Que signifie
cette caractéristique unique ?

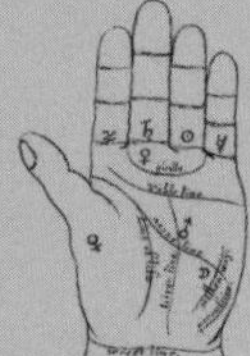

LOCALISATION

La ligne simienne prend son départ entre l'index et le pouce, puis traverse la main en ligne droite, pour prendre fin au niveau du tranchant de la main, sous l'auriculaire. Elle se présente sous la forme d'une ligne horizontale confondant la ligne de tête et la ligne de cœur, ce qui rend sa lecture plus difficile.

INTERPRÉTATION

Née de la fusion de la ligne de tête et de la ligne de cœur, la ligne simienne se dirige vers le tranchant de la main. Elle est souvent, mais pas exclusivement, associée au syndrome de Down. Lorsqu'elle se manifeste en dehors de ce syndrome, elle révèle une extraordinaire intensité et force d'accomplissement. Une ligne simienne révèle force et concentration, chez un individu qui excelle dans l'achèvement, avec parfois des difficultés sur le plan émotionnel. On dit d'Einstein qu'il possédait cette caractéristique. La ligne simienne est aussi associée à la possessivité et à la jalousie dans le domaine relationnel. La présence d'une ligne de tête et/ou de cœur tempère certaines qualités de la ligne simienne, qui prend dans ce cas le nom de « pseudo-ligne simienne ».

Cinq questions fréquentes

- Pourquoi suis-je obsédé par la perfection ?
- Pourquoi ce sentiment de différence par rapport à autrui ?
- Si je ne possède pas de ligne de cœur, cela signifie-t-il que je n'éprouve aucun sentiment amoureux ou que je serais malheureux en amour ?
- Réussirai-je à achever tout ce que j'ai entrepris ?
- Pourquoi ce besoin de tout vivre intensément ?

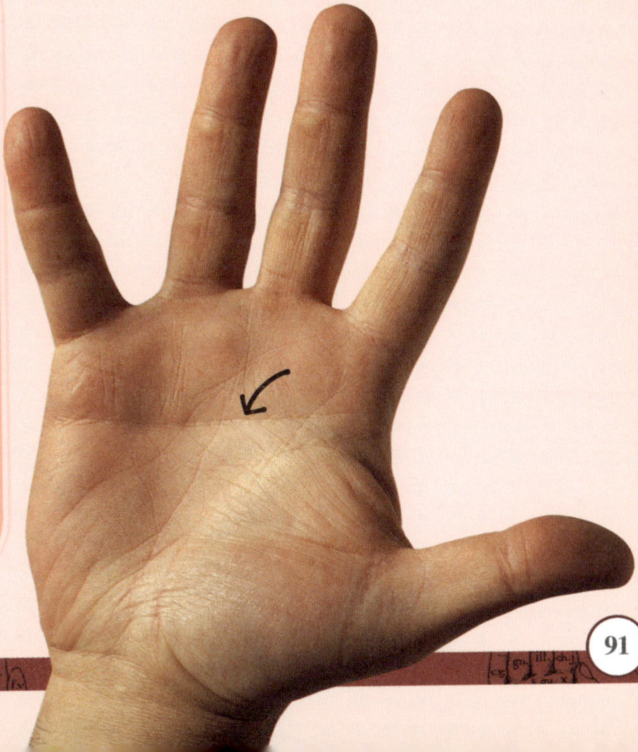

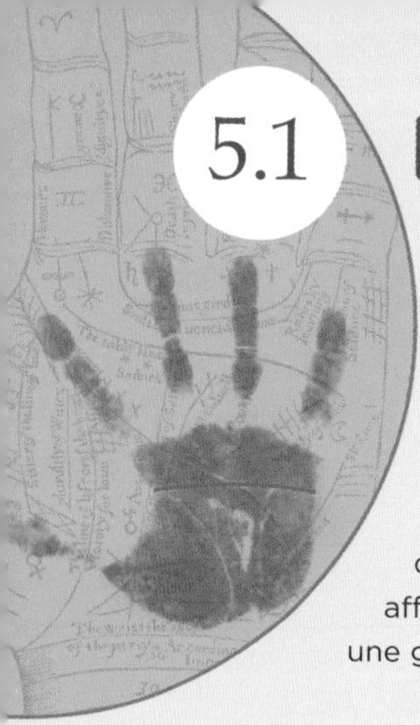

5.1 LIGNE SIMIENNE

- **TRAVERSE LA PAUME DE LA MAIN**
- **PAS DE LIGNE DE CŒUR OU DE TÊTE**

Vous êtes quelqu'un dont l'énergie mentale est concentrée pour s'appliquer avec l'intensité et la précision d'un rayon laser. Focalisé sur une tâche, vous êtes imperturbable. Vous avez le don d'achever tout ce vous entreprenez. Une ligne simienne chaînée à l'excès est synonyme de difficultés dans la vie. La ligne de destinée dirigée vers votre index révèle le succès dans les affaires, alors que la longue phalange supérieure du pouce indique une grande force de volonté et de la détermination.

LECTURE APPROFONDIE

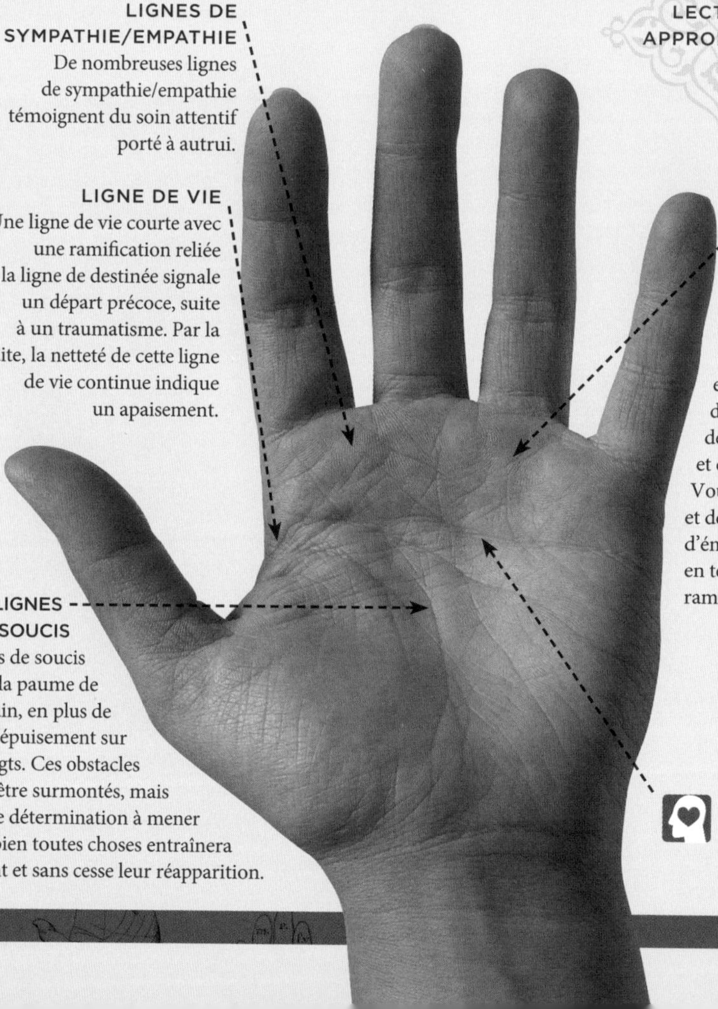

LIGNES DE SYMPATHIE/EMPATHIE
De nombreuses lignes de sympathie/empathie témoignent du soin attentif porté à autrui.

LIGNE DE VIE
Une ligne de vie courte avec une ramification reliée à la ligne de destinée signale un départ précoce, suite à un traumatisme. Par la suite, la netteté de cette ligne de vie continue indique un apaisement.

CEINTURE DE VÉNUS
Une ceinture de Vénus complète révèle une nature empreinte de sensibilité, de compassion et de sensualité. Vous êtes nerveux et débordez d'énergie, comme en témoigne l'aspect ramifié du tracé.

LIGNES DE SOUCIS
Des lignes de soucis strient la paume de votre main, en plus de lignes d'épuisement sur les doigts. Ces obstacles peuvent être surmontés, mais votre détermination à mener à bien toutes choses entraînera sûrement et sans cesse leur réapparition.

LIGNE SIMIENNE

LIGNE SIMIENNE 5.2

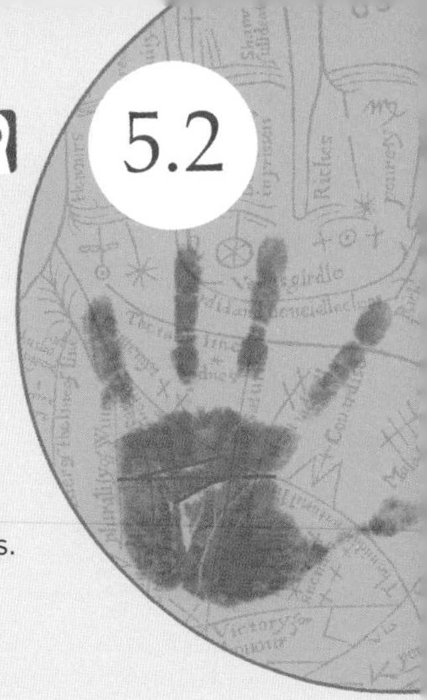

◆ AVEC LA LIGNE DE CŒUR
◆ AVEC LA LIGNE DE TÊTE

Une énergie mentale intense et concentrée signifie que vous ne faites rien sans enthousiasme. Vous n'aimez pas être distrait lorsque vous êtes concentré sur une tâche. Vous préférez faire une chose à la fois. Vous êtes un fonceur, mais vos lignes de cœur et de tête tempèrent une attitude potentiellement intransigeante envers autrui et leurs opinions.

LECTURE APPROFONDIE

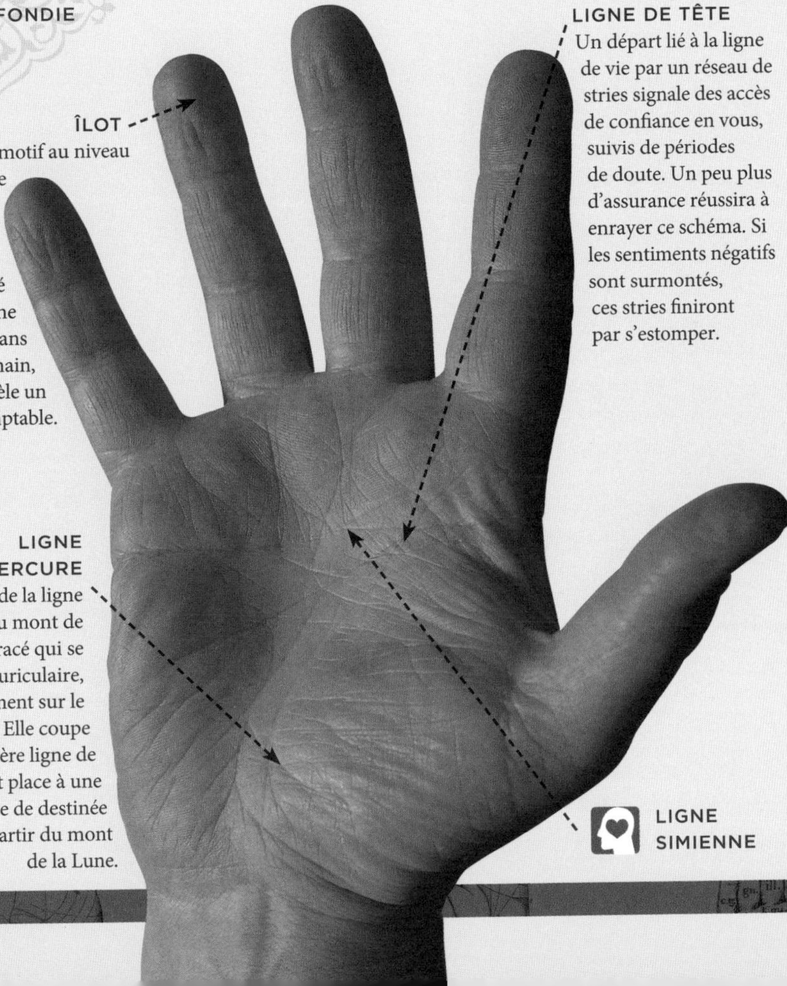

ÎLOT
La présence de ce motif au niveau de l'empreinte digitale de tous les doigts est un signe de grande réussite. Associé à la présence d'une ligne simienne dans la paume de la main, ce motif révèle un caractère indomptable.

LIGNE DE TÊTE
Un départ lié à la ligne de vie par un réseau de stries signale des accès de confiance en vous, suivis de périodes de doute. Un peu plus d'assurance réussira à enrayer ce schéma. Si les sentiments négatifs sont surmontés, ces stries finiront par s'estomper.

LIGNE DE MERCURE
Un départ de la ligne au niveau du mont de Vénus, avec un tracé qui se prolonge vers l'auriculaire, est un avertissement sur le plan de la santé. Elle coupe une première ligne de destinée, cédant place à une deuxième ligne de destinée qui s'affirme à partir du mont de la Lune.

LIGNE SIMIENNE

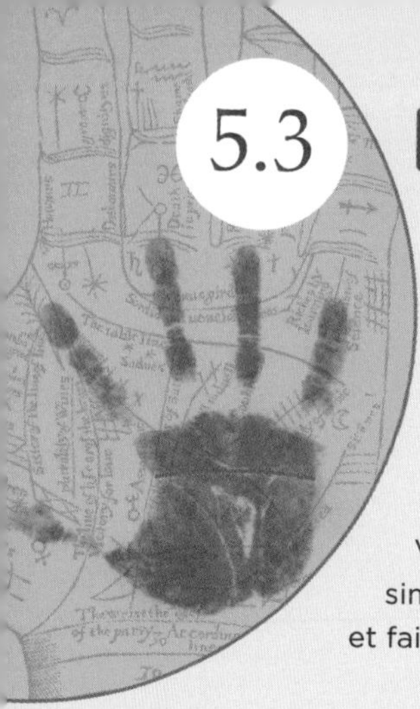

5.3 LIGNE SIMIENNE

- **TRAVERSE LA PAUME DE LA MAIN**
- **PAS DE LIGNE DE CŒUR OU DE TÊTE**
- **MAIN PASSIVE**
- **IDENTIQUE SUR LES DEUX MAINS**

Votre énergie mentale concentrée s'applique avec l'intensité et la précision d'un rayon laser. Vous ne faites rien sans enthousiasme et rien ne peut vous distraire de votre tâche. Vous êtes intellectuellement brillant. La présence d'une ligne simienne sur les deux paumes des mains multiplie ces qualités et fait de vous un individu des plus chanceux.

LECTURE APPROFONDIE

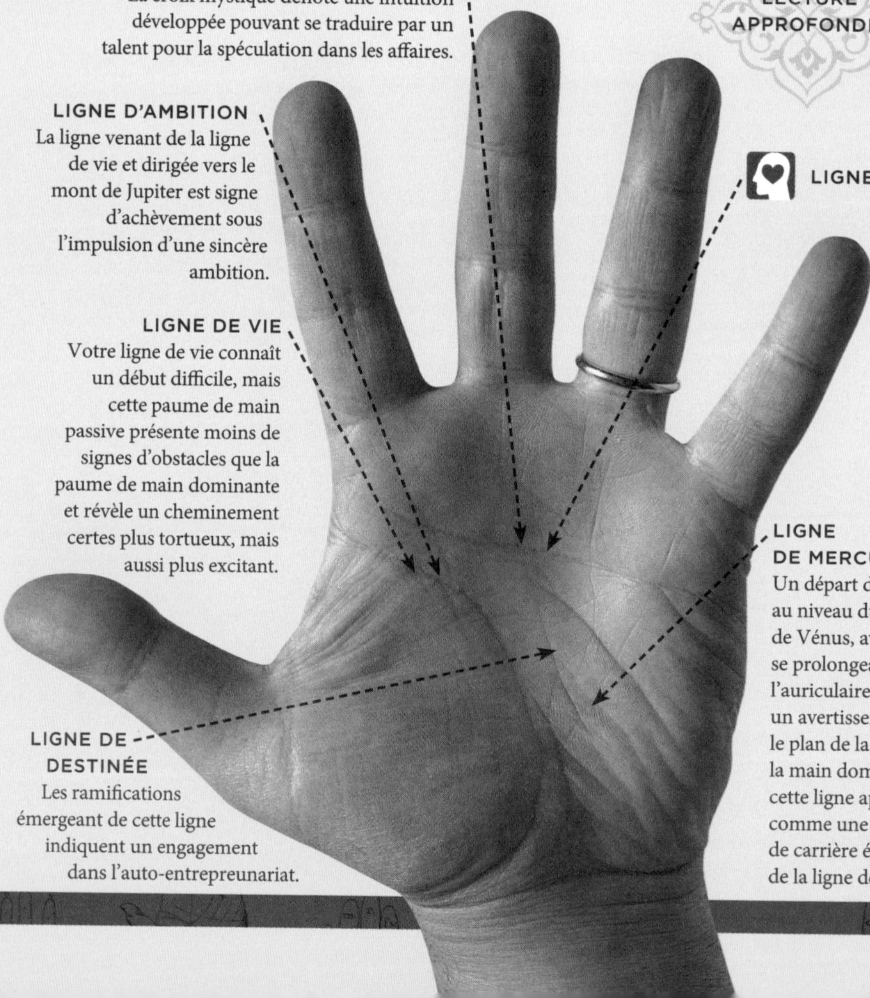

CROIX MYSTIQUE
La croix mystique dénote une intuition développée pouvant se traduire par un talent pour la spéculation dans les affaires.

LIGNE D'AMBITION
La ligne venant de la ligne de vie et dirigée vers le mont de Jupiter est signe d'achèvement sous l'impulsion d'une sincère ambition.

LIGNE DE VIE
Votre ligne de vie connaît un début difficile, mais cette paume de main passive présente moins de signes d'obstacles que la paume de main dominante et révèle un cheminement certes plus tortueux, mais aussi plus excitant.

LIGNE DE DESTINÉE
Les ramifications émergeant de cette ligne indiquent un engagement dans l'auto-entrepreunariat.

LIGNE SIMIENNE

LIGNE DE MERCURE
Un départ de la ligne au niveau du mont de Vénus, avec un tracé se prolongeant vers l'auriculaire, est souvent un avertissement sur le plan de la santé. Sur la main dominante, cette ligne apparaît comme une ligne de carrière émergeant de la ligne de destinée.

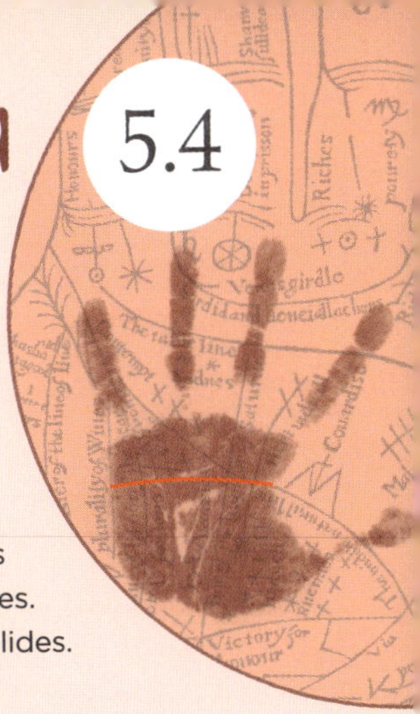

5.4

LIGNE SIMIENNE

◆ TRAVERSE LA PAUME DE LA MAIN
◆ PAS DE LIGNE DE CŒUR OU DE TÊTE
◆ MAIN DOMINANTE

Vous êtes excessivement concentré. Parfois signe de syndrome de Down, ce trait de personnalité est aussi la marque des auteurs d'accomplissements majeurs. Vous êtes certainement intellectuellement brillant. La ligne simienne, formée de la fusion des lignes de tête et de cœur, vous apporte ce potentiel qui vous aide à rester parfaitement concentré et subjectif dans vos échanges. Vous ressentez un profond besoin de fondations matérielles solides.

LECTURE APPROFONDIE

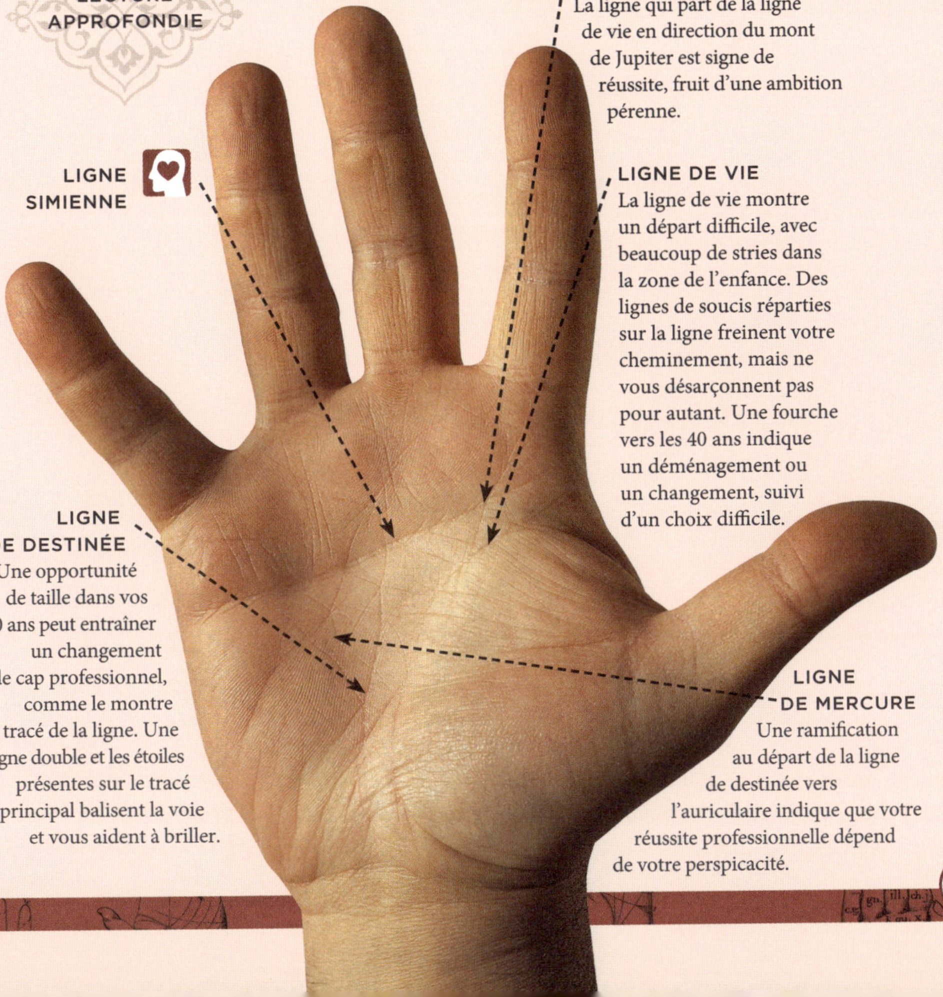

LIGNE D'AMBITION
La ligne qui part de la ligne de vie en direction du mont de Jupiter est signe de réussite, fruit d'une ambition pérenne.

LIGNE SIMIENNE

LIGNE DE VIE
La ligne de vie montre un départ difficile, avec beaucoup de stries dans la zone de l'enfance. Des lignes de soucis réparties sur la ligne freinent votre cheminement, mais ne vous désarçonnent pas pour autant. Une fourche vers les 40 ans indique un déménagement ou un changement, suivi d'un choix difficile.

LIGNE DE DESTINÉE
Une opportunité de taille dans vos 40 ans peut entraîner un changement de cap professionnel, comme le montre le tracé de la ligne. Une ligne double et les étoiles présentes sur le tracé principal balisent la voie et vous aident à briller.

LIGNE DE MERCURE
Une ramification au départ de la ligne de destinée vers l'auriculaire indique que votre réussite professionnelle dépend de votre perspicacité.

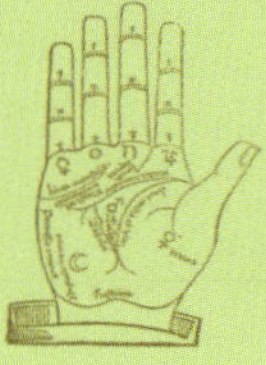

LIGNE DE DESTINÉE

Avez-vous fait
le bon choix professionnel ?

LOCALISATION

La ligne de destinée débute juste au-dessus du poignet, au centre de la paume de la main, et remonte en règle générale vers le majeur. La lecture de cette ligne s'effectue selon cette direction.

INTERPRÉTATION

La ligne de destinée donne des informations sur votre carrière, les sentiments qu'elle vous inspire et l'intérêt que vous lui portez. Une ligne au tracé droit, net et profond est signe d'une longue carrière couronnée de succès. Une ligne qui s'interrompt, puis repart, avec un tracé clair, puis confus ou ténu, témoigne d'une carrière mouvementée. Une ligne qui coupe nettement la ligne de destinée indique que vous êtes en quête d'un travail spécifique. Ce chapitre détaille et illustre différentes configurations de paumes de main en rapport avec la ligne de destinée.

Cinq questions fréquentes

- Ai-je choisi la bonne profession ?
- Mon profil va-t-il intéresser un chasseur de têtes ?
- Vais-je réussir à travailler à mon compte et satisfaire mes ambitions ?
- Ma vie professionnelle a été assez mouvementée, mais va-t-elle se stabiliser à l'avenir ?
- Dois-je accepter cette proposition de travail séduisante qui m'est offerte ?

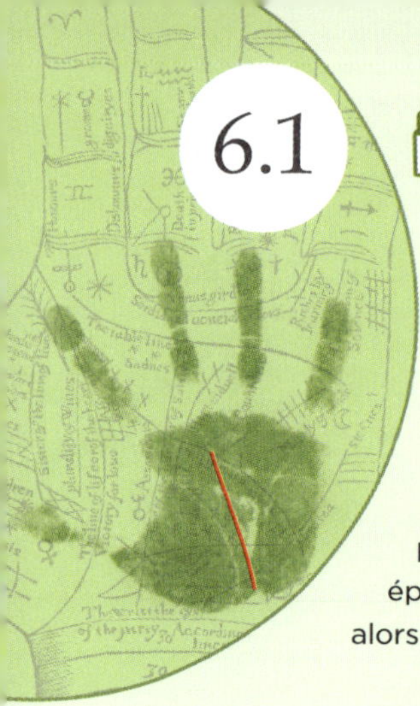

6.1 LIGNE DE DESTINÉE

◆ **DROITE**

◆ **BIEN DÉFINIE**

Votre ligne de destinée reflète un engagement dans une carrière représentant une véritable vocation. Une opportunité de carrière alternative se manifeste vers vos 20 ans sous la forme d'une branche ascendante, mais vous ne la saisissez pas. En effet, votre ligne ne change pas de direction et la poursuite d'une carrière source de satisfaction s'affirme. L'index épais est signe d'un sens naturel du leadership et des affaires, alors que l'écartement de l'auriculaire trahit une indépendance d'esprit.

LECTURE APPROFONDIE

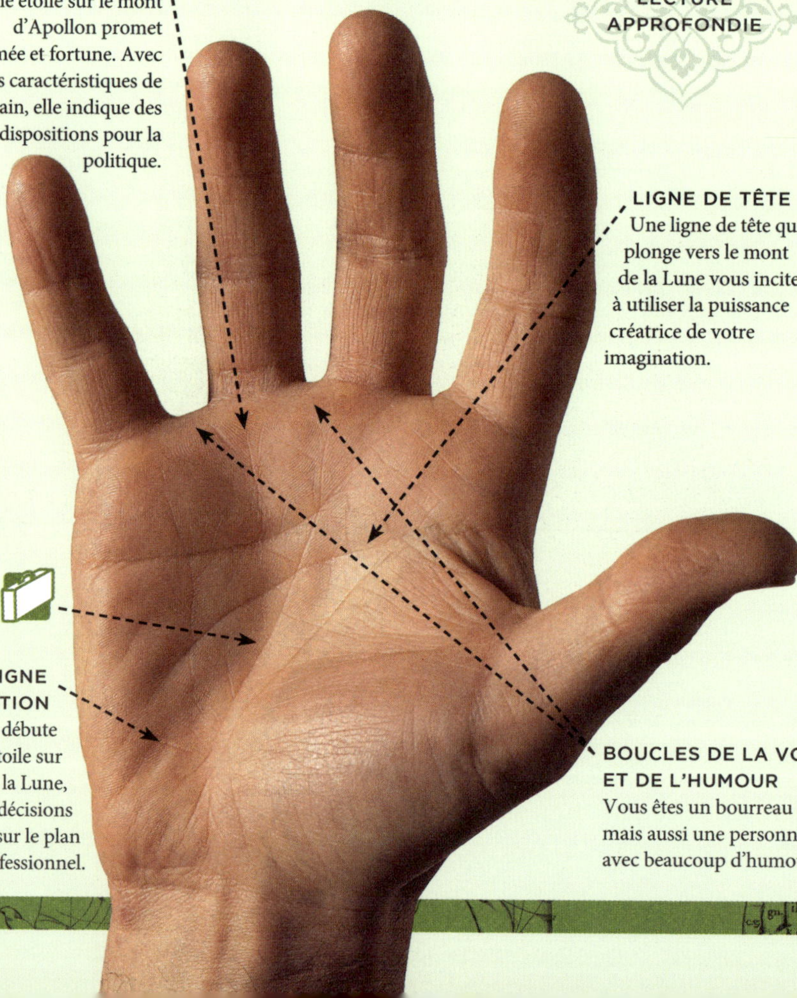

ÉTOILE
Une étoile sur le mont d'Apollon promet renommée et fortune. Avec les autres caractéristiques de votre main, elle indique des prédispositions pour la politique.

LIGNE DE TÊTE
Une ligne de tête qui plonge vers le mont de la Lune vous incite à utiliser la puissance créatrice de votre imagination.

LIGNE DE DESTINÉE

LIGNE D'INTUITION
La ligne débute par une étoile sur le mont de la Lune, signe de décisions éclairées sur le plan professionnel.

BOUCLES DE LA VOCATION ET DE L'HUMOUR
Vous êtes un bourreau de travail, mais aussi une personne agréable, avec beaucoup d'humour.

LIGNE DE DESTINÉE

6.2

◆ SEMBLE S'INTERROMPRE ET REPRENDRE

Vous connaîtrez de nombreux changements de carrière et d'employeur, souvent du fait d'un sentiment d'ennui ou de frustration et à l'absence de défis. La ceinture de Vénus ajoute une énergie teintée de nervosité à ce besoin de changement de cap. Une branche de la ligne de cœur plongeant vers la ligne de tête agit telle une ligne simienne, vous pressant à vous concentrer sur de nouveaux défis. Vous pourriez vous transformer en un bourreau de travail ou mettre vos nerfs à rude épreuve.

LECTURE APPROFONDIE

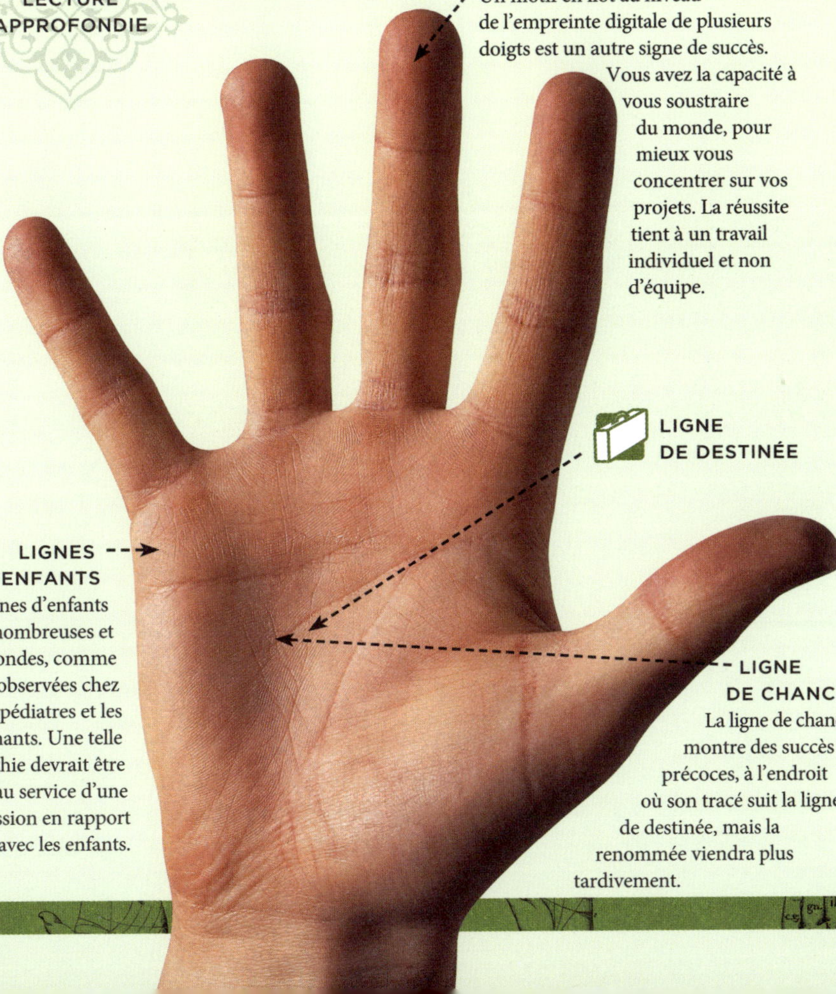

ÎLOT
Un motif en îlot au niveau de l'empreinte digitale de plusieurs doigts est un autre signe de succès. Vous avez la capacité à vous soustraire du monde, pour mieux vous concentrer sur vos projets. La réussite tient à un travail individuel et non d'équipe.

LIGNE DE DESTINÉE

LIGNES D'ENFANTS
Les lignes d'enfants sont nombreuses et profondes, comme celles observées chez les pédiatres et les enseignants. Une telle empathie devrait être mise au service d'une profession en rapport avec les enfants.

LIGNE DE CHANCE
La ligne de chance montre des succès précoces, à l'endroit où son tracé suit la ligne de destinée, mais la renommée viendra plus tardivement.

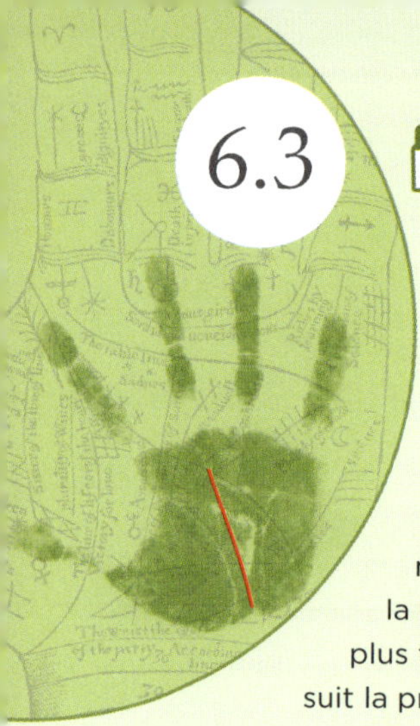

6.3 LIGNE DE DESTINÉE

◆ DÉPART HAUT DANS LA PAUME DE MAIN

Votre carrière ou votre épanouissement professionnel ne se développeront que tardivement. Deux lignes de destinée se manifestent, la plus courte débutant vers vos 30 ans et se terminant vers 50 ans. Plutôt que de symboliser une seconde carrière, cette ligne contrarie objectifs et ambitions. La principale ligne de carrière, à gauche de la ligne plus courte, est moins marquée et présente un changement de direction, alors que la ligne la plus courte est active. Le succès sera au rendez-vous plus tard dans votre vie, à l'endroit où la ligne de chance suit la principale ligne de destinée.

LECTURE APPROFONDIE

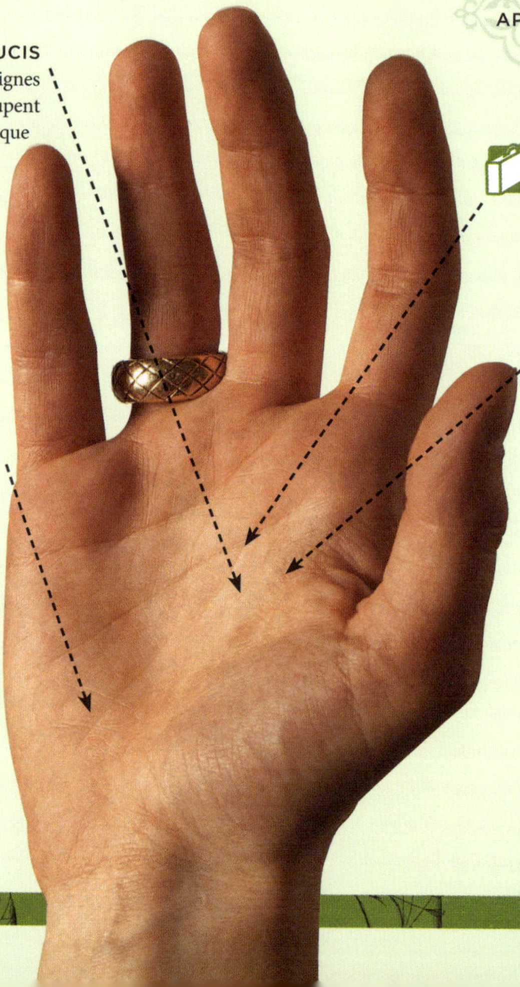

LIGNE DE DESTINÉE

6.4

◆ DÉPART SUR LE MONT DE LA LUNE

Rien ne vous conviendrait mieux qu'une carrière sous le feu des projecteurs ou dans l'arène politique. Les chiromanciens ont souvent du mal à interpréter une paume de main saturée de lignes de soucis, comme celle-ci, et à repérer le tracé des lignes principales. Ici, la ligne de destinée nette et profonde se dirige droit vers l'index à partir du mont de la Lune. En cas de carrière sur scène, cette caractéristique dénote orgueil et ambition, mais aussi une tendance naturelle à vous mettre en valeur.

LECTURE APPROFONDIE

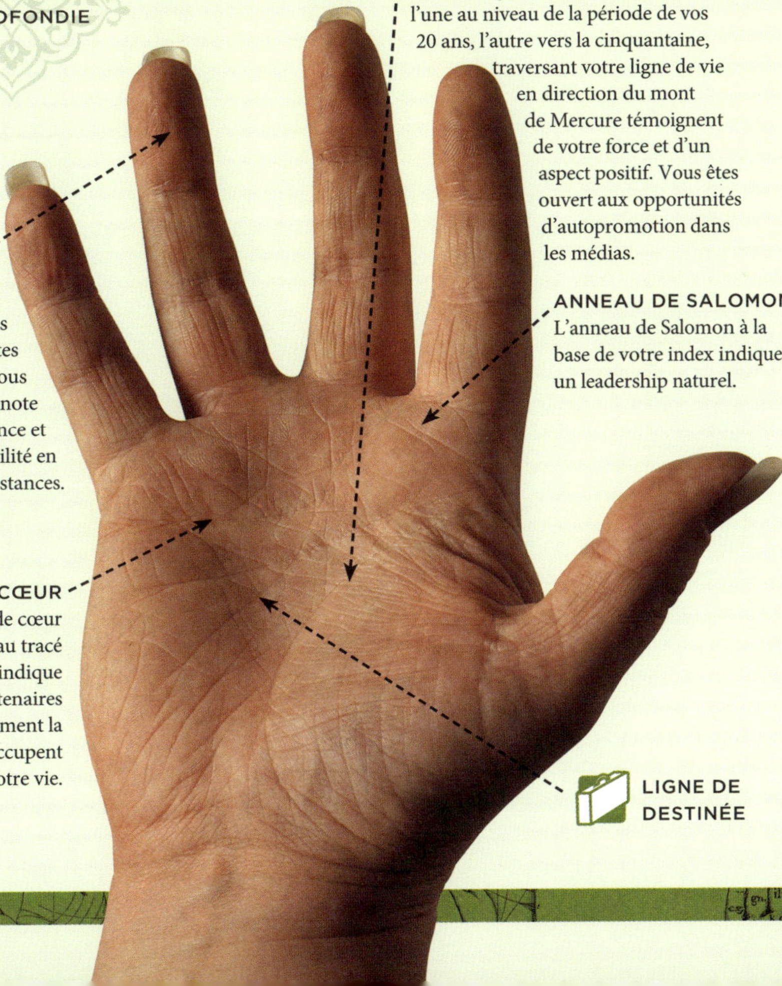

LIGNES D'INFLUENCE
Les deux lignes d'influence majeures, l'une au niveau de la période de vos 20 ans, l'autre vers la cinquantaine, traversant votre ligne de vie en direction du mont de Mercure témoignent de votre force et d'un aspect positif. Vous êtes ouvert aux opportunités d'autopromotion dans les médias.

BOUCLE ULNAIRE
Une boucle ulnaire sur les empreintes digitales de tous les doigts dénote une polyvalence et une adaptabilité en toutes circonstances.

ANNEAU DE SALOMON
L'anneau de Salomon à la base de votre index indique un leadership naturel.

LIGNE DE CŒUR
Une ligne de cœur courte, au tracé droit et lisse, indique que vos partenaires savent exactement la place qu'ils occupent dans votre vie.

LIGNE DE DESTINÉE

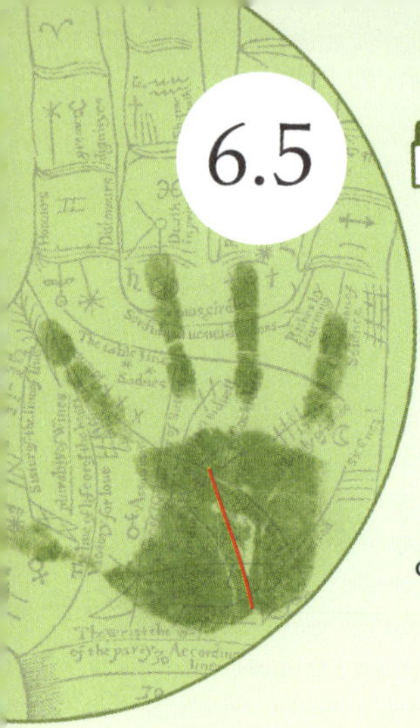

6.5

LIGNE DE DESTINÉE

◆ ARRÊT LOIN DE LA BASE DES DOIGTS

Votre ligne de destinée s'interrompt au niveau de la ligne de cœur, ce qui indique un éventuel brusque revirement de fortune, peut-être en rapport avec un gain au loto ou une rentrée d'argent inespérée. D'autres signes présents au niveau de la paume de main renforcent cette lecture, avec différents éléments témoignant d'un possible et heureux changement de style de vie.

LECTURE APPROFONDIE

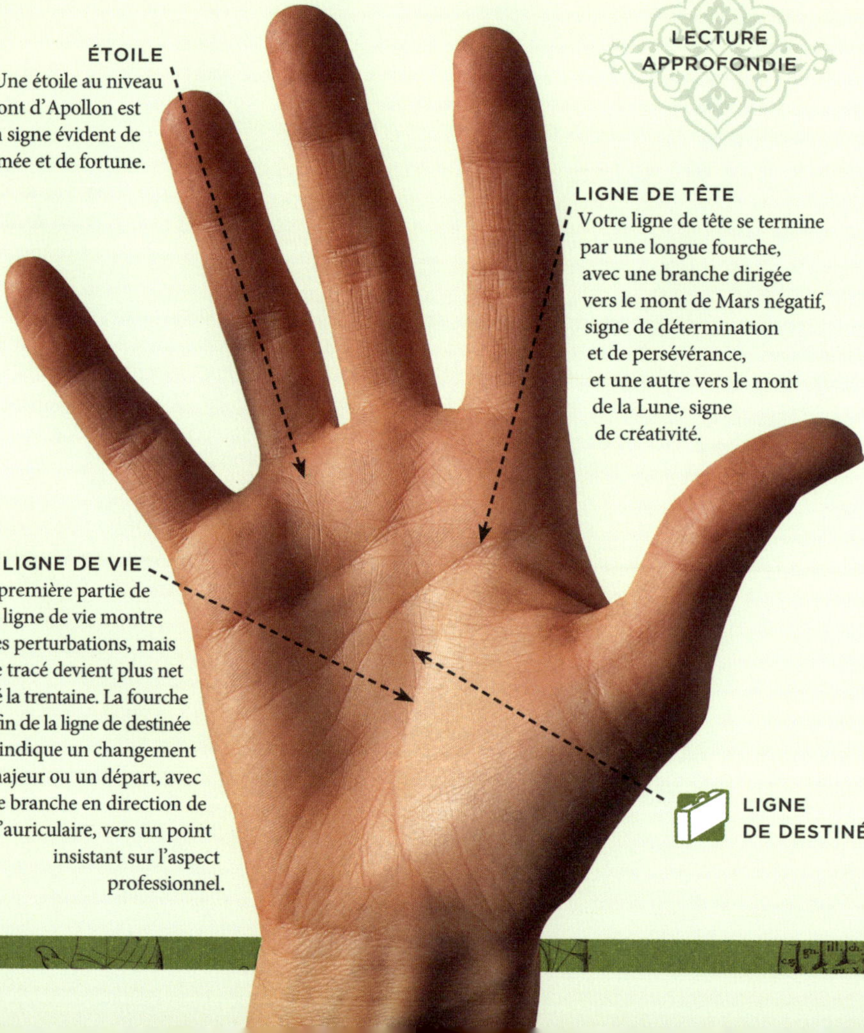

LIGNE DE DESTINÉE

6.6

◆ **EXTRÉMITÉ HAUTE DANS LA PAUME DE MAIN**
◆ **ARRÊT À LA BASE DES DOIGTS**

Passé l'âge de la retraite, vous continuerez à travailler volontairement ou vous vous engagerez dans une activité. Une ligne de destinée au départ précoce se prolongeant jusqu'à la base des doigts est toujours signe d'une grande énergie vitale. La netteté et la puissance du tracé suggèrent une activité professionnelle source de satisfaction et de défis, mais aussi de réussite éclatante.

LECTURE APPROFONDIE

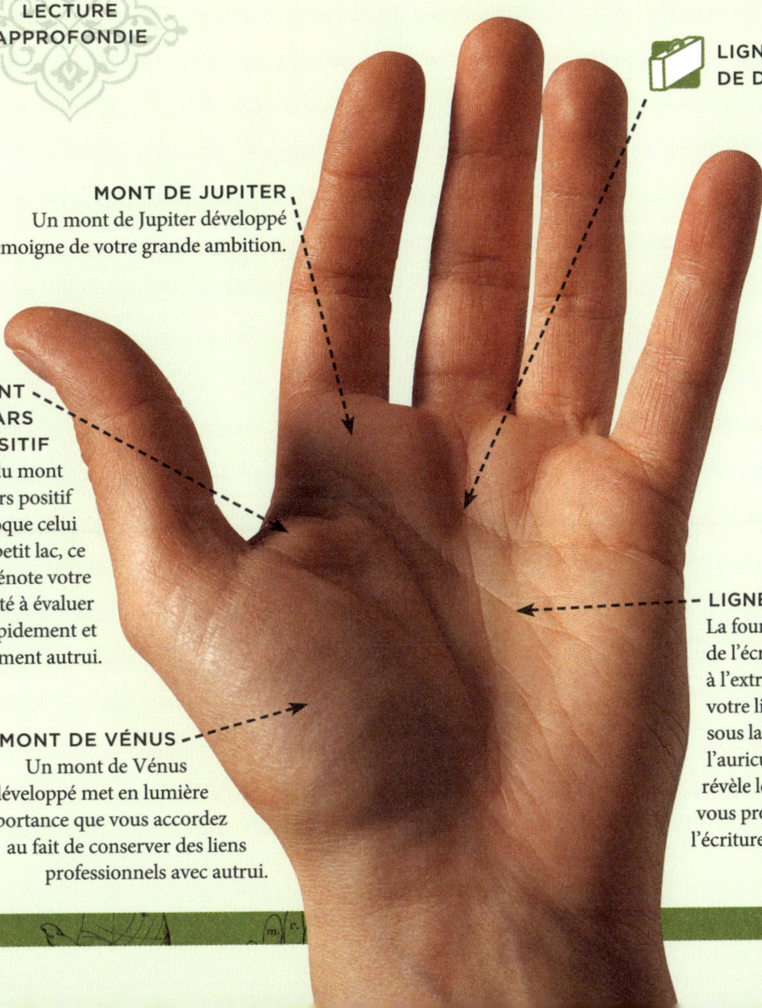

LIGNE DE DESTINÉE

MONT DE JUPITER
Un mont de Jupiter développé témoigne de votre grande ambition.

MONT DE MARS POSITIF
L'aspect du mont de Mars positif évoque celui d'un petit lac, ce qui dénote votre capacité à évaluer rapidement et précisément autrui.

LIGNE DE TÊTE
La fourche de l'écrivain à l'extrémité de votre ligne de tête, sous la base de l'auriculaire, révèle le plaisir que vous procure l'écriture.

MONT DE VÉNUS
Un mont de Vénus développé met en lumière l'importance que vous accordez au fait de conserver des liens professionnels avec autrui.

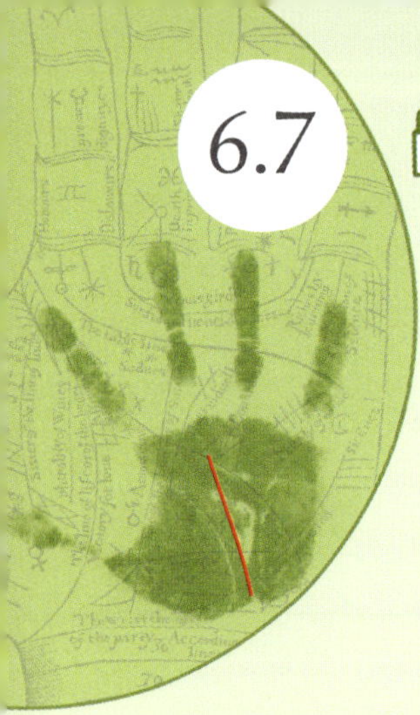

6.7 LIGNE DE DESTINÉE

◆ EXTRÉMITÉ DIRIGÉE VERS L'INDEX

Vous êtes naturellement ambitieux, orgueilleux et prêt à louer vos mérites, et la réussite vous sourit probablement. Votre double ligne de destinée révèle le travail accompli pour parvenir au succès, avec une ligne de carrière principale rectiligne, se terminant à droite du mont de Jupiter. Vous êtes assuré du succès et serez récompensé de vos efforts.

LECTURE APPROFONDIE

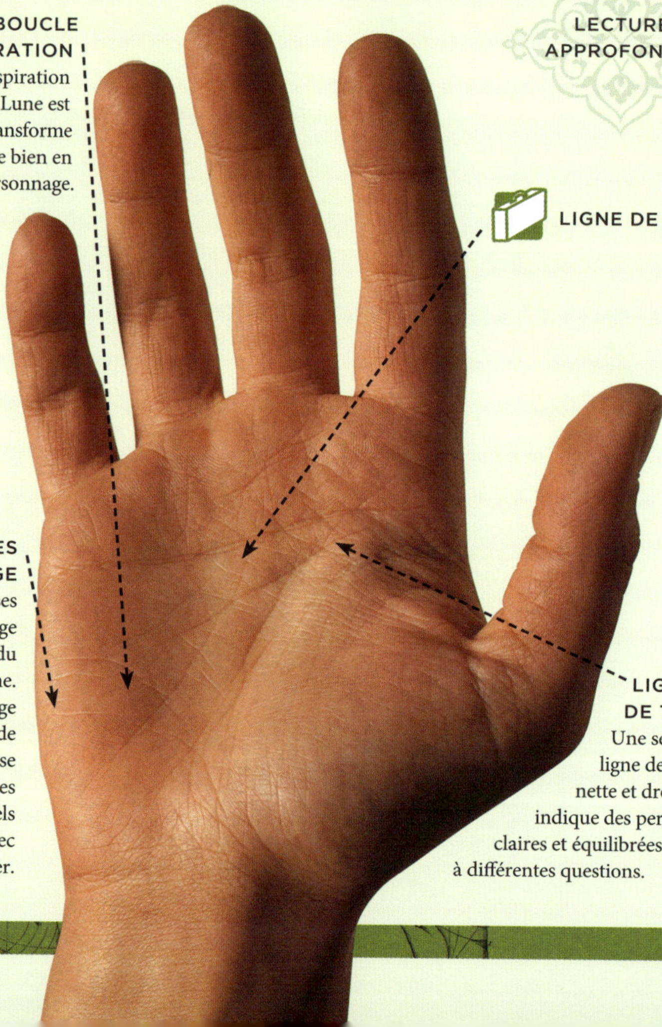

LIGNE DE DESTINÉE

6.8

◆ REJOINTE PAR UNE LIGNE
◆ BRANCHE ASCENDANTE

La branche ascendante est un signe positif d'évolution de carrière. Deux opportunités se manifestent au cours de vos 30 ans, avec une première branche croisant la ligne de destinée, sans prolongement. Cette première branche dirigée vers le mont de Mercure correspond à la ligne de carrière et témoigne d'un grand sens des affaires. Nombreux sont les cambistes à avoir une ligne de carrière. La branche témoignant d'une opportunité de carrière modifie légèrement le tracé de la ligne de destinée.

LECTURE APPROFONDIE

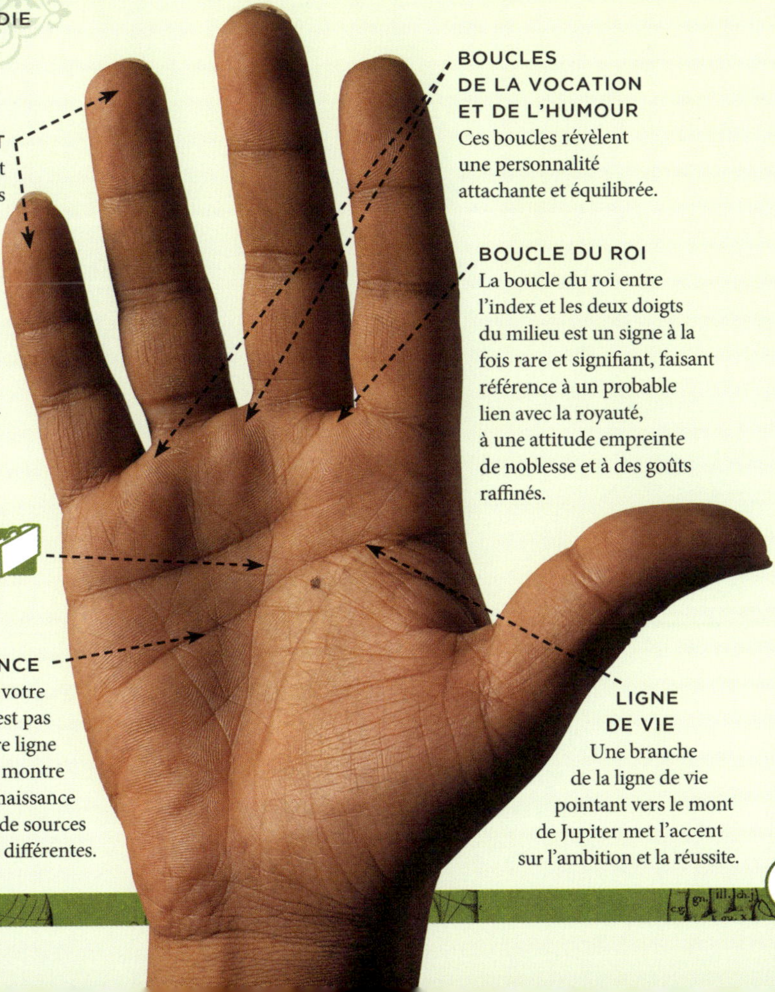

ÎLOT
Un motif en îlot sur les empreintes digitales de l'annulaire et de l'auriculaire révèle un grand succès dans le monde de la finance, du divertissement et de la communication.

BOUCLES DE LA VOCATION ET DE L'HUMOUR
Ces boucles révèlent une personnalité attachante et équilibrée.

BOUCLE DU ROI
La boucle du roi entre l'index et les deux doigts du milieu est un signe à la fois rare et signifiant, faisant référence à un probable lien avec la royauté, à une attitude empreinte de noblesse et à des goûts raffinés.

LIGNE DE DESTINÉE

LIGNE DE CHANCE
Assez bizarrement, votre ligne de chance n'est pas à l'image de votre ligne de destinée. Cela montre que succès et reconnaissance seront issus de sources très différentes.

LIGNE DE VIE
Une branche de la ligne de vie pointant vers le mont de Jupiter met l'accent sur l'ambition et la réussite.

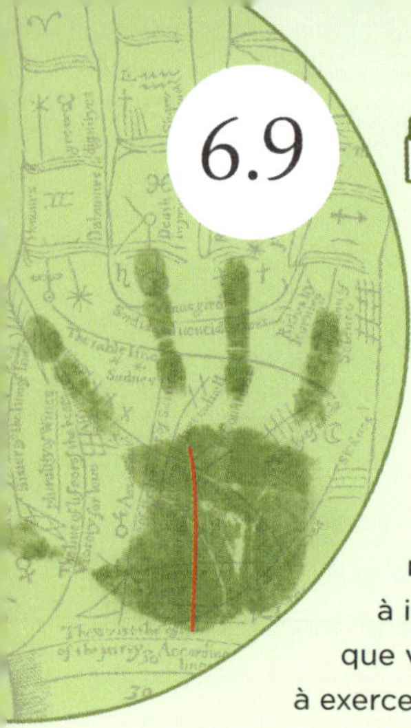

6.9 LIGNE DE DESTINÉE

◆ DÉPART SUR LE MONT DE VÉNUS

Votre carrière est probablement liée à votre famille. En plus de celle située sur le mont de Vénus, la ligne de destinée présente plusieurs autres amorces de lignes, qui s'associent pour former une seule ligne de carrière vers la fin de vos 20 ans et le début de vos 30 ans. De nombreuses ramifications au départ d'une ligne signifient souvent que des études sont menées de front avec un emploi. Cette paume de main est difficile à interpréter en raison de la présence de lignes multiples, indiquant que vous avez plusieurs cordes à votre arc et la capacité à exercer plusieurs activités en même temps.

LECTURE APPROFONDIE

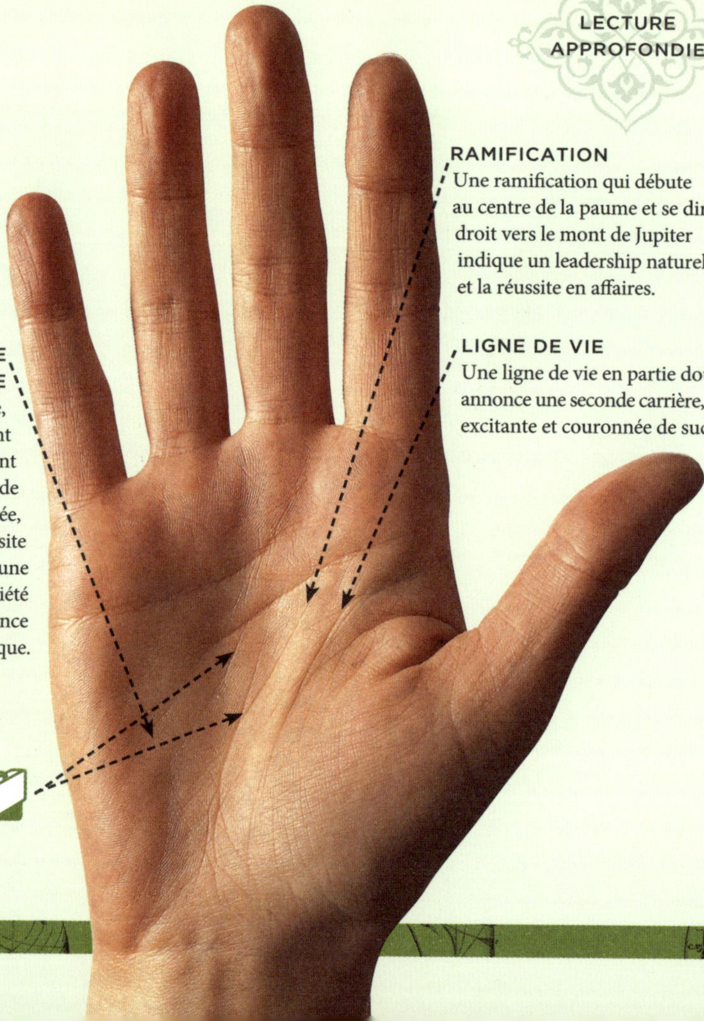

RAMIFICATION
Une ramification qui débute au centre de la paume et se dirige droit vers le mont de Jupiter indique un leadership naturel et la réussite en affaires.

LIGNE DE CHANCE
La ligne de chance, qui traverse le mont de la Lune en suivant le tracé principal de la ligne de destinée, est signe de réussite professionnelle, d'une certaine notoriété et de reconnaissance publique.

LIGNE DE VIE
Une ligne de vie en partie double annonce une seconde carrière, excitante et couronnée de succès.

LIGNE DE DESTINÉE

LIGNE DE DESTINÉE

6.10

◆ MULTIPLES EXTRÉMITÉS

La présence de multiples ramifications témoigne de l'exercice simultané de plusieurs professions. Après avoir croisé la ligne de tête, vers la cinquantaine, la ligne de destinée se divise. Vous traverserez une période au cours de laquelle vous travaillerez probablement à votre compte ou endosserez plusieurs rôles. La force du tracé suggère une réussite professionnelle. La continuité de la ligne centrale et la présence d'une ligne de chance renforcent cette interprétation.

LECTURE APPROFONDIE

MONT DE JUPITER
Un mont de Jupiter développé insiste sur l'ambition, l'orgueil, le leadership et les honneurs. Vous croyez en vos mérites, mais votre mont de Jupiter n'est pas surdéveloppé, ce qui indique que vous êtes néanmoins pleinement conscient de vos erreurs.

LIGNE D'AMBITIONS
Ces lignes ascendantes, débutant à l'amorce de la ligne de vie, représentent des ambitions universitaires, satisfaites ou sur le point de l'être.

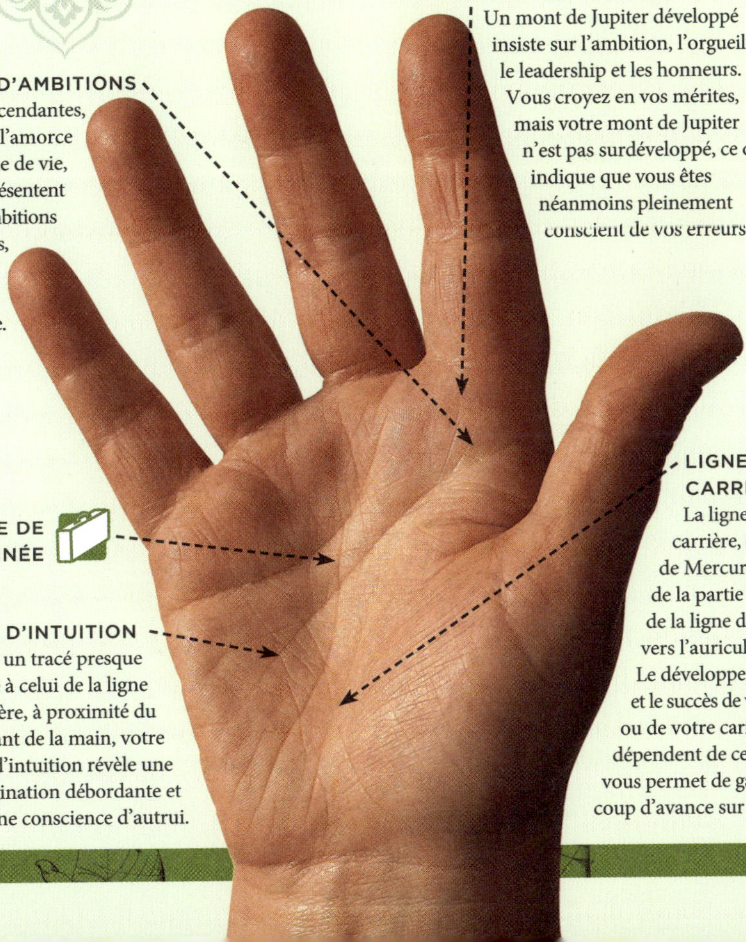

LIGNE DE CARRIÈRE
La ligne de carrière, ou ligne de Mercure, émerge de la partie inférieure de la ligne de vie vers l'auriculaire. Le développement et le succès de vos affaires ou de votre carrière dépendent de ce 6e sens qui vous permet de garder un coup d'avance sur le marché.

LIGNE DE DESTINÉE

LIGNE D'INTUITION
Avec un tracé presque parallèle à celui de la ligne de carrière, à proximité du tranchant de la main, votre ligne d'intuition révèle une imagination débordante et une conscience d'autrui.

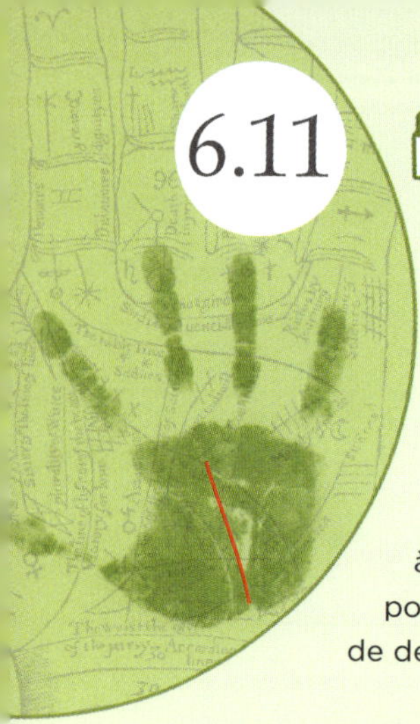

6.11 LIGNE DE DESTINÉE

◆ DOUBLÉE LE LONG DE SON TRACÉ

Vous exercez simultanément plus d'une activité, à moins que vous poursuiviez des études tout en travaillant. Vous menez de front deux professions ou exercez deux activités distinctes au sein de votre travail. Vers la cinquantaine, l'aspect créatif de votre travail prend de l'importance et vous apporte certainement plus de satisfaction. Mais cet aspect prend fin à la soixantaine. Votre carrière originale, impliquant autrui, sera pour vous la plus grande source de succès. Cette partie de la ligne de destinée fait écho au tracé de la ligne de chance.

LECTURE APPROFONDIE

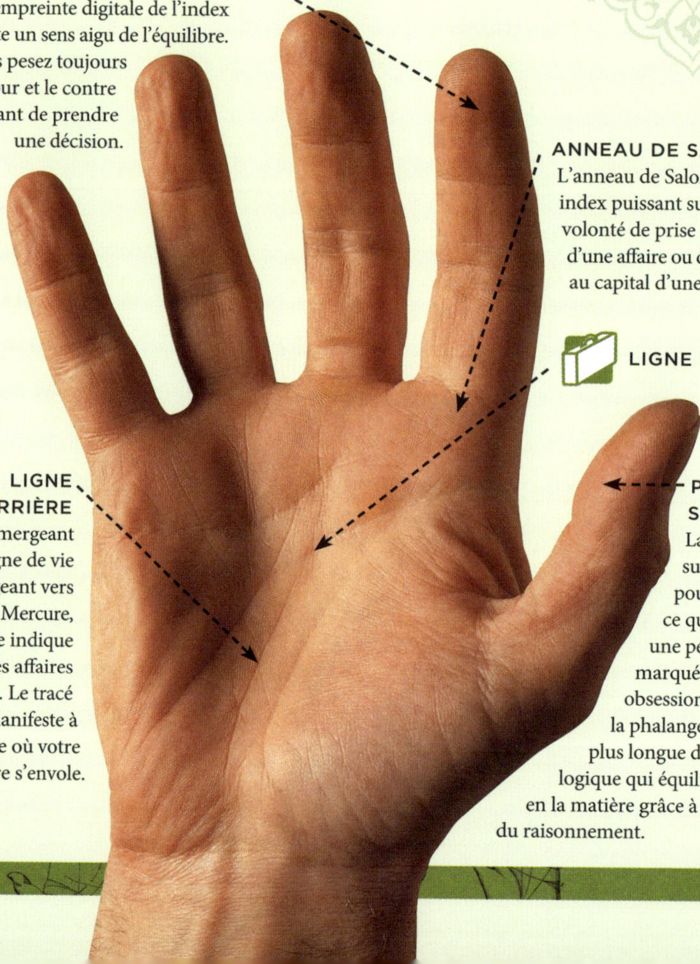

DOUBLE VOLUTE
Une double volute ou verticille sur l'empreinte digitale de l'index dénote un sens aigu de l'équilibre. Vous pesez toujours le pour et le contre avant de prendre une décision.

ANNEAU DE SALOMON
L'anneau de Salomon sur un index puissant suggère une volonté de prise de contrôle d'une affaire ou d'introduction au capital d'une entreprise.

LIGNE DE DESTINÉE

LIGNE DE CARRIÈRE
Émergeant de la ligne de vie et se dirigeant vers le mont de Mercure, cette ligne indique un sens des affaires développé. Le tracé se manifeste à l'époque où votre carrière s'envole.

PHALANGE SUPÉRIEURE
La phalange supérieure du pouce est bombée, ce qui suggère une personnalité marquée par un côté obsessionnel, mais la phalange inférieure plus longue dénote un aspect logique qui équilibre tout excès en la matière grâce à la force du raisonnement.

LIGNE DE DESTINÉE

6.12

◆ DOUBLÉE LE LONG DE SON TRACÉ

Vous exercez simultanément plus d'une activité, à moins que vous poursuiviez des études tout en travaillant. La ligne de destinée principale débute presque à hauteur du poignet, dans la région de Neptune, ce qui traduit un désir de travailler avec autrui. L'amorce de la ligne de destinée secondaire, à gauche, se situe au niveau du mont de la Lune et trahit une quête constante de reconnaissance publique. Ces lignes présentent deux orientations différentes avant la quarantaine, mais ces deux expériences vous apporteront de nouvelles idées.

LECTURE APPROFONDIE

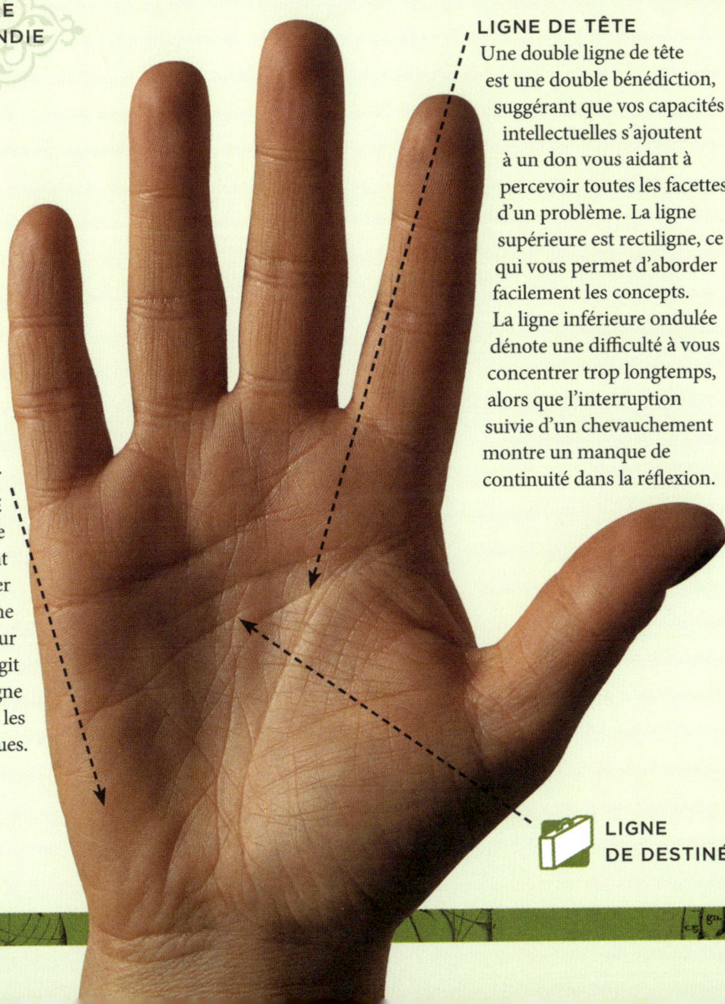

LIGNE DE TÊTE
Une double ligne de tête est une double bénédiction, suggérant que vos capacités intellectuelles s'ajoutent à un don vous aidant à percevoir toutes les facettes d'un problème. La ligne supérieure est rectiligne, ce qui vous permet d'aborder facilement les concepts. La ligne inférieure ondulée dénote une difficulté à vous concentrer trop longtemps, alors que l'interruption suivie d'un chevauchement montre un manque de continuité dans la réflexion.

MONT DE LA LUNE
Un mont de la Lune développé, au point de surplomber le poignet, témoigne d'un intérêt pour le paranormal. Il s'agit souvent d'un signe en rapport avec les capacités psychiques.

LIGNE DE DESTINÉE

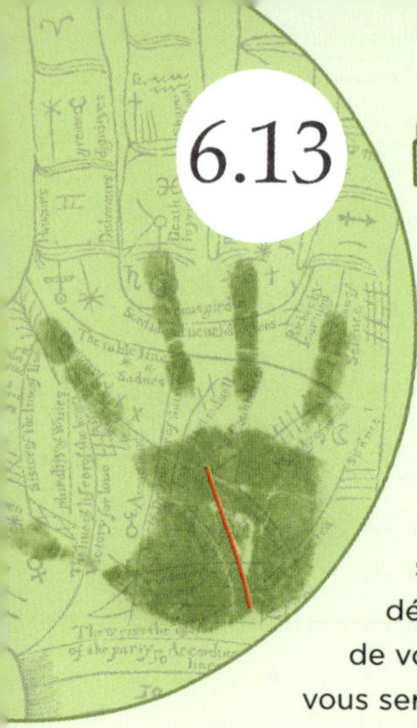

6.13 LIGNE DE DESTINÉE

◆ DÉPART SUR LA LIGNE DE VIE
◆ MAIN PASSIVE

Un départ en un point du tracé de la ligne de vie et un tracé en direction du majeur suggèrent l'exercice d'une profession en rapport avec la famille. La ligne se ramifie à la cinquantaine, ce qui symbolise une installation à son compte. Parce que vous êtes droitier, les lignes de votre paume gauche passive sont comme l'itinéraire d'un long voyage. Vos actions peuvent dévier de l'itinéraire, mais si certaines caractéristiques de votre main droite correspondent à celle de la main gauche, vous serez plus susceptible de suivre le plan initial.

LECTURE APPROFONDIE

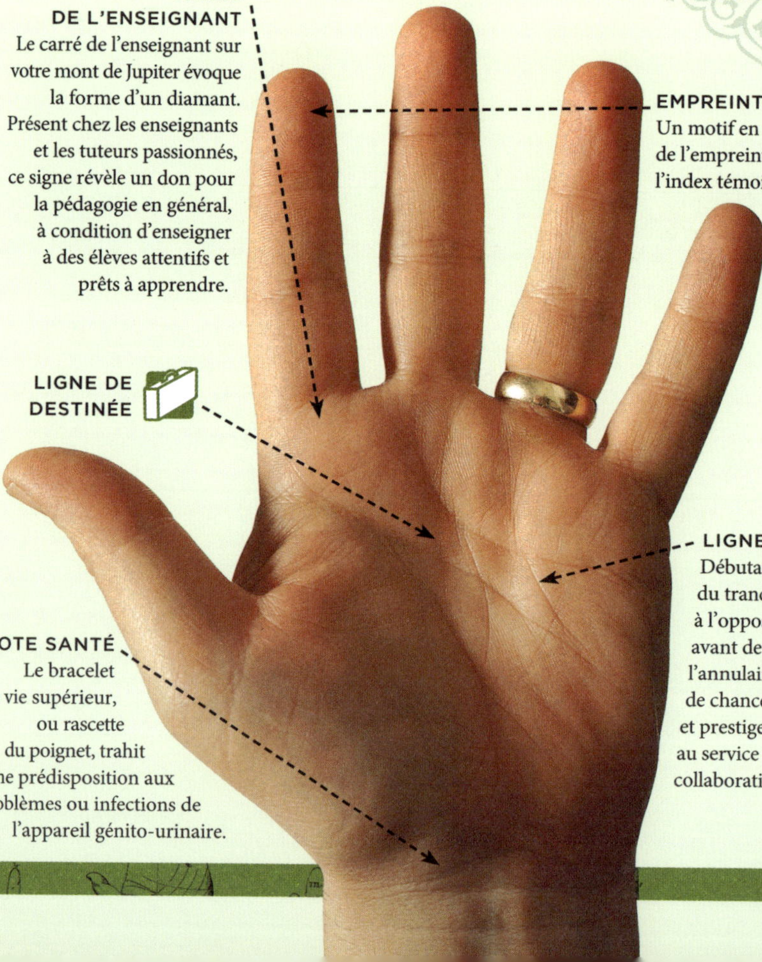

CARRÉ DE L'ENSEIGNANT
Le carré de l'enseignant sur votre mont de Jupiter évoque la forme d'un diamant. Présent chez les enseignants et les tuteurs passionnés, ce signe révèle un don pour la pédagogie en général, à condition d'enseigner à des élèves attentifs et prêts à apprendre.

EMPREINTE DIGITALE
Un motif en îlot au niveau de l'empreinte digitale de l'index témoigne de votre obstination dans le travail. Un signe probable de réussite.

LIGNE DE DESTINÉE

LIGNE DE CHANCE
Débutant au niveau du tranchant de la main, à l'opposé du pouce, avant de se diriger vers l'annulaire, votre ligne de chance révèle gloire et prestige lié à votre travail au service ou en collaboration avec autrui.

NOTE SANTÉ
Le bracelet de vie supérieur, ou rascette du poignet, trahit une prédisposition aux problèmes ou infections de l'appareil génito-urinaire.

LIGNE DE DESTINÉE 6.14

◆ **MAIN DOMINANTE**
◆ **DIFFÉRENTE DE LA MAIN PASSIVE**

Votre paume droite dominante présente des différences notables avec votre main gauche passive, où la ligne de destinée prend naissance sur la ligne de vie, puis se ramifie. Ici, la ligne de destinée est moins marquée et la ligne secondaire amorcée sur le mont de la Lune tente de rejoindre la ligne principale. Vous résistez à l'exercice d'une profession, mais manquez de soutien. Toute indication faisant écho à celle de la paume de main passive sera nettement marquée.

LECTURE APPROFONDIE

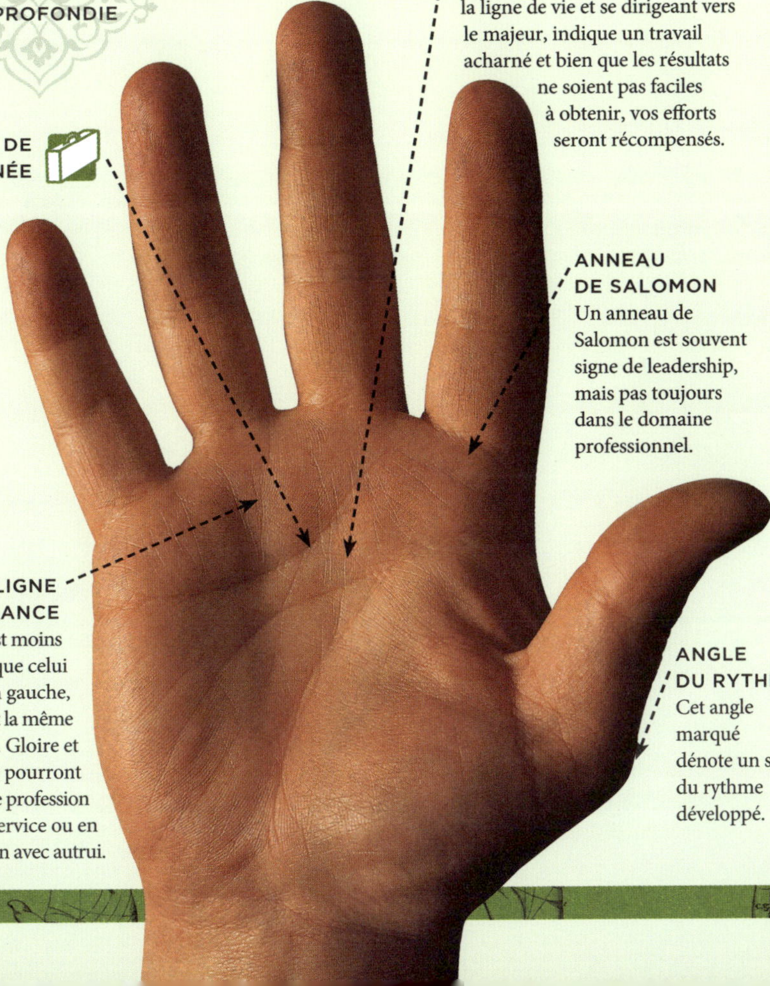

LIGNE D'EFFORT
Votre ligne d'effort, née sur la ligne de vie et se dirigeant vers le majeur, indique un travail acharné et bien que les résultats ne soient pas faciles à obtenir, vos efforts seront récompensés.

LIGNE DE DESTINÉE

ANNEAU DE SALOMON
Un anneau de Salomon est souvent signe de leadership, mais pas toujours dans le domaine professionnel.

LIGNE DE CHANCE
Son tracé est moins marqué que celui de la main gauche, mais il suit la même direction. Gloire et prestige pourront naître d'une profession au service ou en collaboration avec autrui.

ANGLE DU RYTHME
Cet angle marqué dénote un sens du rythme développé.

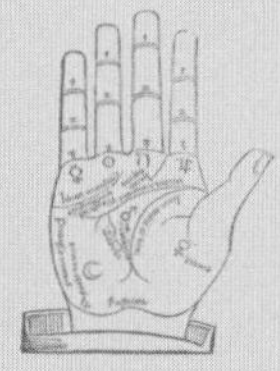

LIGNE DE CHANCE

Gloire et fortune
vont-elles me sourire ?

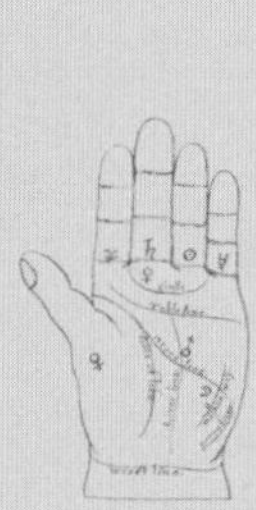

LOCALISATION

Située entre la ligne de destinée et le tranchant de la main, côté opposé au pouce, la ligne de chance traverse la paume en suivant la direction de la ligne de destinée. Elle prend naissance au-dessus du poignet, au centre de la paume, et remonte vers l'annulaire. Dans la paume droite, la ligne de chance se situe à gauche de la ligne de destinée. Dans la paume gauche, son tracé se situe en général à droite de la ligne de destinée.

INTERPRÉTATION

La ligne de chance, ou ligne du Soleil, est en général plutôt courte. Elle devient signifiante lorsque son tracé fait écho à celui de la ligne de destinée au moment d'un changement de carrière et garantit presque toujours le succès de ce changement. Ce chapitre détaille et illustre différentes configurations de paumes de main en rapport avec la ligne de chance.

Cinq questions fréquentes

- Ma nouvelle voie sera-t-elle couronnée de succès ?
- Vais-je enfin obtenir la reconnaissance que je mérite ?
- Puis-je espérer un gain au jeu ?
- J'ai connu promotions et récompenses. Cela va-t-il prendre fin ?
- Devrai-je toujours travailler dur pour réussir ?

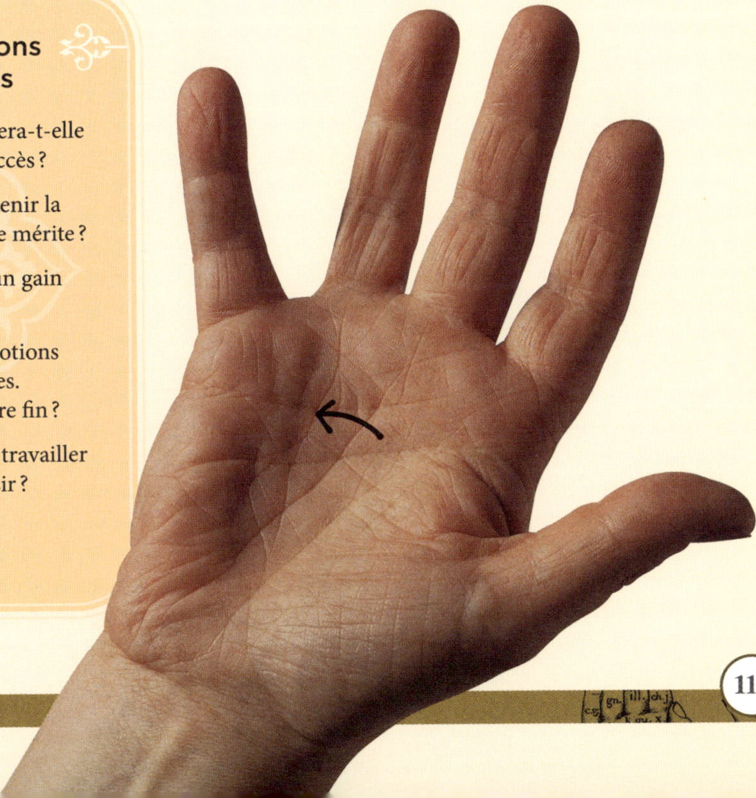

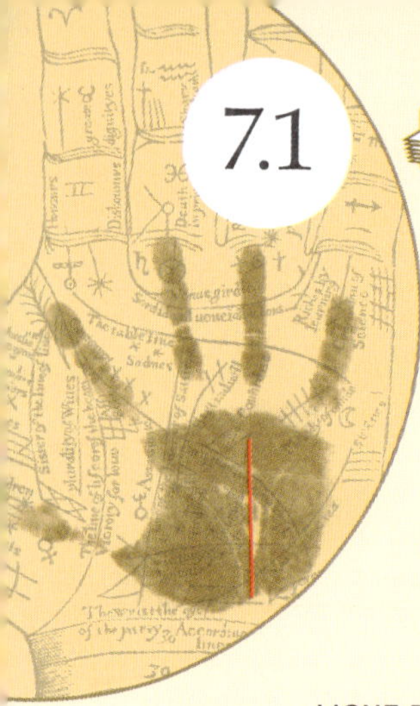

7.1 LIGNE DE CHANCE

◆ COURTE

◆ DÉPART DANS LA MOITIÉ SUPÉRIEURE DE LA PAUME DE MAIN

Vous réussirez tard dans la vie à satisfaire votre soif d'ambition. L'amorce de votre ligne de chance se situe au cœur de la cinquantaine, mais la netteté du tracé suggère une belle réussite en termes de promotion, de prestige ou de rémunération.

LECTURE APPROFONDIE

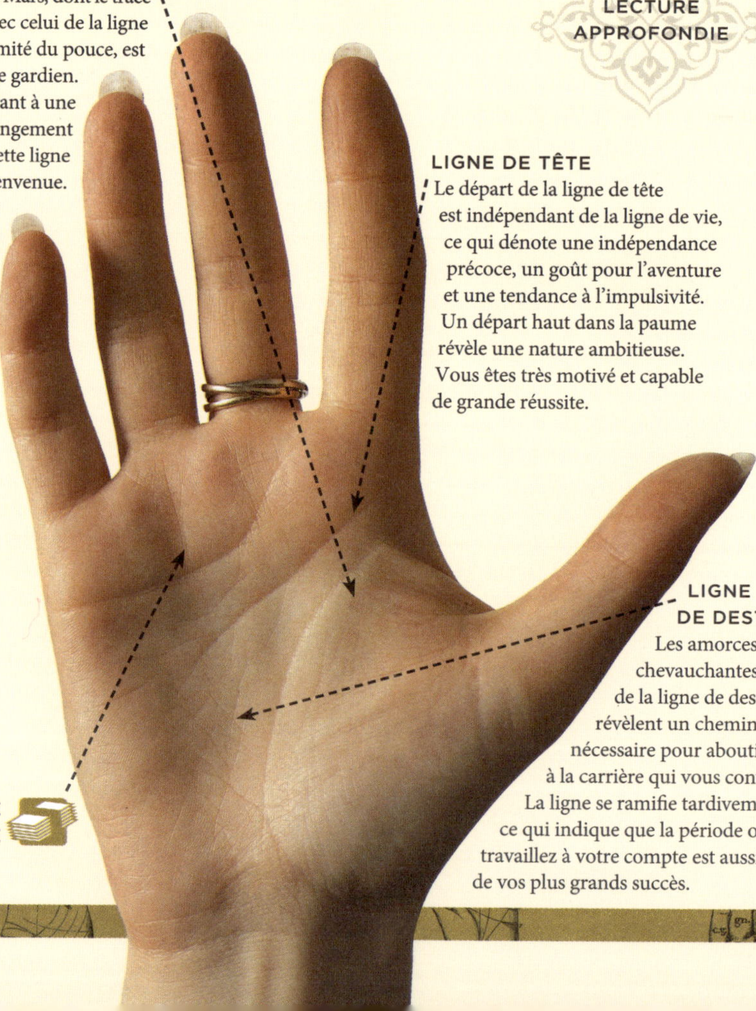

LIGNE DE MARS

Votre ligne de Mars, dont le tracé se confond avec celui de la ligne de vie à proximité du pouce, est une sorte d'ange gardien. Se manifestant à une période de changement de carrière, cette ligne est la bienvenue. Vos problèmes ne vont pas disparaître, mais vous réussissez à rebondir et à tirer le meilleur de la situation.

LIGNE DE TÊTE

Le départ de la ligne de tête est indépendant de la ligne de vie, ce qui dénote une indépendance précoce, un goût pour l'aventure et une tendance à l'impulsivité. Un départ haut dans la paume révèle une nature ambitieuse. Vous êtes très motivé et capable de grande réussite.

LIGNE DE DESTINÉE

Les amorces chevauchantes de la ligne de destinée révèlent un cheminement nécessaire pour aboutir à la carrière qui vous convient. La ligne se ramifie tardivement, ce qui indique que la période où vous travaillez à votre compte est aussi celle de vos plus grands succès.

LIGNE DE CHANCE

LIGNE DE CHANCE

7.2

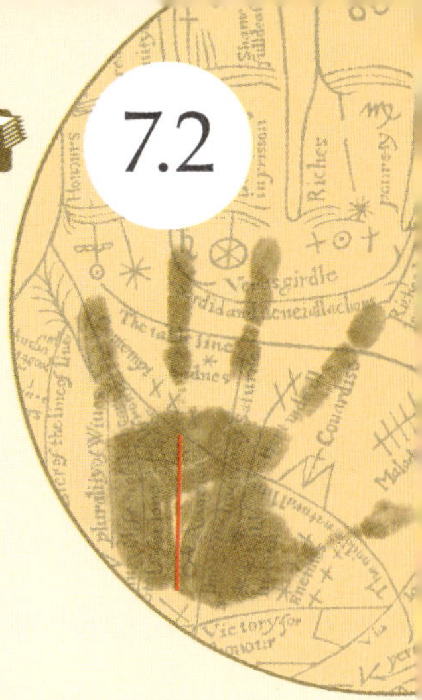

◆ PEU MARQUÉE

Vous n'êtes pas apprécié à votre juste valeur ou souffrez d'un manque de reconnaissance. Votre ligne de chance se manifeste dans un premier temps de façon irrégulière, avec quelques succès au cours de vos 20 et 30 ans, mais son tracé se précise par la suite, signe d'une réussite tardive dans la vie. Votre paume de main montre des monts développés, ce qui suggère une bonne vitalité sur un plan général.

LECTURE APPROFONDIE

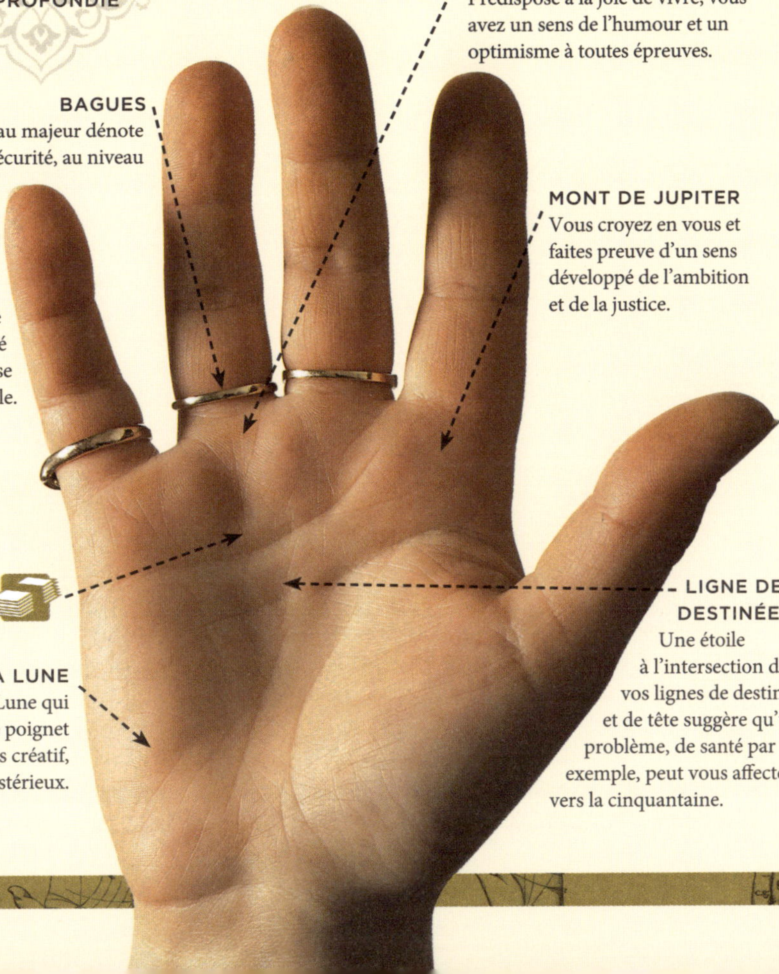

MONT D'APOLLON
Prédisposé à la joie de vivre, vous avez un sens de l'humour et un optimisme à toutes épreuves.

BAGUES
Une bague au majeur dénote un besoin de sécurité, au niveau de l'annulaire, un puissant engagement vis-à-vis du partenaire, et sur l'auriculaire une volonté dissimulée de prise de contrôle.

MONT DE JUPITER
Vous croyez en vous et faites preuve d'un sens développé de l'ambition et de la justice.

LIGNE DE CHANCE

LIGNE DE DESTINÉE
Une étoile à l'intersection de vos lignes de destinée et de tête suggère qu'un problème, de santé par exemple, peut vous affecter vers la cinquantaine.

MONT DE LA LUNE
Le mont de la Lune qui surplombe le poignet révèle des aspects créatif, artistique et mystérieux.

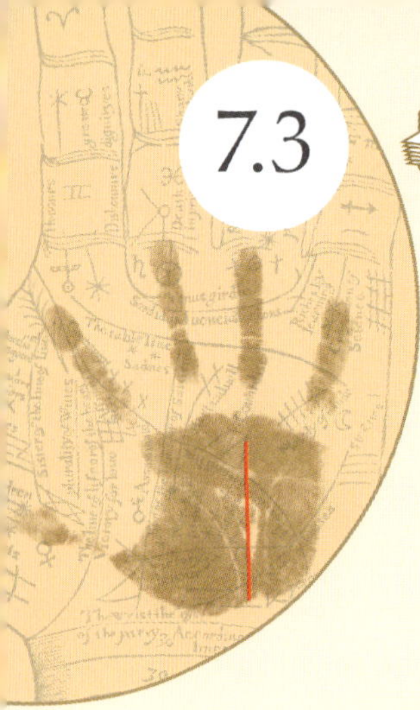

7.3 LIGNE DE CHANCE

◆ DÉBUTE PAR UNE ÉTOILE

Virtuellement, la chance vous sourit. L'étoile est un signe souvent rencontré dans la paume de main des individus ayant fait fortune. Votre ligne de chance débute par une étoile sur le mont de la Lune, et une deuxième étoile apparaît au départ de la seconde partie de la ligne.

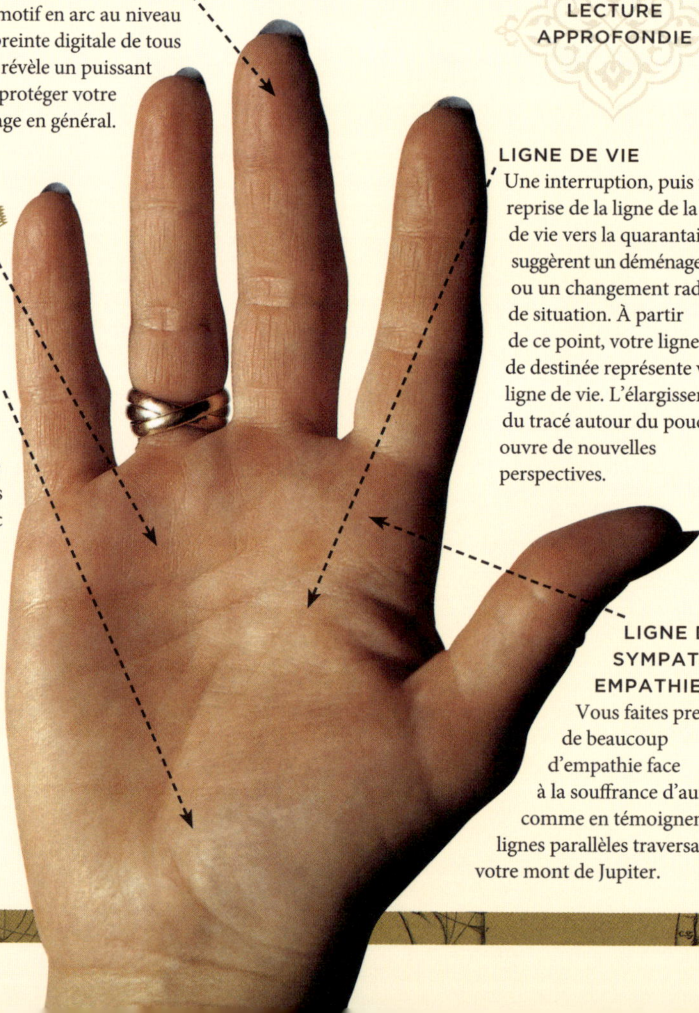

ARC
Un motif en arc au niveau de l'empreinte digitale de tous les doigts révèle un puissant désir de protéger votre entourage en général.

LECTURE APPROFONDIE

LIGNE DE CHANCE

MONT DE NEPTUNE
Un mont de Neptune développé montre que vous êtes en phase avec le monde, capable de compréhension et de compassion. Alerte, perspicace, charismatique, votre magnétisme est comparable à celui des artistes et des orateurs.

LIGNE DE VIE
Une interruption, puis une reprise de la ligne de la ligne de vie vers la quarantaine suggèrent un déménagement ou un changement radical de situation. À partir de ce point, votre ligne de destinée représente votre ligne de vie. L'élargissement du tracé autour du pouce ouvre de nouvelles perspectives.

LIGNE DE SYMPATHIE/ EMPATHIE
Vous faites preuve de beaucoup d'empathie face à la souffrance d'autrui, comme en témoignent les lignes parallèles traversant votre mont de Jupiter.

LIGNE DE CHANCE 7.4

◆ SOUS FORME DE TROIS LIGNES
◆ VERS LE HAUT À PARTIR DE LA LIGNE DE CŒUR

Vous êtes assuré d'une rentrée d'argent, mais en contrepartie de votre travail. La configuration de votre ligne de chance aura un impact tardif sur votre vie, avec une reconnaissance certaine. Votre longue ligne de destinée montre une réelle capacité au gain, mais la réussite sera le fruit de vos efforts. La longueur de cette ligne révèle aussi la quête d'un travail rémunéré.

LECTURE APPROFONDIE

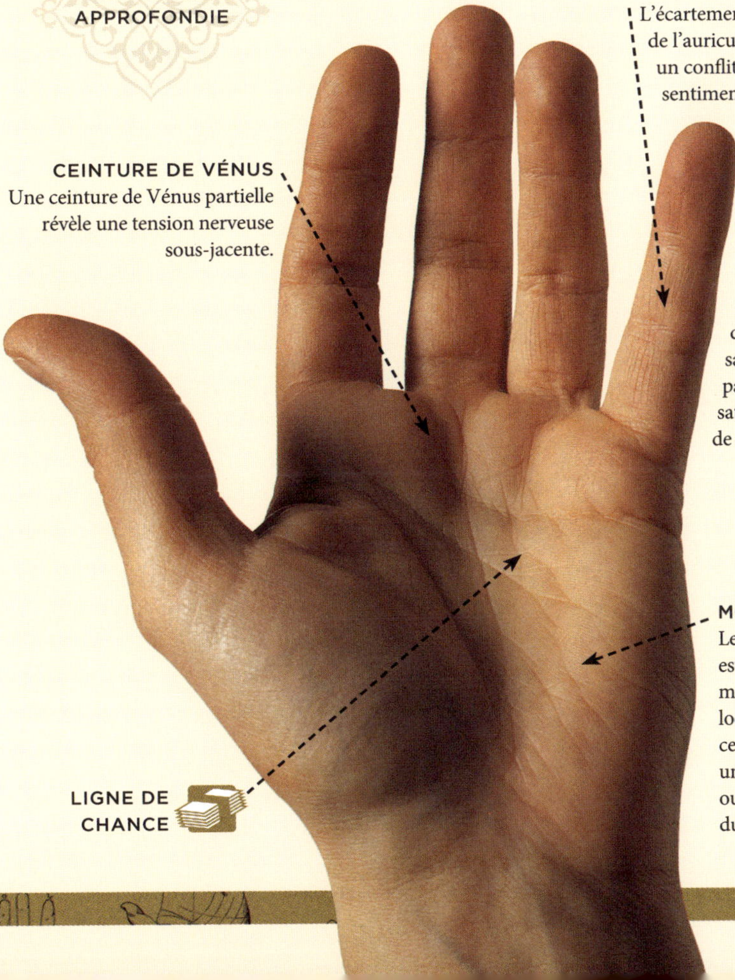

CEINTURE DE VÉNUS
Une ceinture de Vénus partielle révèle une tension nerveuse sous-jacente.

AURICULAIRE
L'écartement et l'inclinaison de l'auriculaire dénotent un conflit de loyauté. Un sentiment de culpabilité émerge de la coexistence et de l'opposition entre un attachement au foyer ou aux parents et un ardent désir d'indépendance, sans réellement parvenir à tirer satisfaction de l'un ou l'autre.

MONT DE LA LUNE
Le mont de la Lune est développé, mais curieusement localisé assez bas, ce qui dénote un intérêt évident ou l'expérience du paranormal.

LIGNE DE CHANCE

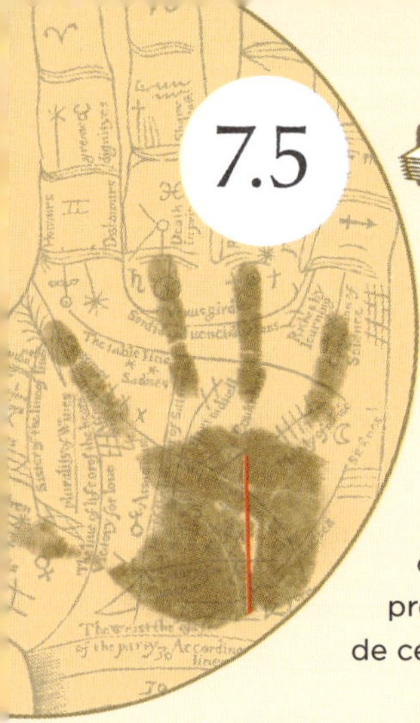

7.5 LIGNE DE CHANCE

◆ MULTIPLE

◆ REFLET DE LA LIGNE DE DESTINÉE

Le succès sera au rendez-vous de la nouvelle aventure professionnelle que vous prédit votre ligne de destinée. Partagée en deux jusqu'à la cinquantaine, elle se ramifie peu après, signe d'une division des tâches. Vous serez conduit à diriger une entreprise plutôt que de vous installer à votre compte. Face à cette éventualité, la ligne de chance la plus prometteuse sera celle dont le tracé sera la reproduction fidèle de celui de la ligne de destinée.

LECTURE APPROFONDIE

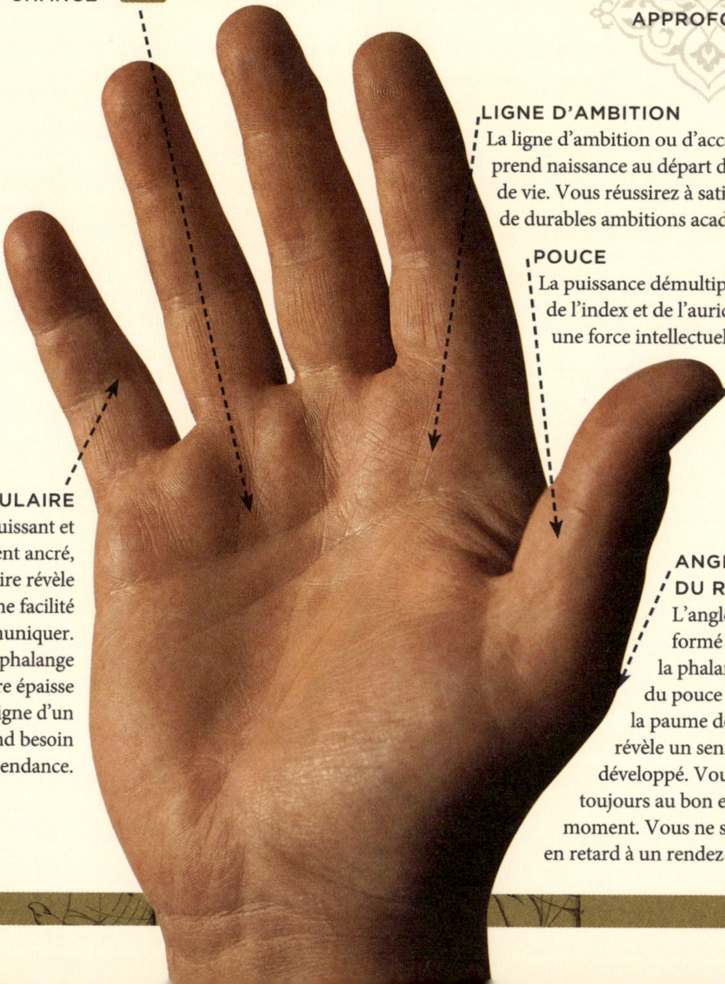

LIGNE DE CHANCE

LIGNE D'AMBITION
La ligne d'ambition ou d'accomplissement prend naissance au départ de la ligne de vie. Vous réussirez à satisfaire de durables ambitions académiques.

POUCE
La puissance démultipliée du pouce, de l'index et de l'auriculaire dénote une force intellectuelle.

AURICULAIRE
Puissant et fermement ancré, l'auriculaire révèle une facilité à communiquer. Une phalange inférieure épaisse témoigne d'un grand besoin d'indépendance.

ANGLE DU RYTHME
L'angle marqué formé à l'endroit où la phalange inférieure du pouce rencontre la paume de la main révèle un sens du rythme développé. Vous êtes toujours au bon endroit au bon moment. Vous ne serez jamais en retard à un rendez-vous.

LIGNE DE CHANCE

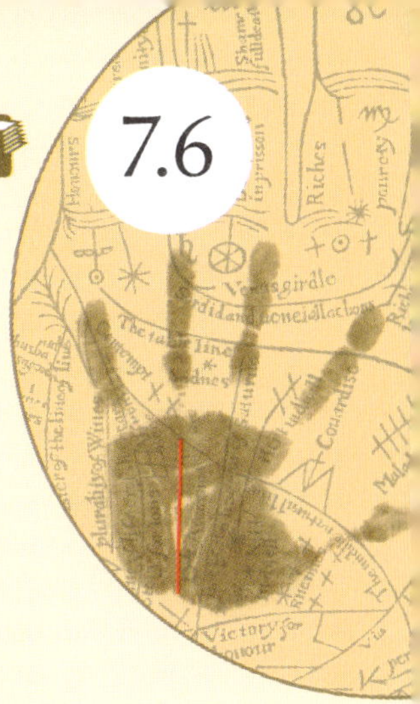

7.6

◆ MULTIPLE

◆ REFLET DE LA LIGNE DE DESTINÉE

Le succès sera au rendez-vous de la nouvelle aventure professionnelle que vous prédit votre ligne de destinée. Partagée en deux jusqu'à la cinquantaine, elle se ramifie peu après, ce qui est signe d'une division des tâches.

LECTURE APPROFONDIE

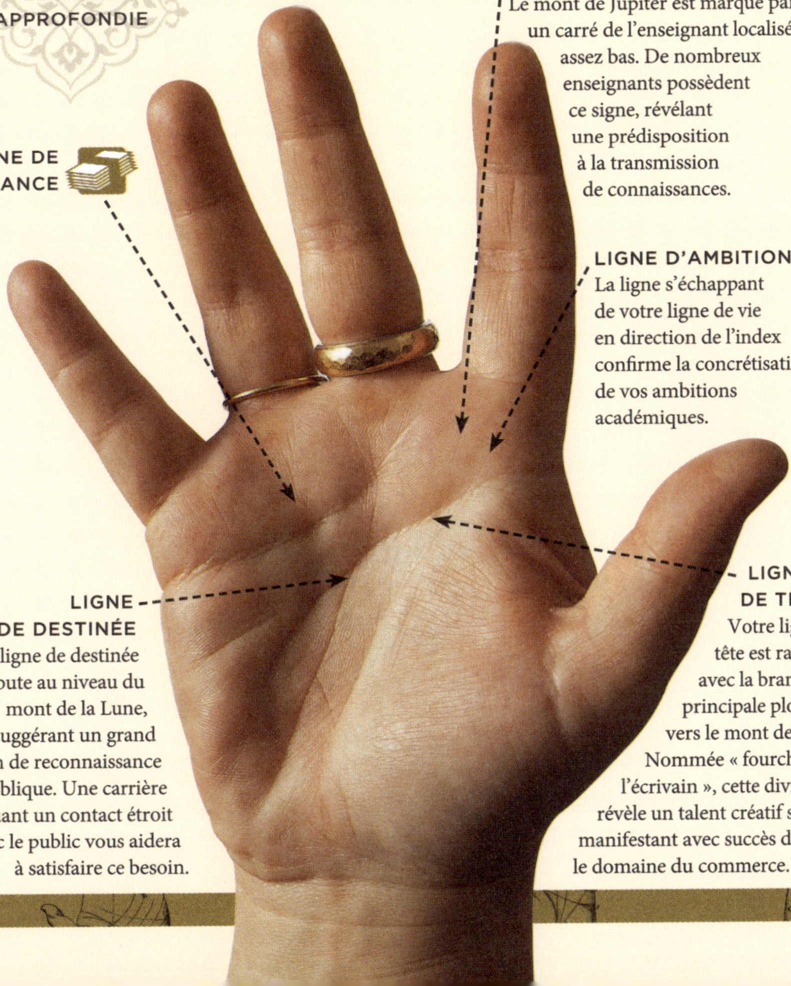

LIGNE DE CHANCE

CARRÉ DE L'ENSEIGNANT
Le mont de Jupiter est marqué par un carré de l'enseignant localisé assez bas. De nombreux enseignants possèdent ce signe, révélant une prédisposition à la transmission de connaissances.

LIGNE D'AMBITION
La ligne s'échappant de votre ligne de vie en direction de l'index confirme la concrétisation de vos ambitions académiques.

LIGNE DE DESTINÉE
La ligne de destinée débute au niveau du mont de la Lune, suggérant un grand besoin de reconnaissance publique. Une carrière impliquant un contact étroit avec le public vous aidera à satisfaire ce besoin.

LIGNE DE TÊTE
Votre ligne de tête est ramifiée, avec la branche principale plongeant vers le mont de la Lune. Nommée « fourche de l'écrivain », cette division révèle un talent créatif se manifestant avec succès dans le domaine du commerce.

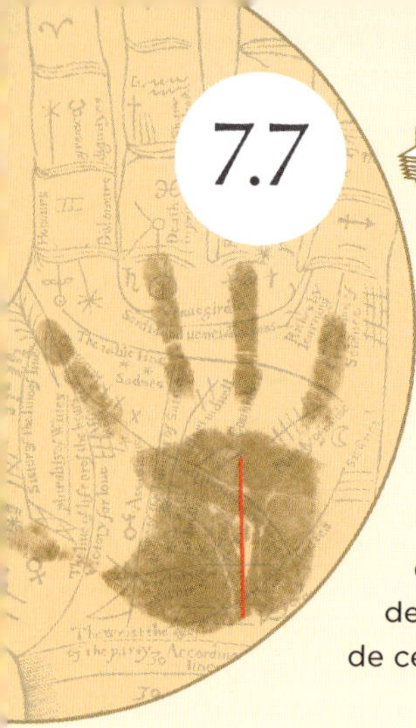

7.7 LIGNE DE CHANCE

◆ **MAIN DOMINANTE**

◆ **DIFFÉRENTE DE LA MAIN PASSIVE**

Votre paume gauche passive présente de notables différences avec votre main droite dominante et sa longue ligne de chance. Les lignes de soucis sont plus marquées à gauche, mais les lignes de chance et de destinée sont différentes. La ligne de chance vient de l'intérieur de la ligne de vie, ce qui signale en général un problème ou un empêchement, et la ligne de destinée est nettement séparée. La cartographie des lignes de cette main passive révèle un sentiment d'insatisfaction.

LECTURE APPROFONDIE

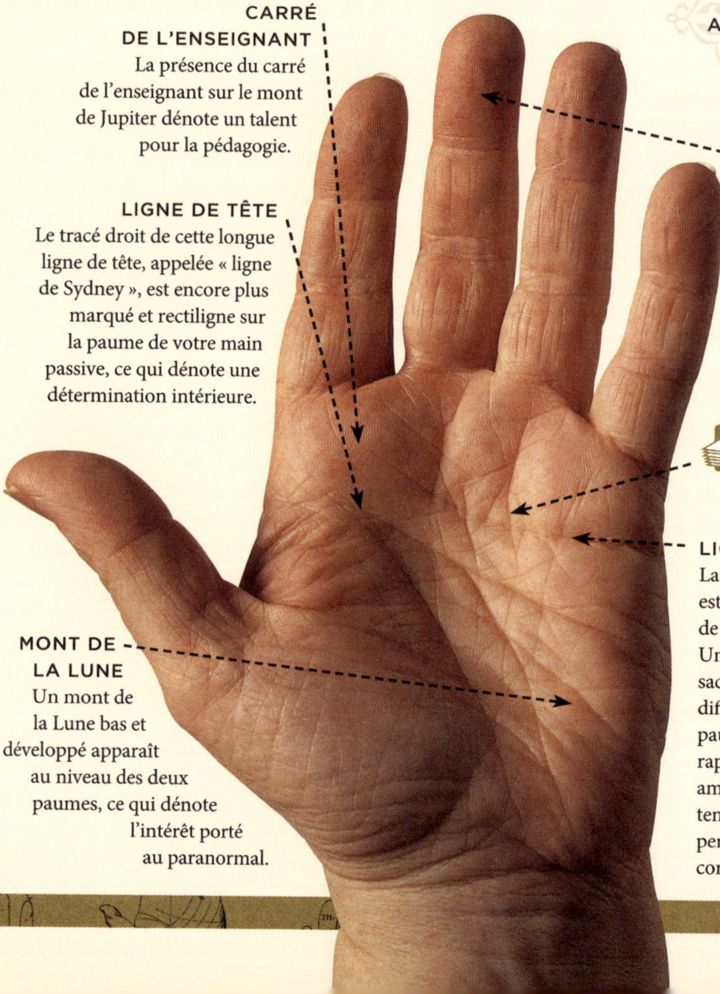

CARRÉ DE L'ENSEIGNANT
La présence du carré de l'enseignant sur le mont de Jupiter dénote un talent pour la pédagogie.

LIGNE DE TÊTE
Le tracé droit de cette longue ligne de tête, appelée « ligne de Sydney », est encore plus marqué et rectiligne sur la paume de votre main passive, ce qui dénote une détermination intérieure.

MONT DE LA LUNE
Un mont de la Lune bas et développé apparaît au niveau des deux paumes, ce qui dénote l'intérêt porté au paranormal.

ÎLOT
Un motif en îlot au niveau de l'empreinte digitale de tous les doigts de la main passive témoigne d'un besoin de réussite.

LIGNE DE CHANCE

LIGNE DE CŒUR
La double ligne de cœur est à l'image de celle de la main dominante. Un élément important, sachant que toute différence entre les deux paumes de main en rapport avec notre vie amoureuse dénote une tendance à attirer des personnes qui ne nous correspondent pas.

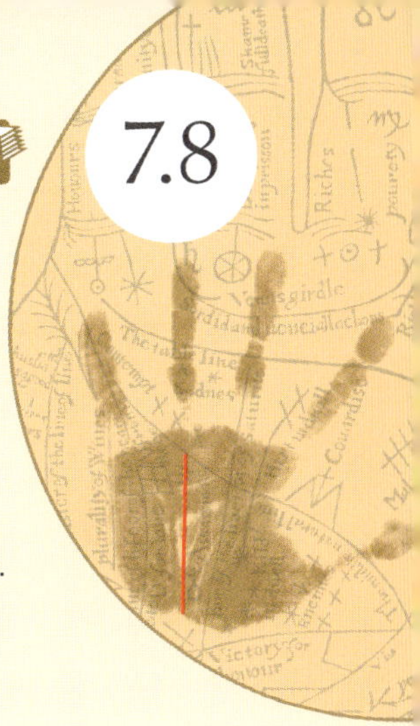

LIGNE DE CHANCE

7.8

◆ LONGUE

Votre profession au service ou en collaboration avec autrui vous apporte prestige et reconnaissance. Des lignes de soucis durables strient toute la paume de la main, ce qui semble peu étonnant étant donné votre acharnement au travail et votre réussite. Le tracé de votre ligne de chance, épaisse, nette et riche, apparaît dès le début comme le reflet fidèle de votre ligne de destinée.

LECTURE APPROFONDIE

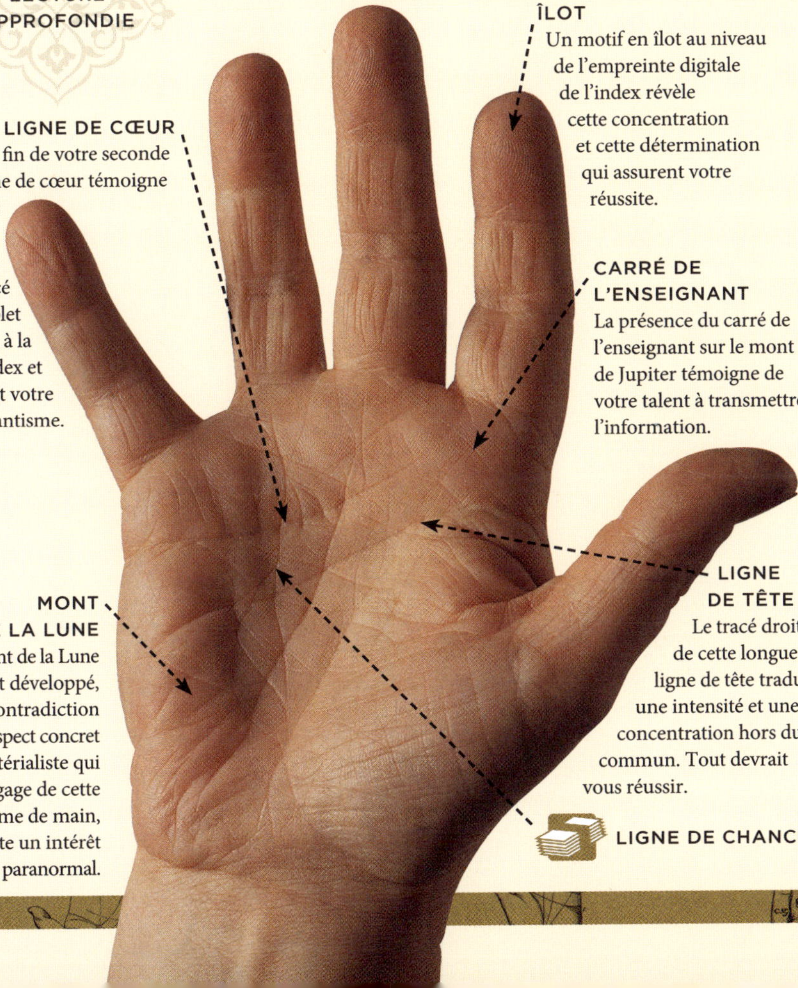

LIGNE DE CŒUR
La fin de votre seconde ligne de cœur témoigne de votre sensualité, avec un tracé complet s'achevant à la base de l'index et dénotant votre romantisme.

ÎLOT
Un motif en îlot au niveau de l'empreinte digitale de l'index révèle cette concentration et cette détermination qui assurent votre réussite.

CARRÉ DE L'ENSEIGNANT
La présence du carré de l'enseignant sur le mont de Jupiter témoigne de votre talent à transmettre l'information.

MONT DE LA LUNE
Un mont de la Lune bas et développé, en contradiction avec l'aspect concret et matérialiste qui se dégage de cette paume de main, dénote un intérêt pour le paranormal.

LIGNE DE TÊTE
Le tracé droit de cette longue ligne de tête traduit une intensité et une concentration hors du commun. Tout devrait vous réussir.

LIGNE DE CHANCE

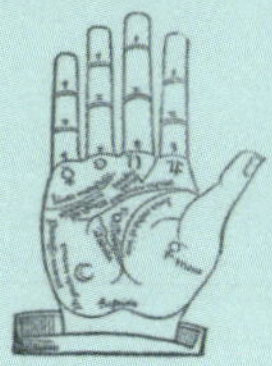

LIGNE D'ATTACHEMENT

Combien d'histoires d'amour ?

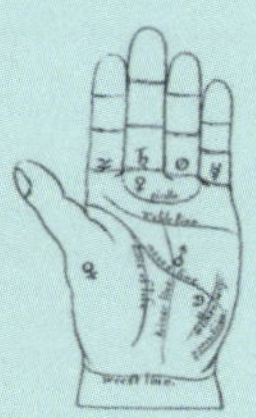

LOCALISATION

Les lignes d'attachement se situent sur le tranchant de la main, côté opposé au pouce, au-dessus et parallèlement à la ligne de cœur, mais sous l'anneau formé à la base de l'auriculaire. La ligne la plus proche de la ligne de cœur fait référence à votre premier amour, et les autres aux partenaires suivants. Cette région de la paume de la main est assez réduite, ce qui ne facilite pas son étude. L'orientation des lignes est souvent plus significative que les lignes elles-mêmes.

INTERPRÉTATION

Les lignes d'attachement, parfois appelées « lignes du mariage » ou « d'amour », mettent en évidence les histoires d'amour de votre vie, du premier grand amour, au mariage ou aux différents partenaires. Les lignes d'attachement présentes au niveau de votre main droite dominante ne correspondent pas toutes à une liaison sérieuse. En cas de relation ou de mariage heureux, les lignes d'attachement suivantes peuvent s'estomper au fil du temps. Comparer les lignes de la main dominante, qui représentent la situation actuelle, avec celles de la main passive, cartographiant la vie entière, peut être très instructif.

Cinq questions fréquentes

- Ai-je choisi le bon partenaire ?
- Vais-je réussir à sauver mon mariage ?
- Serai-je plus tard aussi heureux et satisfait avec mon partenaire qu'aujourd'hui ?
- Vais-je réussir à rester fidèle en dépit de ce que prédisent les lignes de ma main ?
- Je suis libre, mais vais-je trouver un partenaire ?

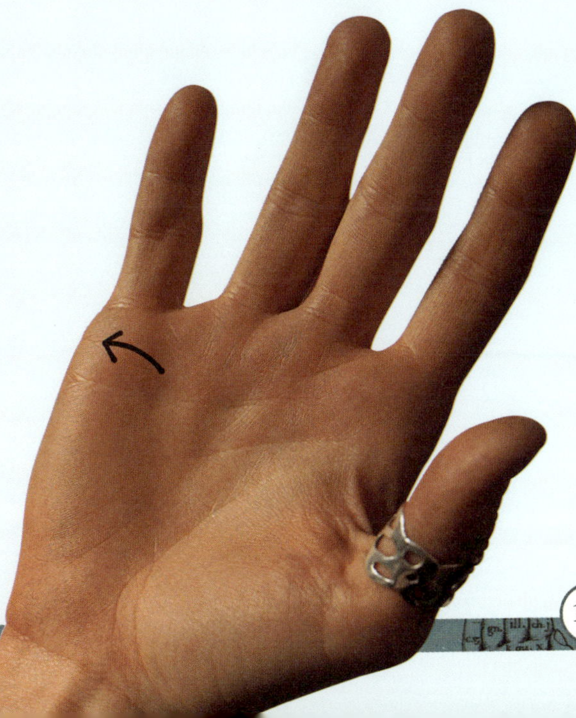

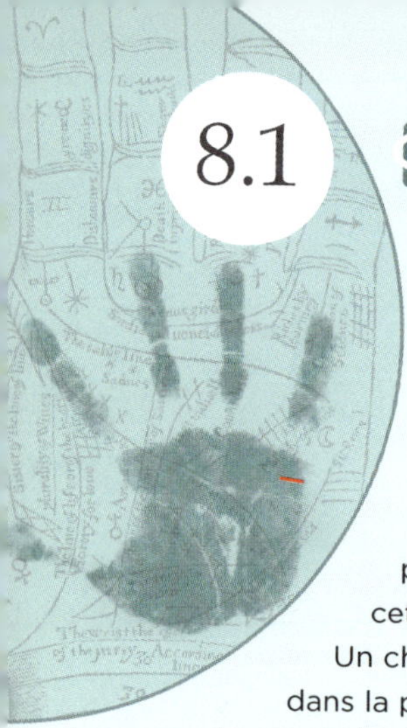

8.1 LIGNE D'ATTACHEMENT

◆ EXTRÉMITÉ FOURCHUE

Une relation ou un mariage de longue date risque de prendre fin, à votre initiative. Il faut toujours rechercher des causes sous-jacentes et s'interroger sur ce qui peut être amélioré une fois que les problèmes sont identifiés. Ici, la ligne présente une extrémité fourchue, mais cette fourche peut s'estomper si vous procédez aux changements appropriés. Sur votre main passive, la fourche ne s'effacera probablement pas, sachant que cette paume révèle potentiels et opportunités de toute une vie. Un changement majeur ou une opportunité se reflètent dans la paume de votre main dominante.

LECTURE APPROFONDIE

LIGNE DE DESTINÉE
Votre ligne de destinée montre une période troublée vers la cinquantaine, avec pour résultat possible une diversification sur le plan professionnel. Une évolution susceptible de mettre un mariage ou une relation sentimentale à rude épreuve.

LIGNE DE MARS
Votre ligne de Mars qui longtemps se confond avec votre ligne de vie vous apporte un environnement sûr, source d'opportunités à saisir, comme cela se confirme vers la cinquantaine.

LIGNE D'ATTACHEMENT

LIGNES DE VOYAGE
Nombreuses sur le tranchant de la main, côté opposé au pouce, ces lignes de voyages se dirigent vers votre ligne de destinée, suggérant des voyages avant tout d'ordre professionnel.

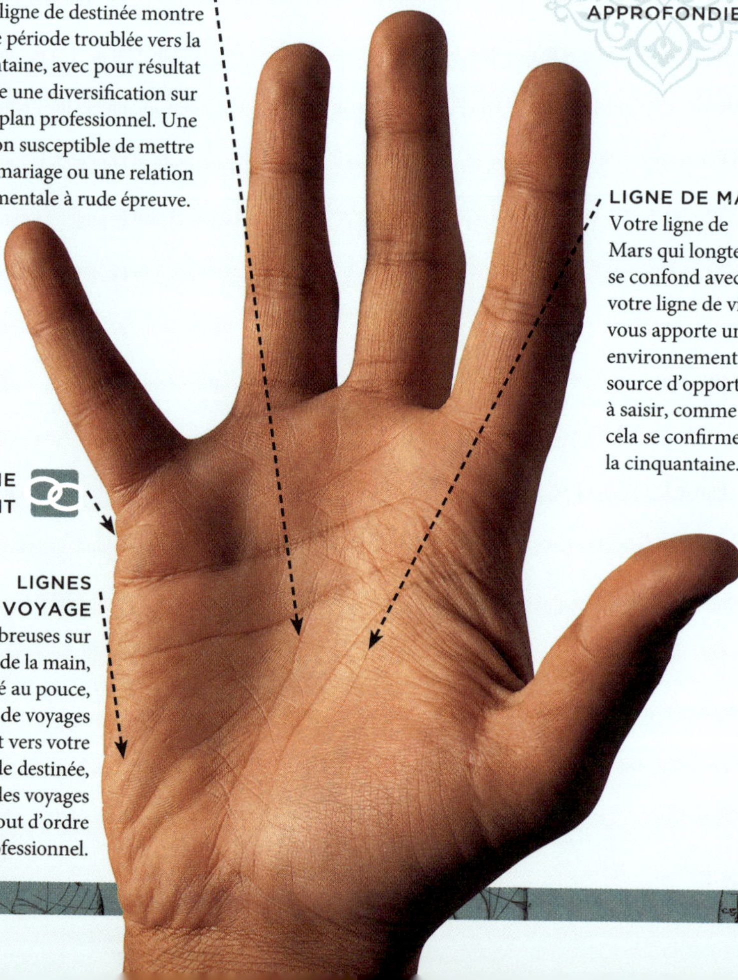

LIGNE D'ATTACHEMENT

8.2

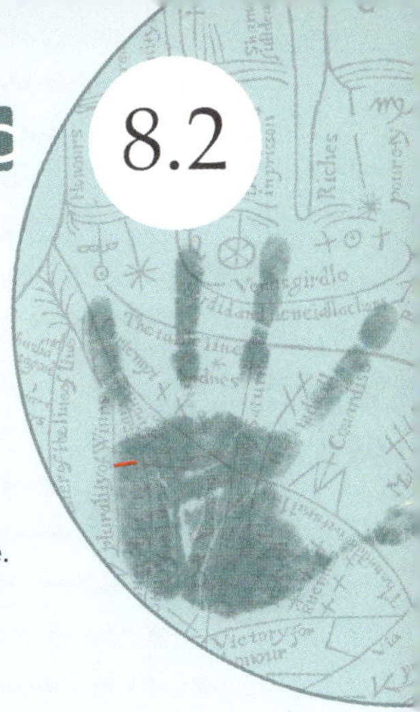

◆ INTÈGRE UNE RUPTURE
◆ RÉUNIFICATION

La relation avec votre partenaire est marquée par une rupture, avant une réconciliation. Parfois, cette configuration peut se rapporter à un couple vivant séparément, plutôt qu'à une séparation. L'interruption et le chevauchement des lignes se prolongent, indiquant peut-être que le ciment liant le couple exige d'être régulièrement renforcé.

LECTURE APPROFONDIE

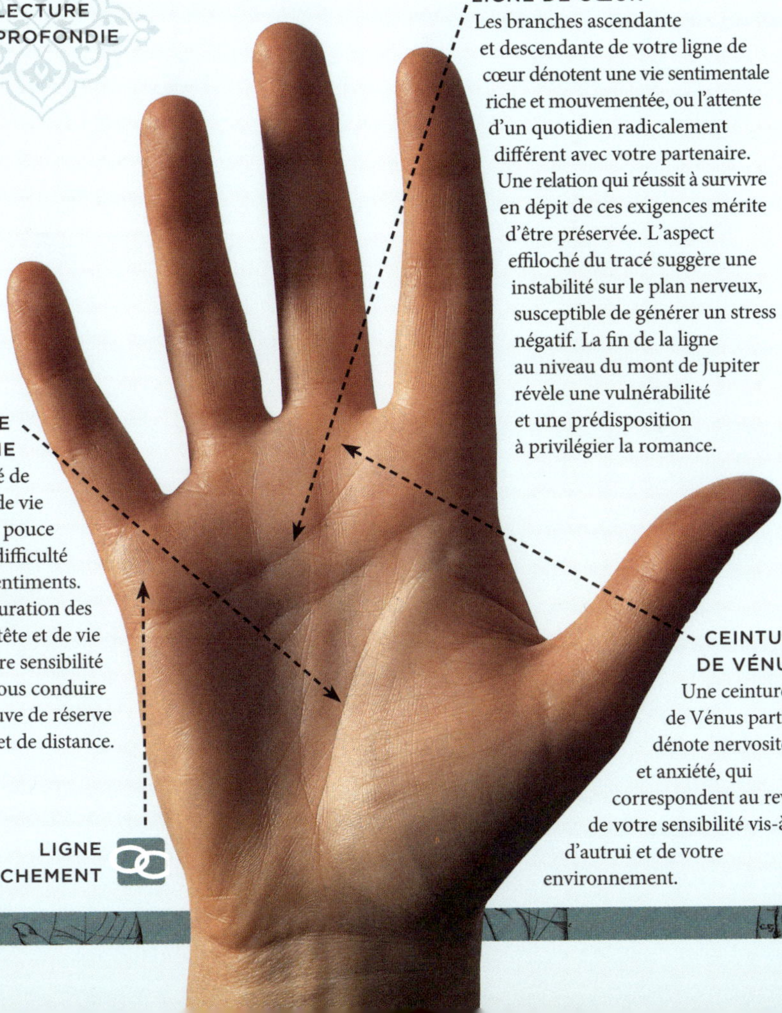

LIGNE DE CŒUR
Les branches ascendante et descendante de votre ligne de cœur dénotent une vie sentimentale riche et mouvementée, ou l'attente d'un quotidien radicalement différent avec votre partenaire. Une relation qui réussit à survivre en dépit de ces exigences mérite d'être préservée. L'aspect effiloché du tracé suggère une instabilité sur le plan nerveux, susceptible de générer un stress négatif. La fin de la ligne au niveau du mont de Jupiter révèle une vulnérabilité et une prédisposition à privilégier la romance.

LIGNE DE VIE
Le tracé de la ligne de vie proche du pouce trahit votre difficulté à dire vos sentiments. La configuration des lignes de tête et de vie tempère votre sensibilité et peut vous conduire à faire preuve de réserve et de distance.

CEINTURE DE VÉNUS
Une ceinture de Vénus partielle dénote nervosité et anxiété, qui correspondent au revers de votre sensibilité vis-à-vis d'autrui et de votre environnement.

LIGNE D'ATTACHEMENT

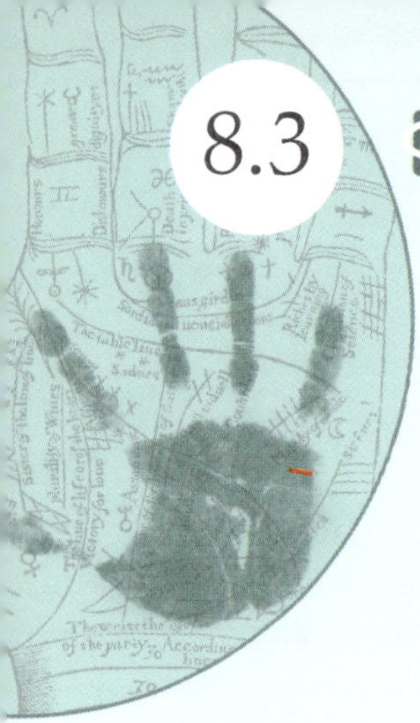

8.3 LIGNE D'ATTACHEMENT

◆ PLONGEANTE

◆ DESCEND VERS LE BAS DE LA PAUME

La relation avec votre partenaire est difficile et ce dernier peut être à l'origine d'une rupture. Néanmoins, le tracé de votre ligne d'attachement présente une inclinaison suggérant une chance de retournement de situation et d'heureuses retrouvailles.

LECTURE APPROFONDIE

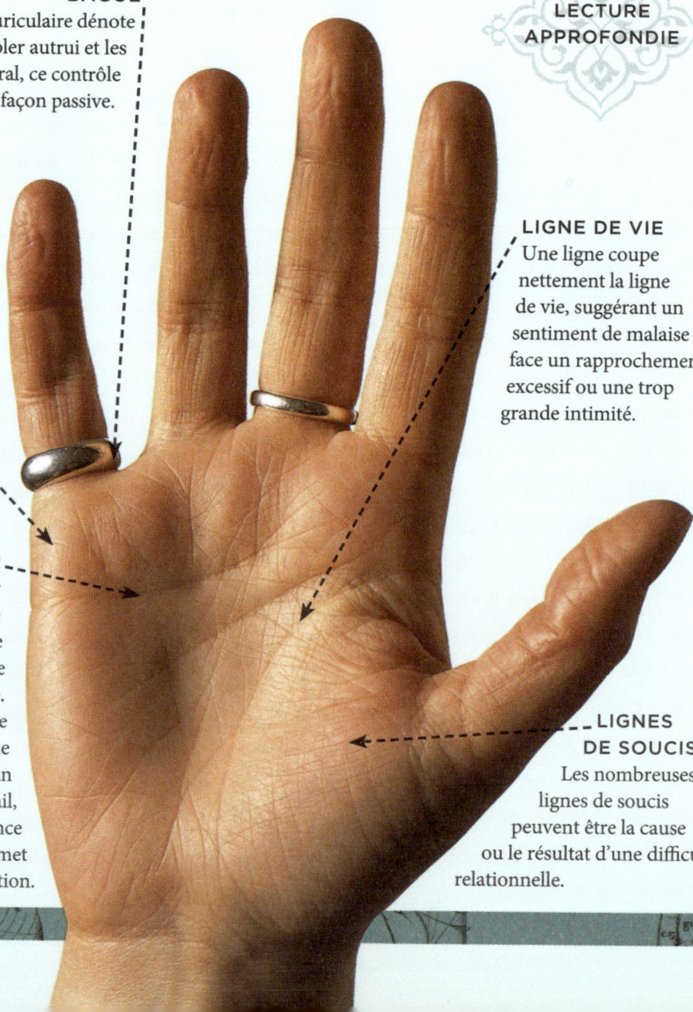

BAGUE

Une bague à l'auriculaire dénote un besoin de contrôler autrui et les situations. En général, ce contrôle s'exerce de façon passive.

LIGNE D'ATTACHEMENT

LIGNE DE CŒUR

Une ligne de cœur basse et plutôt droite révèle un manque d'engagement et une tendance à la réserve. La fin de la ligne dirigée vers la ligne de tête dénote un acharnement au travail, alors que l'importance du mont de Jupiter met l'accent sur l'ambition.

LIGNE DE VIE

Une ligne coupe nettement la ligne de vie, suggérant un sentiment de malaise face un rapprochement excessif ou une trop grande intimité.

LIGNES DE SOUCIS

Les nombreuses lignes de soucis peuvent être la cause ou le résultat d'une difficulté relationnelle.

LIGNE D'ATTACHEMENT

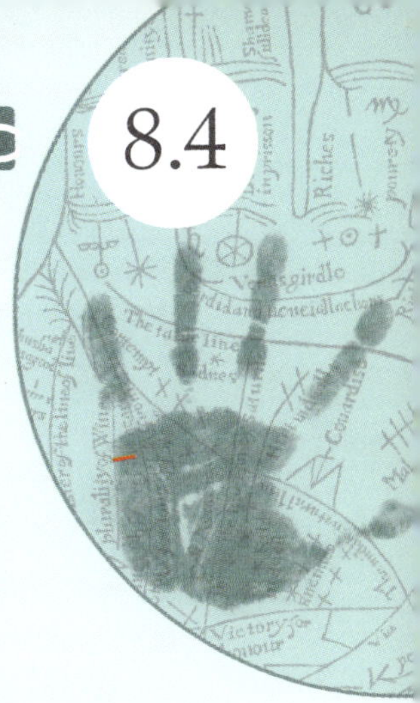

8.4

◆ PLONGEANTE

◆ DESCEND VERS LE BAS DE LA PAUME

La relation avec votre partenaire est difficile et ce dernier peut être à l'origine d'une rupture. Une ligne de cœur courte et droite, avec de nombreuses ramifications, témoigne de la diversité de vos besoins sur le plan émotionnel. Pour vous, la sexualité est envisageable sans engagement émotionnel.

LECTURE APPROFONDIE

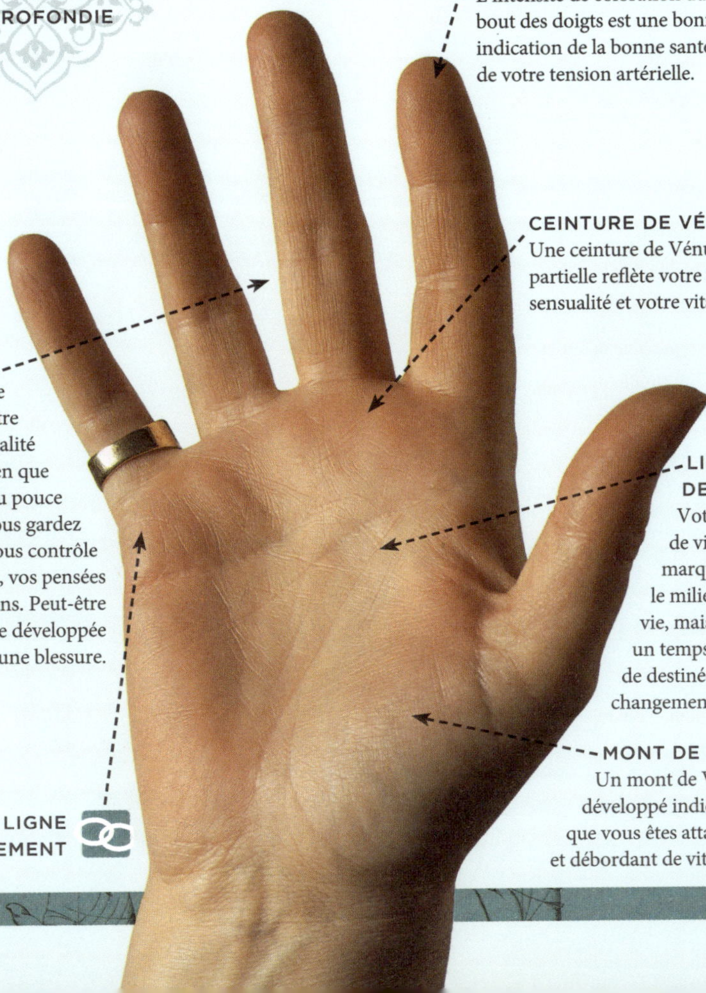

NOTE SANTÉ
L'intensité de coloration du bout des doigts est une bonne indication de la bonne santé de votre tension artérielle.

CEINTURE DE VÉNUS
Une ceinture de Vénus partielle reflète votre franche sensualité et votre vitalité.

DOIGTS
L'écartement de vos doigts montre une personnalité ouverte, bien que la fermeture du pouce indique que vous gardez secret et sous contrôle vos sentiments, vos pensées et vos émotions. Peut-être une attitude développée suite à une blessure.

LIGNE DE VIE
Votre ligne de vie est peu marquée vers le milieu de votre vie, mais elle rejoint un temps la ligne de destinée, signe d'un changement radical.

MONT DE VÉNUS
Un mont de Vénus développé indique que vous êtes attachant et débordant de vitalité.

LIGNE D'ATTACHEMENT

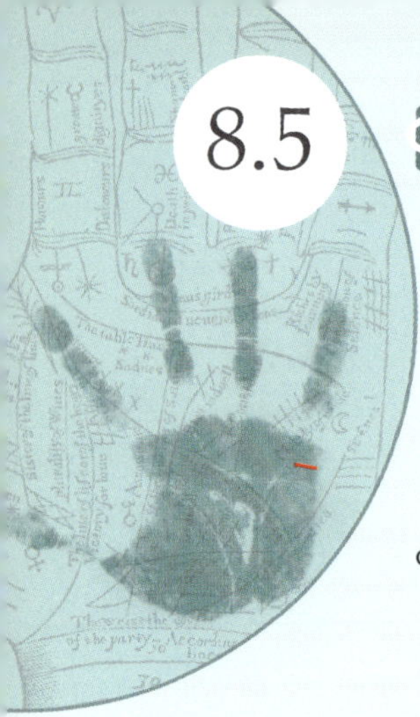

8.5 LIGNE D'ATTACHEMENT

◆ REMONTE NETTEMENT

Votre partenaire révèle son talent dans les affaires. Votre ligne d'attachement n'est pas très longue, ce qui suggère que les circonstances peuvent entraîner une séparation physique ou émotionnelle. Vos lignes de destinée et de chance témoignent d'un sens développé pour les affaires, mais aussi du probable soutien apporté à votre partenaire en vue de sa réussite.

LECTURE APPROFONDIE

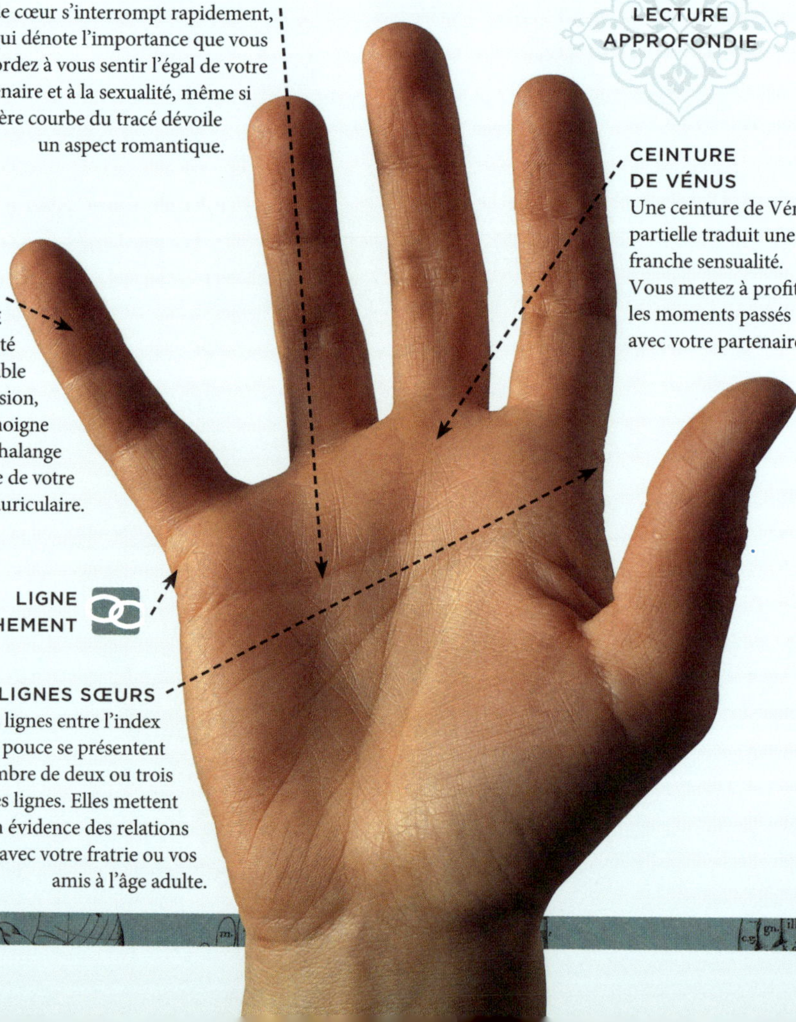

LIGNE DE CŒUR
La ligne de cœur s'interrompt rapidement, ce qui dénote l'importance que vous accordez à vous sentir l'égal de votre partenaire et à la sexualité, même si une légère courbe du tracé dévoile un aspect romantique.

CEINTURE DE VÉNUS
Une ceinture de Vénus partielle traduit une franche sensualité. Vous mettez à profit les moments passés avec votre partenaire.

PHALANGE SUPÉRIEURE
Vous êtes doté d'une incroyable force de persuasion, comme en témoigne la longue phalange supérieure de votre auriculaire.

LIGNE D'ATTACHEMENT

LIGNES SŒURS
Ces lignes entre l'index et le pouce se présentent au nombre de deux ou trois longues lignes. Elles mettent en évidence des relations étroites avec votre fratrie ou vos amis à l'âge adulte.

LIGNE D'ATTACHEMENT

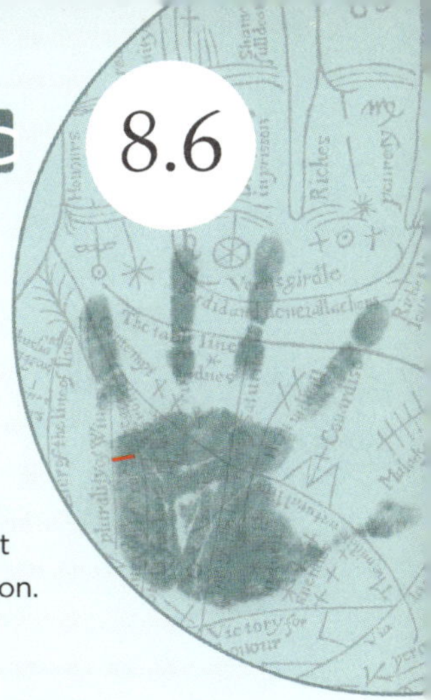

8.6

◆ **DROITE**
◆ **NETTE**

Une ligne équilibrée, dont le tracé ne plonge pas, ne s'interrompt pas et ne présente pas d'îlot, témoigne d'une relation équilibrée avec votre partenaire. La ligne d'attachement n'est ni trop courte ni trop longue. Une ligne courte renvoie à une relation superficielle ou à une liaison sans trop d'engagement et de moments partagés. Une ligne trop longue signifie la stabilité d'une relation, probablement avec une âme sœur, qui ôte à votre vie toute autre réalisation.

LECTURE APPROFONDIE

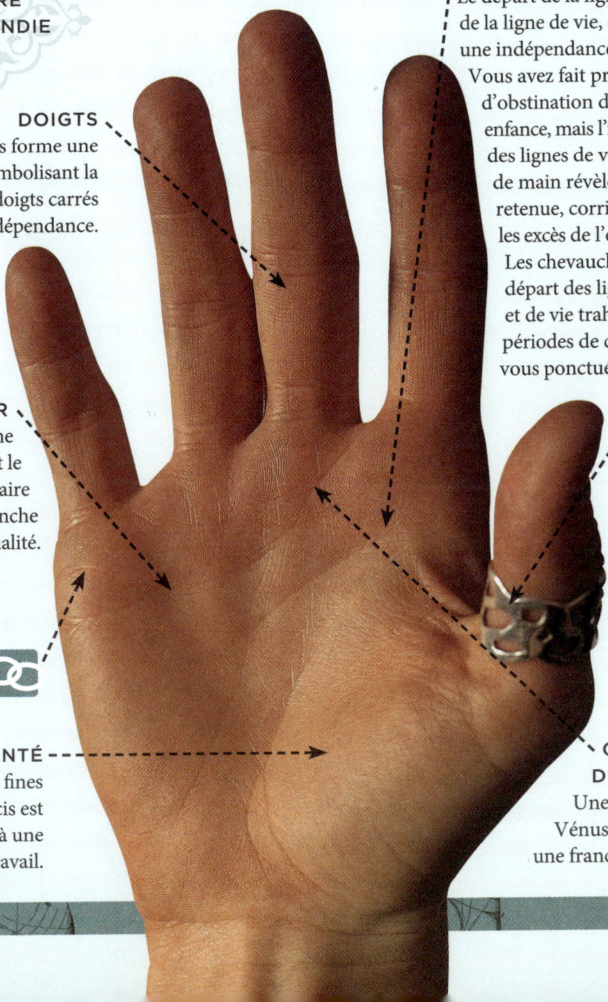

CEINTURE DE VÉNUS

Êtes-vous quelqu'un de sensuel ?

LOCALISATION

La ceinture de Vénus prend naissance entre l'index et le majeur, contourne la base du majeur et de l'annulaire et se termine entre l'annulaire et l'auriculaire. Elle se manifeste le plus souvent sous la forme de deux lignes ou de plusieurs petites lignes, plutôt que sous celle d'une seule ligne au tracé continu.

INTERPRÉTATION

Tout au long de l'histoire de la chiromancie, la ceinture de Vénus a été perçue comme un trait de sensualité, définissant un individu à l'écoute de ses sens. Sur une paume de main peu robuste, la ceinture de Vénus suggère nervosité et sensibilité, chez une personne facilement blessée. Dans des cas extrêmes, cela peut se traduire par un névrosisme teinté de légère paranoïa.

Cinq questions fréquentes

- Pourquoi sensualité et plaisir signifient autant pour moi ?
- Comment expliquer cette sensibilité aux humeurs, aux situations et même aux auras ?
- Comment expliquer cet excès d'énergie en moi, alors que ma famille est plutôt calme ?
- Comment savoir si un partenaire saura me convenir ?
- Ma sensualité peut-elle expliquer la nature mouvementée de mes relations amoureuses ?

9.1 CEINTURE DE VÉNUS

◆ **DEMI-CERCLE COMPLET**

◆ **AUTOUR DE LA BASE DES DOIGTS MÉDIANS**

Vous faites preuve de sensibilité, de compassion et de sensualité, avec tous vos sens en éveil. Prédisposé à une grande dépense d'énergie, vous êtes un battant. La présence d'une double ceinture de Vénus multiplie ces qualités en insistant sur l'éveil de tous les sens, avec une tendance à l'hypersensibilité. Vous êtes sujet aux allergies.

LECTURE APPROFONDIE

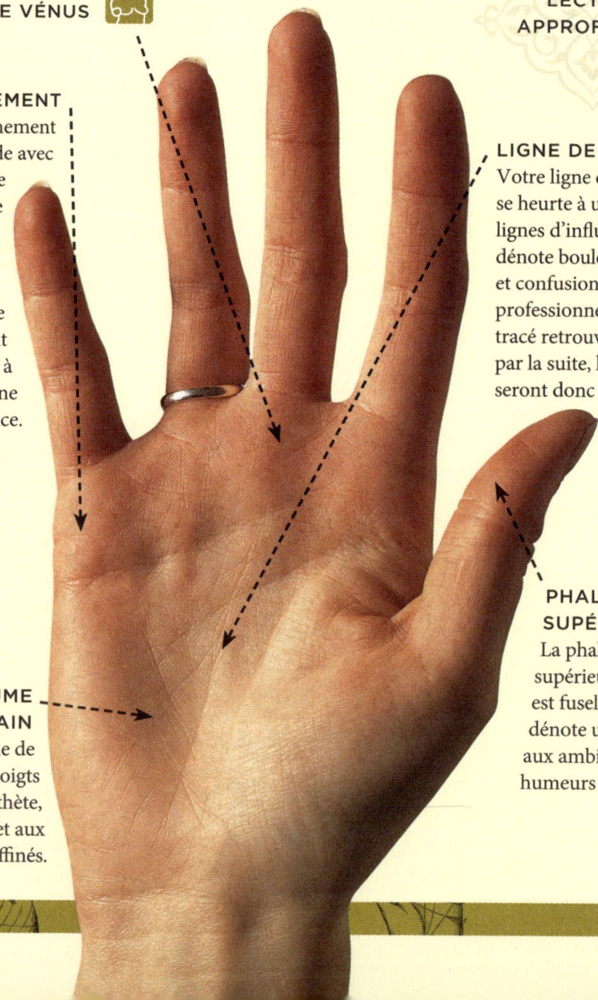

CEINTURE DE VÉNUS

LIGNE D'ATTACHEMENT
La ligne d'attachement supérieure qui coïncide avec le point critique de votre ligne de destinée témoigne d'une longue et solide relation amoureuse, passionnée et mouvementée. Cette ligne d'attachement fait peut-être référence à un partenaire à l'origine des lignes d'influence.

LIGNE DE DESTINÉE
Votre ligne de destinée se heurte à un îlot et aux lignes d'influence, ce qui dénote bouleversements et confusion dans votre vie professionnelle, mais le tracé retrouve une stabilité par la suite, les difficultés seront donc surmontées.

PHALANGE SUPÉRIEURE
La phalange supérieure du pouce est fuselée, ce qui dénote une sensibilité aux ambiances, aux humeurs et à autrui.

PAUME DE LA MAIN
Une longue paume de main et de longs doigts révèle un esthète, libre d'esprit et aux goûts raffinés.

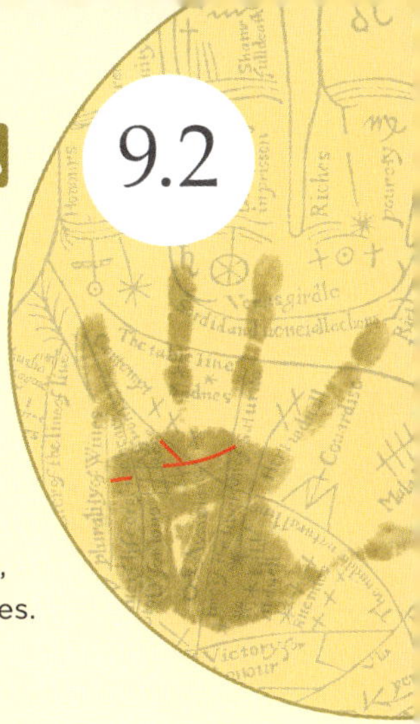

CEINTURE DE VÉNUS

9.2

◆ RELIÉE À LA LIGNE D'ATTACHEMENT

Vous connaîtrez certainement une liaison orageuse. Une ceinture de Vénus complète est parfois en rapport avec un sentiment d'insécurité et les tourments du doute. Une ligne interrompue, comme ici, montre que vous êtes plein de bon sens. Vous ne tirez pas de conclusions négatives à la hâte, par exemple à propos de l'annulation d'un dîner. Votre possessivité et votre jalousie peuvent gâcher la relation avec votre partenaire, mais un échange sincère et ouvert se révélera des plus bénéfiques.

LECTURE APPROFONDIE

LIGNE DE CŒUR

Une ligne de cœur courte et droite témoigne d'une prédisposition aux histoires d'amour sans lendemain, même si son tracé assez bas suggère un sentiment de culpabilité qui pourrait mettre un terme à cette tendance à papillonner.

LIGNE D'INTENSITÉ

La ligne reliant la ligne de tête à la ligne de cœur est dite « d'intensité ». Lorsqu'elle fait référence à une autre personne, elle suggère que vous êtes follement amoureux. Lorsqu'elle se rapporte à votre carrière ou à un loisir, cette intensité traduit un engagement total.

CEINTURE DE VÉNUS

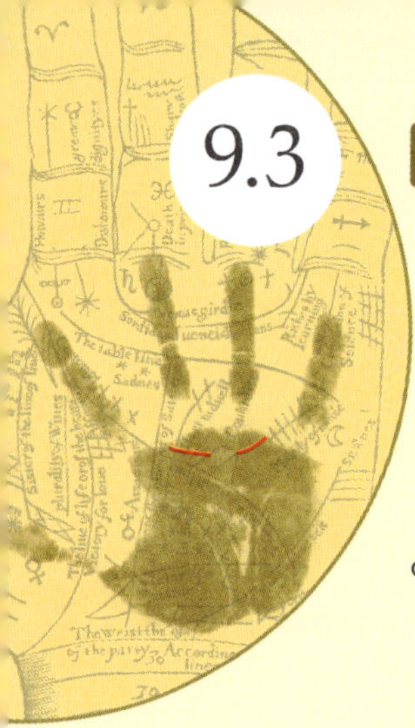

9.3 CEINTURE DE VÉNUS

◆ PARTIELLE
◆ COURTE ENTRE L'INDEX ET LE MAJEUR ET LE MAJEUR ET L'ANNULAIRE

En plus de votre franche sensualité, de votre attitude réceptive et de votre grande sensibilité à autrui, vous montrez une tendance à afficher une fébrile vitalité. Votre partenaire doit présenter les mêmes qualités ou comprendre les raisons qui se cachent derrière vos attitudes et votre comportement.

LECTURE APPROFONDIE

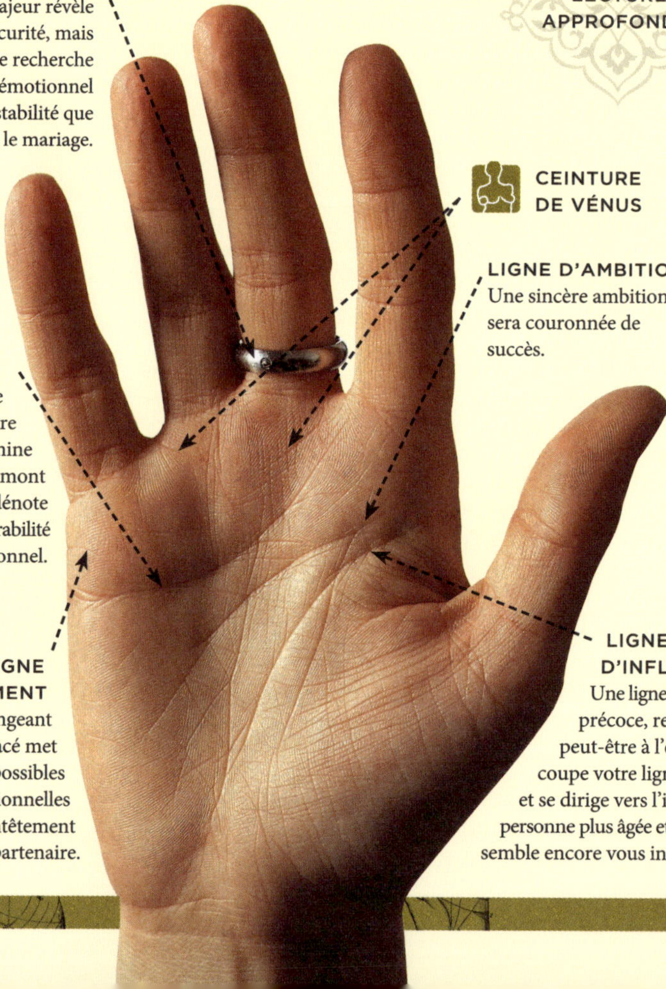

BAGUE
Une bague au majeur révèle un besoin de sécurité, mais aussi la possible recherche d'un engagement émotionnel dans cette stabilité que représente le mariage.

CEINTURE DE VÉNUS

LIGNE D'AMBITION
Une sincère ambition sera couronnée de succès.

LIGNE DE CŒUR
Longue, courbe et romantique, votre ligne de cœur féminine se termine sur le mont de Jupiter, ce qui dénote romantisme et vulnérabilité sur le plan émotionnel.

LIGNE D'ATTACHEMENT
La ligne plongeant en fin de tracé met l'accent sur de possibles difficultés relationnelles résultant de l'entêtement de votre partenaire.

LIGNE D'INFLUENCE
Une ligne d'influence précoce, remontant peut-être à l'enfance, coupe votre ligne de vie et se dirige vers l'index. Une personne plus âgée et autoritaire semble encore vous influencer.

CEINTURE DE VÉNUS 9.4

◆ PARTIELLE
◆ COURTE ENTRE L'INDEX ET LE MAJEUR ET LE MAJEUR ET L'ANNULAIRE

En plus de votre franche sensualité, de votre attitude réceptive et de votre grande sensibilité à autrui, vous montrez une tendance à afficher une fébrile vitalité. Votre partenaire doit présenter les mêmes qualités ou comprendre les raisons qui se cachent derrière vos attitudes et votre comportement.

LECTURE APPROFONDIE

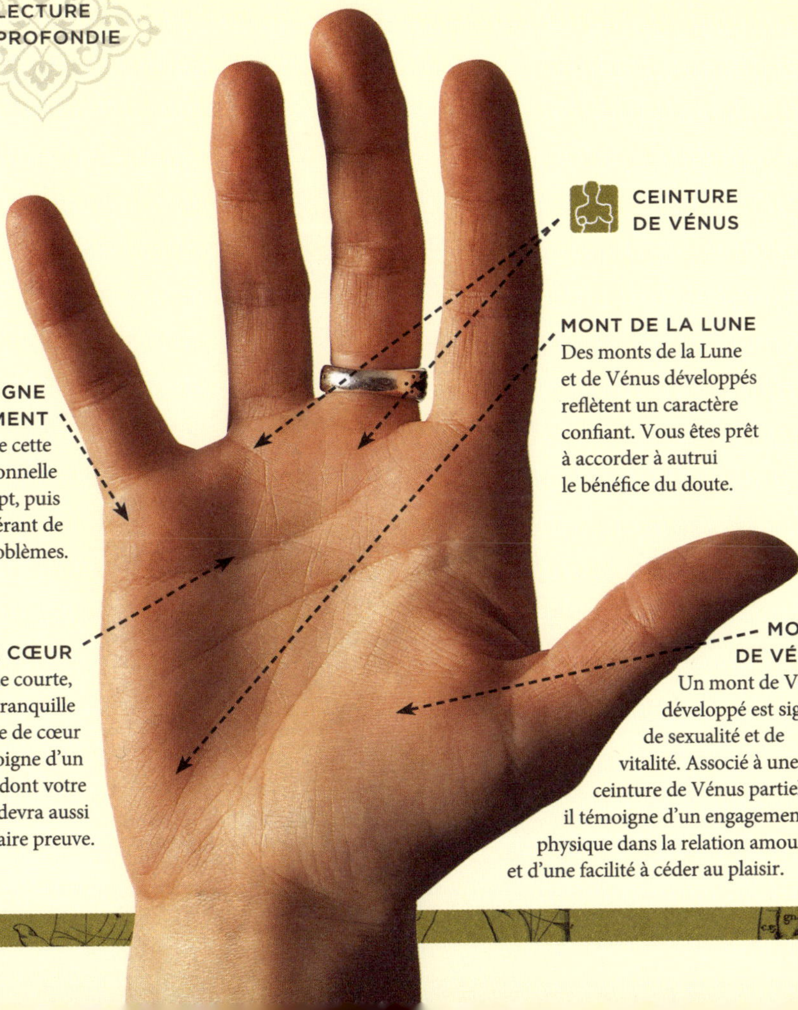

CEINTURE DE VÉNUS

MONT DE LA LUNE
Des monts de la Lune et de Vénus développés reflètent un caractère confiant. Vous êtes prêt à accorder à autrui le bénéfice du doute.

LIGNE D'ATTACHEMENT
Le tracé de cette ligne relationnelle s'interrompt, puis repart, suggérant de potentiels problèmes.

LIGNE DE CŒUR
Bien que courte, la courbe tranquille de votre ligne de cœur témoigne d'un romantisme dont votre partenaire devra aussi faire preuve.

MONT DE VÉNUS
Un mont de Vénus développé est signe de sexualité et de vitalité. Associé à une ceinture de Vénus partielle, il témoigne d'un engagement physique dans la relation amoureuse et d'une facilité à céder au plaisir.

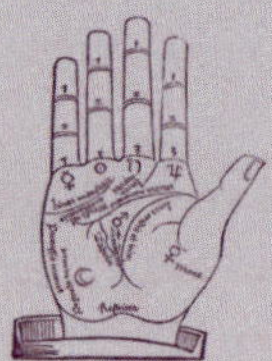

LIGNES DE SOUCIS

Souffrez-vous de stress ?

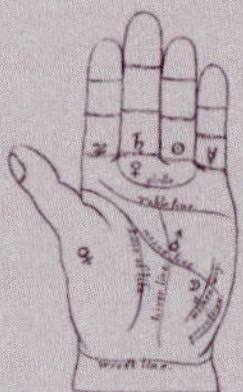

LOCALISATION

Les lignes de soucis ont tendance à courir dans toutes les directions. Les lignes rayonnant à partir de la base du pouce sont les plus évidentes. De même, les lignes d'épuisement se manifestent en striant verticalement les phalanges.

INTERPRÉTATION

Les lignes de soucis donnent à la paume de la main l'aspect d'un vernis craquelé. La paume striée de fines lignes ou de lignes plus profondes présente par ailleurs une texture lisse ou sèche. Une paume de main ainsi marquée est qualifiée de « paume pleine », où s'expriment tous les aléas de la vie. Cette définition reste vraie, mais les lignes de soucis résultent aujourd'hui et avant tout d'un stress négatif. Quand la source de ce stress est identifiée et que tout est mis en œuvre pour y remédier, les lignes de soucis s'estompent souvent rapidement, mais réapparaissent néanmoins chez les individus ayant tendance à trop puiser dans leurs réserves.

Cinq questions fréquentes

- Comment savoir si je souffre d'un stress négatif?
- Comment contrôler mon niveau de stress?
- Ces aspects de ma personnalité me rendent-ils sensible au stress?
- Peut-on différencier stress passé et récent?
- Le stress présent que je parviens à surmonter peut-il se manifester à nouveau dans le futur?

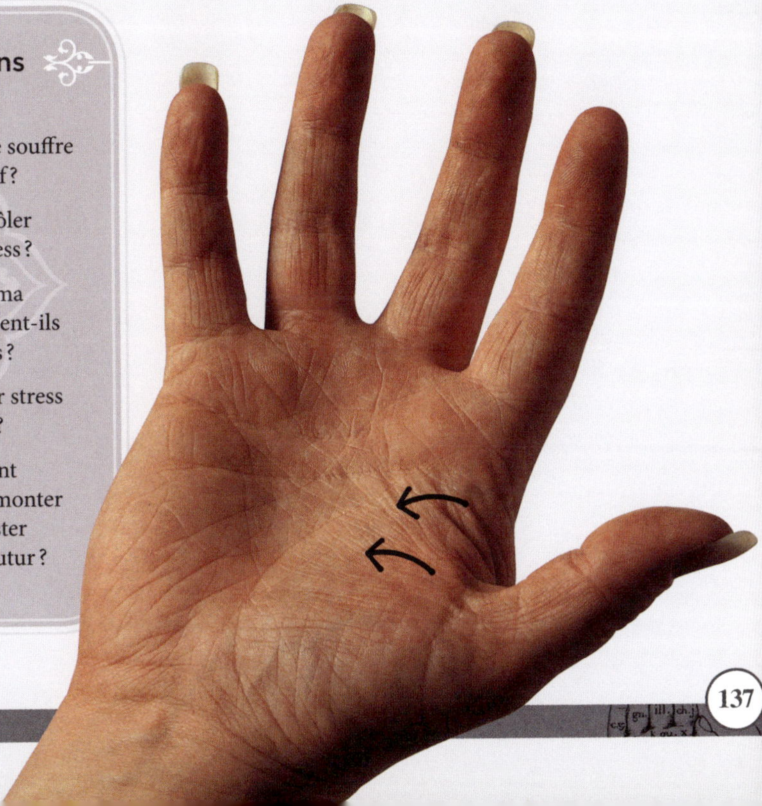

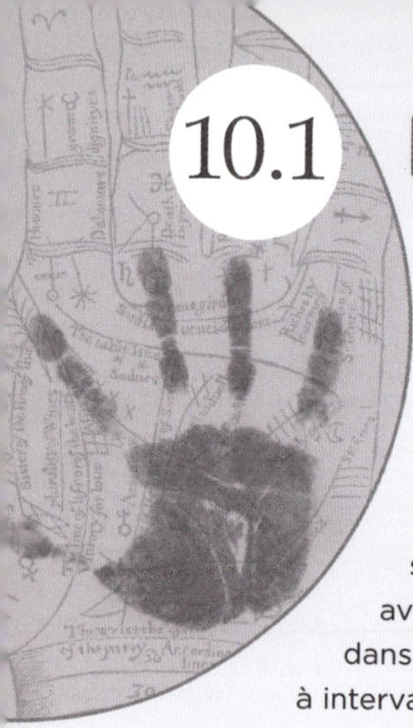

10.1

LIGNES DE SOUCIS

- **NOMBREUSES LIGNES MARQUÉES**
- **SUR TOUTE LA PAUME**
- **EN PARTIE MASQUÉES PAR LES LIGNES PRINCIPALES**

Les lignes marquées qui tapissent la paume se sont accumulées au fil du temps. Le niveau de stress dont elles témoignent peut influer sur la résistance de votre organisme face à la maladie. Pour inverser ce processus, identifiez et remédiez à la cause du stress pour voir s'estomper ces lignes au fil des mois. Si vous avez tendance à être stressé, apprenez à reconnaître ces marques dans la paume de votre main et surveillez leur évolution à intervalles réguliers.

LECTURE APPROFONDIE

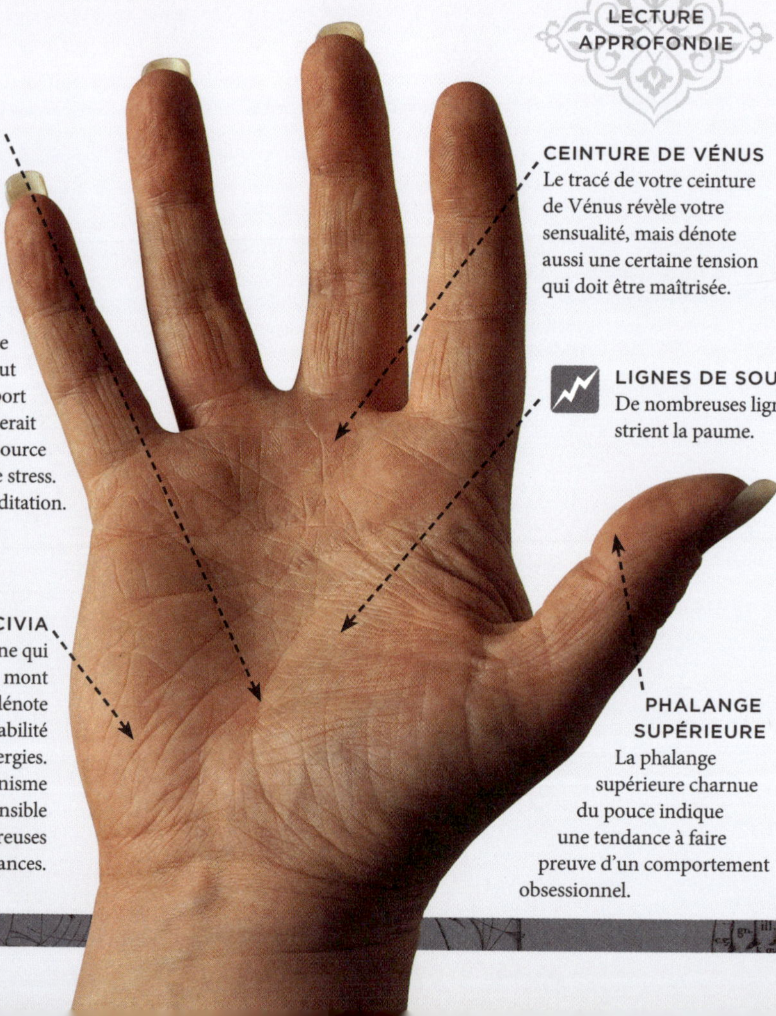

PAUME DE LA MAIN
Votre paume de main témoigne de la conduite agressive de votre carrière et de votre ambition. Tout recul par rapport à votre carrière serait mal vécu et source d'encore plus de stress. Essayez la méditation.

CEINTURE DE VÉNUS
Le tracé de votre ceinture de Vénus révèle votre sensualité, mais dénote aussi une certaine tension qui doit être maîtrisée.

LIGNES DE SOUCIS
De nombreuses lignes strient la paume.

VIA LASCIVIA
Cette ligne qui court sur le mont de la Lune dénote une vulnérabilité face aux allergies. Votre organisme est sensible à de nombreuses substances.

PHALANGE SUPÉRIEURE
La phalange supérieure charnue du pouce indique une tendance à faire preuve d'un comportement obsessionnel.

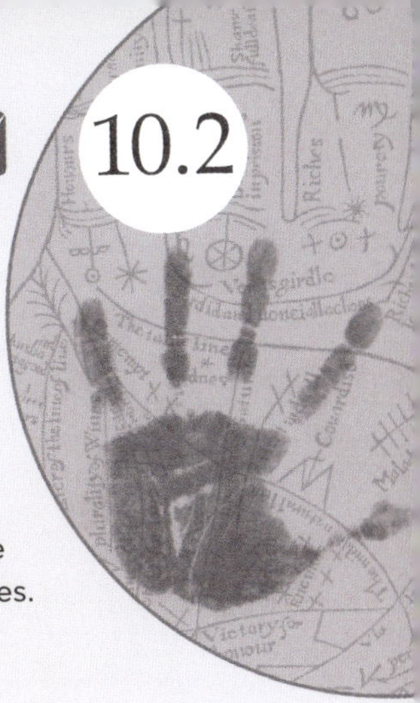

LIGNES DE SOUCIS

◆ NOMBREUSES LIGNES FINES
◆ SUR TOUTE LA PAUME
◆ EN PARTIE MASQUÉES PAR LES LIGNES PRINCIPALES

Les lignes fines qui tapissent la paume de la main révèlent un stress négatif récent. Cette main met en évidence des lignes de soucis remontant le long des phalanges, jusqu'au bout des doigts, indiquant un potentiel dysfonctionnement des glandes surrénales. Une hyperactivité des surrénales peut être responsable de l'aspect de cette main entièrement tapissée de lignes.

LECTURE APPROFONDIE

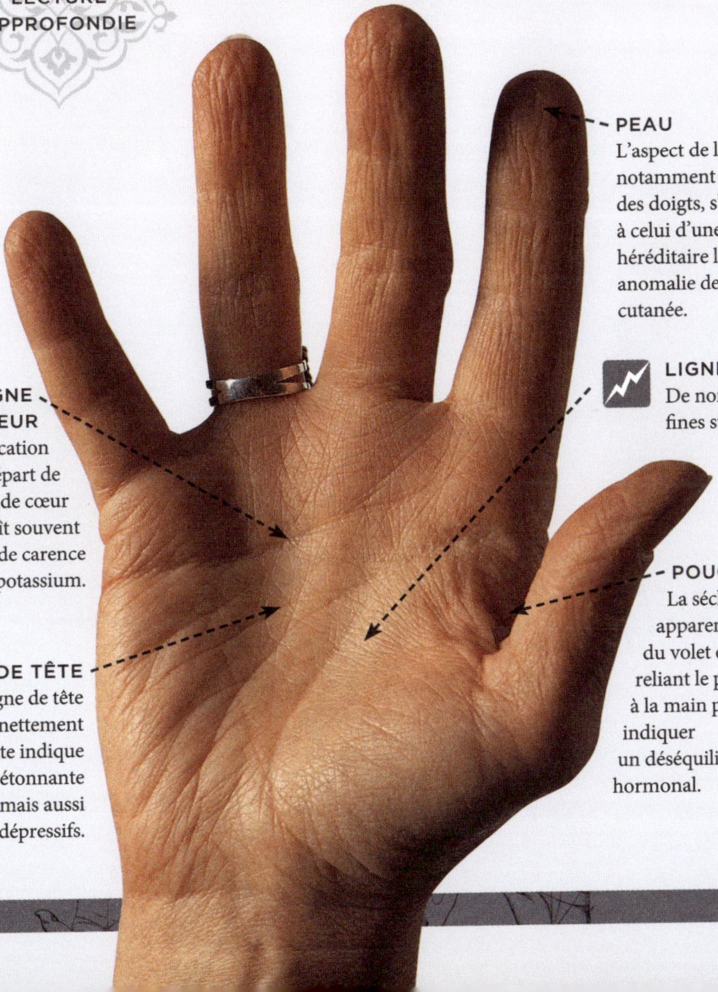

PEAU
L'aspect de la peau, notamment au bout des doigts, s'apparente à celui d'une maladie héréditaire liée à une anomalie de la barrière cutanée.

LIGNES DE SOUCIS
De nombreuses lignes fines strient la paume.

LIGNE DE CŒUR
La ramification au départ de la ligne de cœur apparaît souvent en cas de carence en potassium.

POUCE
La sécheresse apparente du volet de peau reliant le pouce à la main peut indiquer un déséquilibre hormonal.

LIGNE DE TÊTE
Une ligne de tête nettement plongeante indique une étonnante créativité, mais aussi des accès dépressifs.

MARQUES ATYPIQUES

SIGNES DE L'INTUITION

Arc de l'intuition et croix mystique sont des signes puissants de mysticisme et de pouvoirs paranormaux, souvent présents chez les médiums et les voyants.

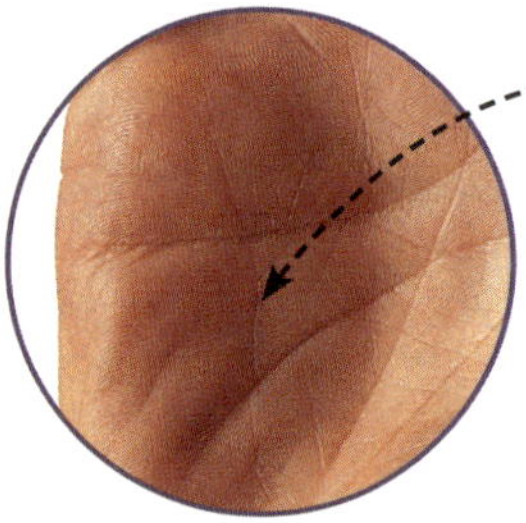

ARC DE L'INTUITION
Cette ligne correspond en réalité à la ligne de Mercure, ou ligne d'intuition. Après un départ profondément marqué au niveau du mont de la Lune, sur le côté de la paume, à l'opposé du pouce, son tracé remonte et se courbe en direction de l'auriculaire.

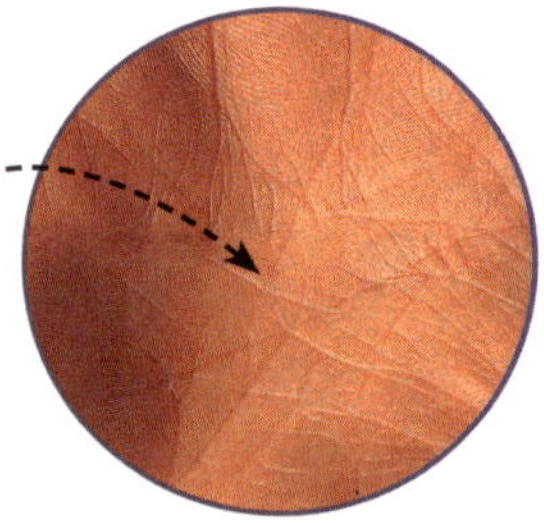

CROIX MYSTIQUE
La croix mystique est un signe distinct qui se manifeste entre les lignes de cœur et de tête, qu'il relie souvent. On le retrouve chez les responsables de grandes organisations, car il dénote une intuition développée et un talent pour prendre les bonnes décisions.

BOUCLES ET VERTICILLES

Comme pour les motifs formés par les dermatoglyphes, la signification des boucles et verticilles ou volutes varie selon leur localisation.

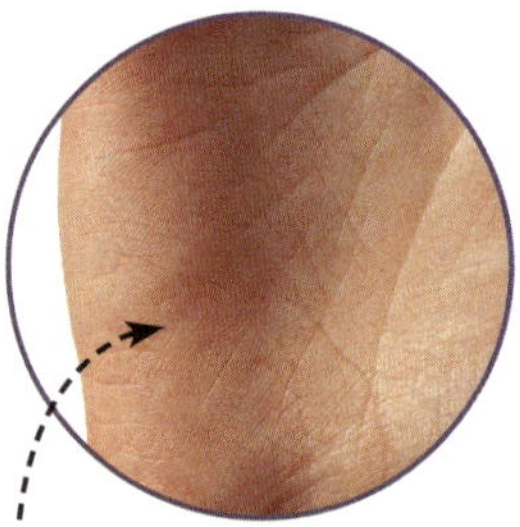

BOUCLE DE L'EAU
Une boucle dirigée vers le mont de la Lune dénotant une puissante affinité avec l'eau. Un signe souvent présent chez les navigateurs de renom.

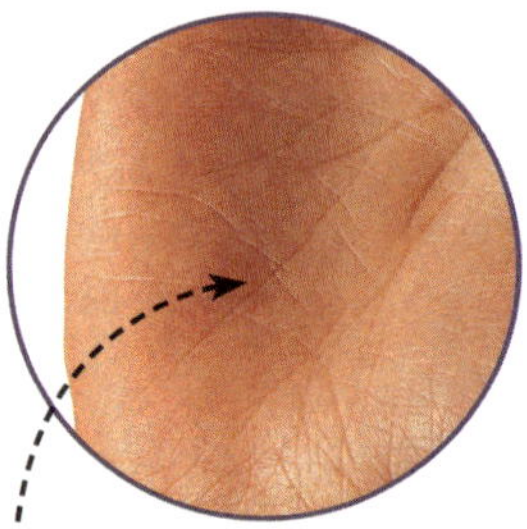

VOLUTE DE LA LUNE
Un motif comparable à celui laissé à la surface de l'eau par des ricochets. Présent sur le mont de la Lune, il révèle un génie créatif dans le domaine des arts et de l'écriture.

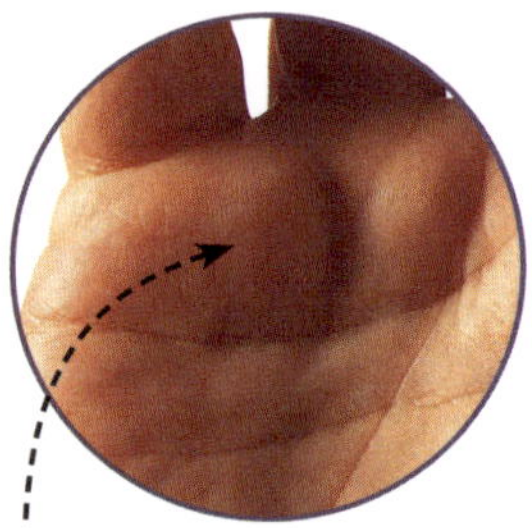

BOUCLE DE L'HUMOUR
Une boucle entre l'annulaire et l'auriculaire, souvent présente dans la paume de main des comédiens à l'humour pince-sans-rire.

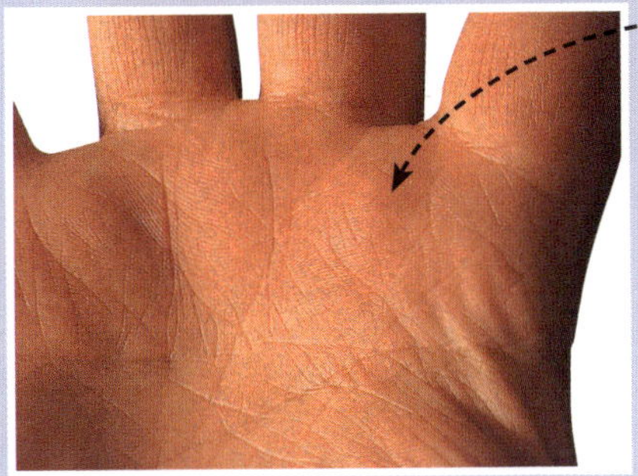

BOUCLE DU ROI

La boucle du roi entre l'index et l'association majeur/annulaire était jadis signe de noble descendance, dénotant un lien direct avec une personne de sang royal. Rien ne permet de le prouver, mais il semble que les personnes possédant ce signe aient tendance à faire preuve de goûts raffinés et à occuper une position leur assurant statut et pouvoir.

ANNEAU DE SATURNE

L'anneau de Saturne est le deuxième anneau ceinturant la base du majeur. Heureusement rare, ce signe temporaire apparaît sous la forme d'une ligne suite à une tragique expérience personnelle. Pour l'interpréter de façon positive, il faut se rappeler que la nature tend sans cesse vers l'équilibre, nous donnant ainsi la force de traverser l'épreuve symbolisée par cet anneau.

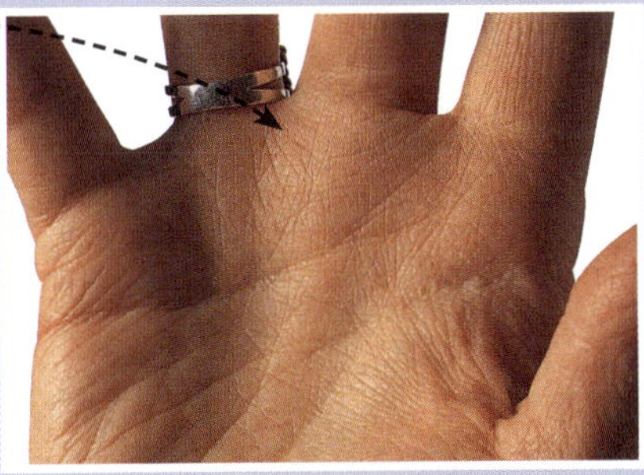

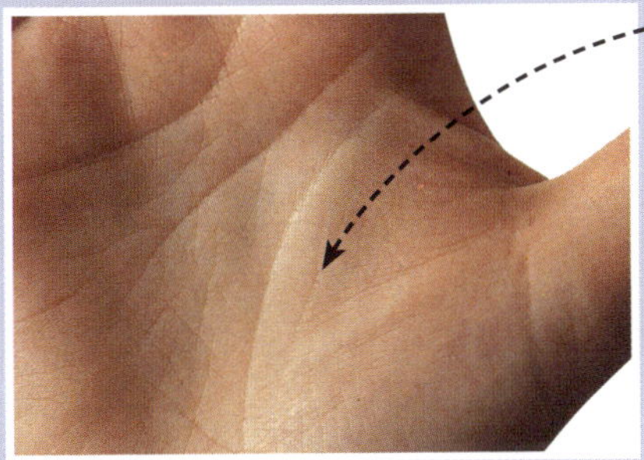

LIGNE DE MARS

Une partie du tracé de la ligne court le long et à proximité de la ligne de vie. Cherchez-la à l'opposé du tranchant de la main, à proximité du pouce. La ligne de Mars est une sorte d'ange gardien. Elle ne garantit pas l'absence de problème dans la vie, mais elle vous force à vous remettre en selle et à poursuivre votre chemin.

ANNEAU DE SALOMON

Il s'agit du deuxième anneau ceinturant la base de l'index. Pour retenir sa signification, pensez à la sagesse de Salomon. Un index épais et puissant avec un anneau de Salomon est le signe d'un meneur, qu'il soit volontaire ou poussé par autrui sur le devant de la scène, pour diriger et organiser.

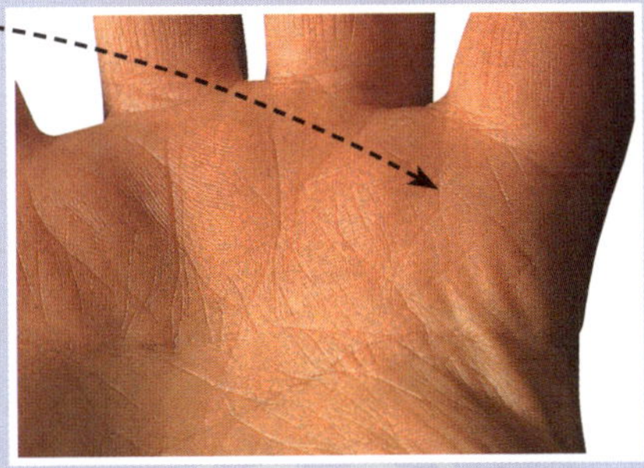

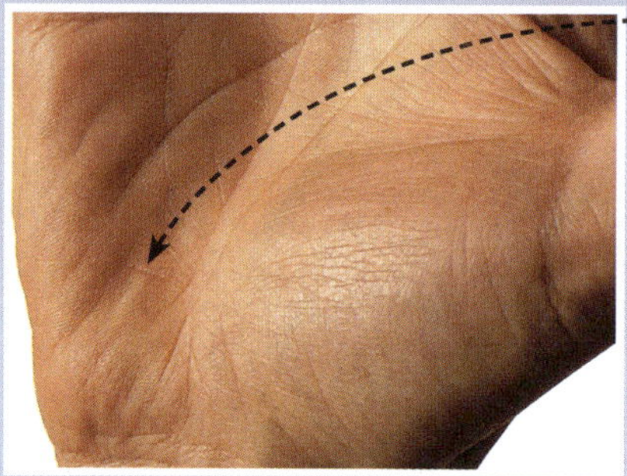

VIA LASCIVIA

Le tracé de la via lascivia ressemble à celui d'une épaisse ligne de voyage courant près du poignet et, en général, s'apparentant plus à un pli. Autrefois qualifiée de ligne de poison à laquelle on attribuait les pires propriétés, elle est aujourd'hui plus communément associée aux allergies ou se révèle être un signe d'hypersensibilité à certains aliments, boissons ou médicaments.

LIGNES DE FRUSTRATION

Les lignes de frustration sont distinctes des lignes courant le long des phalanges. La source de la frustration peut être déterminée par le doigt et la phalange concernée par ces lignes.

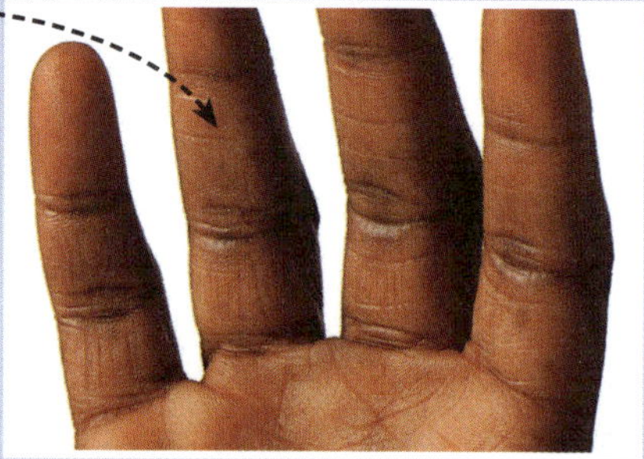

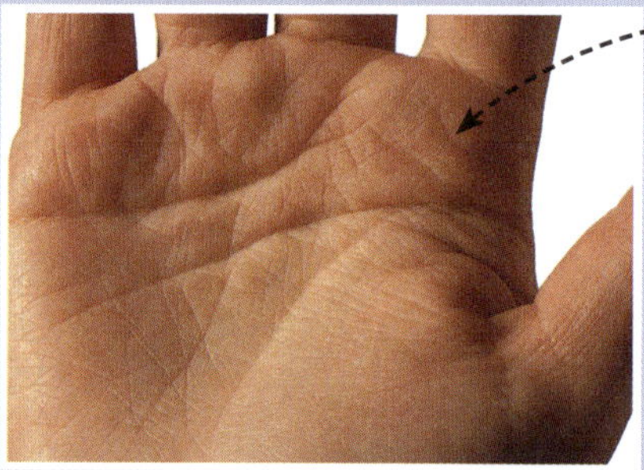

LIGNES DE SYMPATHIE

Le tracé droit des lignes de sympathie marque la base de l'index. Ces lignes sont souvent présentes chez les individus exerçant une profession de santé. La présence de plus d'une ligne correspond souvent à un climat de sympathie/empathie, lorsqu'une personne compatit profondément aux souffrances d'autrui. Les lignes de sympathie révèlent toujours une personne attentionnée, même lorsque cela ne se traduit pas extérieurement.

LIGNES DE VOYAGE

Présentes sur le tranchant de la main, côté opposé au pouce, et se dirigeant vers le pouce, ces lignes témoignent d'un certain nombre de voyages, mais elles n'apparaissent pas chez les individus dont les voyages sont liés à l'exercice d'une profession, comme un pilote de ligne. Une ligne de voyage qui touche la ligne de destinée indique un lien professionnel avec l'étranger.

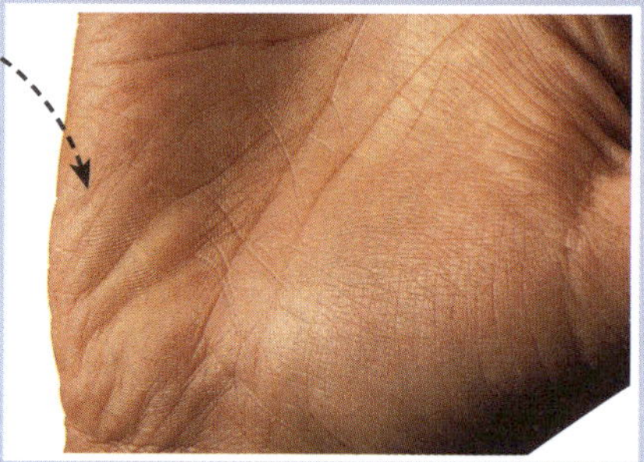

INDEX

CRÉDITS PHOTOGRAPHIQUES

L'éditeur tient à remercier les personnes et organismes suivants pour les images présentes dans cet ouvrage :

Mary Evans : page 11 (paume de fond) Illustrated London News

Shutterstock : page 10 bikeriderlondon

Wellcome Library, Londres : pages 7, 8, 17 (www.creativecommons.org/licenses/by/4.0)

Nos remerciements vont également aux membres de Quarto, Quarto Children's Books, Quintet, Apple Press et Artists & Illustrators dont les photographies des mains ont servi à la réalisation de cet ouvrage.